21. April '17,
Köln-Würselen

DENIZ YÜCEL, geboren 1973 in Flörsheim am Main und seit Mai 2015 Türkei-Korrespondent der *WELT*. »Journalist des Jahres 2014« (Sonderpreis), Träger des Kurt-Tucholsky-Preises für literarische Publizistik 2011. Hat in Berlin Politikwissenschaft studiert und vor seinem Wechsel zur *WELT* als Redakteur der *tageszeitung* und zuvor als Redakteur der Wochenzeitung *Jungle World* sowie als freier Autor für verschiedene Medien gearbeitet. Veranstaltet seit 2012 mit Yassin Musharbash (*Die Zeit*) und Mely Kiyak (*Berliner Zeitung*) die Lesung »Hate Poetry«, eine Bühnenshow mit rassistischen Leserbriefen.

DENIZ YÜCEL
TAKSIM IST ÜBERALL
DIE GEZI-BEWEGUNG UND DIE ZUKUNFT DER
TÜRKEI

NAUTILUS FLUGSCHRIFT

Für Berkin Elvan

Die Arbeit an diesem Buch wurde mit einem
Grenzgänger-Stipendium der Robert-Bosch-Stiftung
gefördert.

Edition Nautilus GmbH
Schützenstraße 49a · D-22761 Hamburg
www.edition-nautilus.de
Alle Rechte vorbehalten · © Edition Nautilus 2014
Erstausgabe Februar 2014
Autorenporträt Seite 2: Frauke Böger
Umschlaggestaltung: Maja Bechert, Hamburg
www.majabechert.de
Eine erweiterte und überarbeitete Fassung
erschien Februar 2015 als E-Book
Die vorliegende Ausgabe ist die darauf basierende 2., korrigierte
und um das Vorwort ergänzte Auflage als Printausgabe, April 2017
Druck & Bindung: Beltz Bad Langensalza
ISBN 978-3-96054-046-5

Vorbemerkung des Verlags

Die Neuauflage dieses Buches ist eine Solidaritätsausgabe. Zum Zeitpunkt ihres Erscheinens im April 2017 befindet sich Deniz Yücel in Untersuchungshaft in der Türkei. Vorgeworfen wird ihm »Propaganda für eine terroristische Vereinigung und Aufwiegelung der Bevölkerung«, als Grundlage für diese Anschuldigungen dienen der türkischen Staatsanwaltschaft seine journalistischen Texte.

Deniz Yücel ist ein brillanter Journalist. Jemand, dessen Name für Presse- und Meinungsfreiheit steht; jemand, der sich mit selbstloser Leidenschaft in Themen vertiefen kann; jemand, der unbequeme Fragen stellt und aufklärerische, mitreißende Artikel verfasst. Sein Buchprojekt, das wir im Frühjahr 2014 realisieren durften, ist eine beeindruckende Darstellung des großen Aufbäumens des jungen, liberalen und demokratischen Teils der türkischen Bevölkerung sowie der Anfänge der Präsidialdiktatur Erdoğans. Mit dieser Sonderausgabe möchten wir unserem Autor und Freund unsere Solidarität aussprechen und fordern die sofortige Freilassung Deniz Yücels und aller in der Türkei inhaftierten Journalistinnen und Journalisten.

Die Edition Nautilus dankt der Druckerei BELTZ Bad Langensalza sowie der Tageszeitung *DIE WELT* für die finanzielle Unterstützung, die diese Neuauflage erst ermöglicht hat.

Ein Solidaritätseuro pro verkauftem Exemplar geht, zusätzlich zum regulären Honorar, an den Autor.

Hamburg, im März 2017

Vorwort zur Solidaritätsausgabe

»Hallo Deniz, wie geht es dir?« – »Super. Ich muss nur grad noch schnell jemanden treffen, der unbedingt ins Buch muss, und das Kapitel muss heute fertig werden. Wir telefonieren morgen länger, ja?« So liefen die Gespräche mit Deniz über Monate, während er an diesem Buch schrieb. Wie viele Menschen er für *Taksim ist überall* getroffen hat, weiß Deniz sehr genau. Wie viele Zigaretten er dabei geraucht hat, nicht. Ein paar Schachteln halt. Als Deniz am 13. Februar dieses Jahres in Polizeigewahrsam genommen wurde, durfte er nicht mehr rauchen. Die türkische Justiz hat ihm aber nicht nur seine Zigaretten weggenommen. Er darf auch nicht mehr schreiben. Deswegen konnte er die Korrekturen für die Neuauflage dieses Buches nicht selbst besorgen. Er hat Freunde und Kollegen gebeten, diesen Job zu übernehmen: Mely Kiyak, Ronald Düker, Arno Frank, Regina Stötzel, Leo Fischer, Christoph Ehrhardt, Yasemin Ergin, Silke Mülherr, Yassin Musharbash, Jörg Sundermeier, Enrico Ippolito, Paul Wrusch, Can Merey und uns drei, die wir auch dieses Vorwort schreiben.

Die Behörden haben Deniz auch die Freiheit genommen, mit all seinen geliebten Istanbulern stundenlang zu reden, Tee zu trinken und zu rauchen, und die Freiheit, stundenlang zu erzählen, was seine geliebten Istanbuler ihm erzählt haben. Als Deniz dieses Buch schrieb, war er Redakteur der *tageszeitung*. 2015 bekam er seinen Traumjob: Türkei-Korrespondent in Istanbul. Wenn man Deniz nun besuchte und er gerade nicht mit der *WELT* telefonierte oder für sie schrieb, blieb man ständig irgendwo stehen: vor einem Köftegrill, vor einer Moschee, vor einem Hotel, vor einem Taxistand. Überall musste Deniz eine Geschichte loswerden, über Leute, die er in seinem Buch porträtiert hatte und über Leute, die es nicht ins Buch geschafft hatten. Taksim war eben überall. Auch 2014 noch, als dieses

Buch ein Jahr nach dem Ende der Gezi-Proteste zum ersten Mal erschien.

Doch inzwischen hat sich viel verändert.

Seitdem muss die Türkei erdulden, was kaum zu erdulden ist. Das Land findet nicht mehr zur Ruhe und fügt sich neue Wunden zu, während die alten noch nicht geheilt sind. Was nach der ersten Parlamentswahl am 7. Juni 2015 begann, setzt sich bis heute fort: eine politische Dauerkrise und eine tiefe Spaltung der Gesellschaft, die kein Ende zu kennen scheint. Da sind die wieder aufgeflammten Kämpfe zwischen den türkischen Sicherheitskräften und kurdischen Aktivisten und Kämpfern; da sind die Anschläge, verübt von Anhängern des sogenannten Islamischen Staates oder der verbotenen kurdischen Arbeiterpartei PKK und anverwandten Splittergruppen – und zwar nicht mehr irgendwo in der Provinz, ganz weit im Osten. Nein, sie finden im Westen statt, mitten in Istanbul oder Ankara. Und da ist eine Regierung, die sich offensichtlich dazu entschieden hat, den autoritären Weg einzuschlagen. Besonders deutlich wird dies seit dem vereitelten Putschversuch vom 15. Juli 2016.

Es gab eine Zeit, da der heutige Staatspräsident Recep Tayyip Erdoğan als Hoffnungsfigur für das Land galt. Er setzte Reformen durch, öffnete das Land für Europa und die EU, er begann Friedensgespräche mit dem Staatsfeind PKK und ging damit ein hohes politisches Risiko ein. Heute geht es ihm darum, mit einer Verfassungsänderung die Macht zu konzentrieren – auf sich selbst, den starken Präsidenten.

Und immer sterben junge Menschen. Ob Soldaten, Demonstranten, Polizisten, Nachtschwärmer wie im Club Reina an Silvester. Der 21-jährige Medizinstudent, der einfach nur zur falschen Zeit am Beşiktaş-Stadion vorbeifuhr und bei einem Attentat getötet wurde. Oder all die namen- und gesichtslosen jungen Frauen und Männer, die die PKK in die Schlacht mit der Staatsmacht schickt wie seit vierzig Jahren.

Ist Taksim noch überall? Gibt es in der Türkei von heute noch diese Möglichkeit des Aufbruchs, für die der Platz im Herzen Istanbuls steht? Jetzt, wo sie sogar den Autor dieses Buches eingesperrt haben?

Auf den folgenden Seiten beschreibt Deniz Yücel auch, wie die Erzählung von den Aufbrüchen der Vergangenheit selbst Jahrzehnte später Einzelne beflügeln kann, ganze Generationen vielleicht. Selbst wenn die Revolten von damals gescheitert sind, zeigen ihre Geschichten, dass sich selbst unter den abstrusesten Verhältnissen Menschen aus unterschiedlichsten Richtungen kommend begegnen und sich gemeinsam etwas Besseres einfallen lassen können als das, was ist. Und dass daraus eine Kraft entstehen kann, die in wenigen Wochen einen über Jahrzehnte zementierten Zwangsstaat infrage stellt.

Ja: So schnell, wie das entsteht, kann es auch zerfallen. Aber es wird immer wieder kommen, solange Menschen freien Austausch und Gemeinsamkeit als klügere Grundlage für ihr Zusammenleben erkennen können.

Darum ist Taksim immer noch überall. Die Menschen, die dem Leser in diesem Buch begegnen, gibt es noch immer. Wo sie verschwunden sind, bleiben ihre Geschichten, und wo Geschichten sind, gibt es Chancen. Auch im Gefängnis.

In der Haftanstalt Silivri diktierte Deniz Anfang März 2017 einer Besucherin eine Nachricht für seine Freunde und Unterstützer. Sie handelt von der Qual des Alleinseins. Aber zum Schluss lässt er seine Besucherin Folgendes aufschreiben: »Weder meine eigene Situation noch die dieses Landes, das ich trotz allem liebe, werden so bleiben, wie sie sind.«

Berlin, im März 2017
Doris Akrap, Daniel-Dylan Böhmer, Özlem Topcu

1. Taksim: Ein politischer Platz

Ein Foto in der Vitrine meiner Eltern

Meine früheste Erinnerung an den Taksim-Platz ist ein Foto. Es stand im Vitrinenschrank meiner Eltern, in ihrer Wohnung im südhessischen Flörsheim am Main, wo meine Schwester İlkay und ich als Kinder einer Arbeiterfamilie aus der Türkei aufgewachsen sind. Vielleicht ist es mir deshalb in Erinnerung geblieben, weil es nicht zu den übrigen Fotos passte. Diese waren allesamt Porträts oder Gruppenbilder: ein Hochzeitsfoto meiner Eltern, meine Mutter Esma in jungen Jahren mit ihren Schwestern, mein Vater Ziya mit Geschwistern, meine Großeltern, außerdem das verschwommene Foto eines bärtigen Mannes mit grimmiger Miene, von dem ich irgendwann erfuhr, dass es sich um meinen Urgroßvater väterlicherseits handelte, Opa Alim, und dass diese Aufnahme die einzige war, die von ihm existierte. Die Menschen auf diesen Bildern hatten sich herausgeputzt und blickten feierlich. Und alle Fotos waren in Schwarz-Weiß, vielleicht wirkten sie deshalb auf mich wie Dokumente aus einer fernen Zeit.

Nur eins der Bilder in der Vitrine war anders. Darauf zu sehen war eine Menschenmenge. Ihre Gesichter waren kaum zu erkennen, man konnte aber gut sehen, dass viele ihre geballten Fäuste in die Luft streckten. Hinter ihnen war ein riesiges Transparent mit der Aufschrift »1. Mai« und dem Bild eines stilisierten Arbeiters mit Schnauzbart und traurigem Gesichtsausdruck, eine Hand an eine Kette gefesselt, in der anderen eine rote Fahne haltend. Der Stil der siebziger Jahre.

Auch meine zweite Erinnerung an Taksim ist eine indirekte. Es ist die Strophe aus einem Lied: »Es waren fünfhunderttausend Arbeiter / Wir kamen auf den Taksim-Platz / Was für ein İstanbul haben wir gesehen / Man wird fragen, eines Tages.«

Es ist ein Lied des Musikers Ruhi Su. Ruhi Su war ein Überlebender des Völkermordes an den Armeniern, ein gelernter Opernsänger mit tiefer Bassstimme, der als Erster die türkische Volksmusik politisierte.

Ich weiß nicht, wann ich dieses Lied zuletzt gehört hatte, es war vielleicht zwanzig Jahre her oder mehr. Aber als ich in jenen Tagen im Juni 2013, als sich die Polizei aus dem Stadtzentrum zurückgezogen hatte und Zehntausende auf dem Taksim-Platz wie im anliegenden Gezi-Park eine riesige Party feierten, zum ersten Mal über den Taksim-Platz lief, waren diese Zeilen das Erste, das mir durch den Kopf ging: »Was für ein İstanbul haben wir gesehen…« Ja, pathetisch und kitschig. Aber es gibt keine Revolution ohne Pathos. Vielleicht gibt es auch keine ohne ein bisschen Kitsch.

Auch das Foto mit der Menschenmenge, die sich vor demselben Gebäude, dem Atatürk-Kulturzentrum am Taksim-Platz, versammelt hatte, fiel mir wieder ein. Dort hingen nun zahlreiche Transparente und ein Konterfei: das von Deniz Gezmiş, dem 1972 hingerichteten Anführer der türkischen Studentenbewegung, nach dem mich meine Eltern benannt haben.

Mit den Protesten von Gezi, mit der dort entstandenen Parole »Taksim ist überall, Widerstand ist überall«, ist der Taksim-Platz zu einem Symbol geworden. Aber für türkische Linke und Linksliberale, Kommunisten und Anarchisten, Sozialdemokraten und Gewerkschafter und für all jene, die von Herzen irgendwie links sind, war Taksim vorher schon ein heiliger Ort. Und das hat mit jenen Ereignissen zu tun, die Ruhi Su in diesem Lied besang und die auf dem beschriebenen Foto dokumentiert waren. Die Rede ist vom 1. Mai 1977.

Das Heiligtum der Linken

Am 1. Mai 1977 versammelt sich eine riesige Menge rund um den Taksim-Platz. Eine halbe Million Menschen sollen es sein, die bis dahin größte Demonstration der neueren türkischen Geschichte. Zum Ende der Rede von Kemal Türkler, dem später von Mitgliedern der rechtsextremen Partei der Nationalistischen Bewegung (MHP) erschossenen Vorsitzenden des Gewerkschaftsverbands DİSK, fallen Schüsse – just in dem Moment, als er fragt: »Wollt ihr, dass dieser Platz in ›Platz des 1. Mai‹ umbenannt wird?« Vom heutigen Marmara-Hotel sowie vom Dach der Wasserbehörde wird geschossen. Panik bricht aus, die von der Polizei verstärkt wird, die mit Panzerwagen in die Menge fährt. Die meisten Menschen aber sterben im Gedränge in einer steilen Nebengasse, wo ein abgestellter Kleinlastwagen den Fluchtweg versperrt. Mindestens 34 Menschen kommen ums Leben.

Die Täter und Auftraggeber wurden nie ermittelt. Doch bis heute hat sich ein Verdacht erhalten, den Bülent Ecevit, der Vorsitzende der Republikanischen Volkspartei (CHP) und fünfmaliger Ministerpräsident, kurz nach dem Massaker formulierte: Es war ein Werk der Konterguerilla. Viele gehen davon aus, dass es eine Abschreckungsmaßnahme war. Manche vermuten zudem, dass es sich um die Putschvorbereitung eines Teils der Armee handelte.

Das denkt auch Celalettin Can. Er war an diesem Tag auf dem Taksim-Platz, als İstanbuler Vorsitzender des Studentenverbandes Devrimci Gençlik (Revolutionäre Jugend). Zwei Jahre zuvor war er als 19-Jähriger aus der kurdisch-alevitischen Provinz Tunceli zum Studieren gekommen. »Naja«, sagt er, »eigentlich kam ich, um Revolution zu machen.« Aus seinem Studentenverband entstand die Zeitschrift *Devrimci Yol* (Revolutionärer Weg), die an diesem 1. Mai 1977 erstmals erschien und um die sich eine unorthodoxe, linke Massenorganisation entwickeln sollte. Am Taksim-Platz stellte Devrimci Gençlik den größten Demonstrationsblock; die meisten derer, die dort starben, stammten aus ihren Reihen.

Heute ist Can 57 Jahre alt, arbeitet als Kolumnist der prokurdischen Tageszeitung *Gündem* und als Buchautor. Er gehörte dem »Rat der Weisen« an, einer von der Regierung eingesetzten Kommission, die den Friedensprozess mit der Kurdischen Arbeiterpartei (PKK) begleiten soll. Und er ist Vorsitzender der 78er-Stiftung, die sich um die Aufarbeitung der

Verbrechen der Junta bemüht. Was seine Generation von den 68ern unterscheidet? »In den Siebzigern wandelte sich die Türkei von einer Agrar- in eine Industriegesellschaft«, sagt Can. »Und es war eine Zeit, in der die Linke erstmals Millionen auf die Straße brachte.« Aus seiner Generation seien weitaus mehr Menschen umgebracht worden als vor und nach dem Putsch von 1971. Über 4.000 Tote, einschließlich der hingerichteten oder von Linken getöteten Anhänger der Grauen Wölfe. »Die Putschisten von 1971 haben zwar Deniz Gezmiş gehängt, Mahir Çayan, İbrahim Kaypakkaya und andere getötet. Aber sie haben es nicht geschafft, deren Andenken zu beschmutzen. Dafür hat man später so getan, als seien die 68er Figuren aus einem Märchen und hätten nichts mit dieser Gesellschaft zu tun. Meiner Generation erging es anders. Nach dem Putsch von 1980 erzog der Staat die Kinder nicht mehr mit der Angst vor Dracula, Frankenstein und Tepegöz, sondern mit der Angst vor den Ereignissen vor 1980.«

Can hat sein Büro in einer Seitengasse der Einkaufsstraße İstiklal. Aus den großen Fenstern sieht er das Abbruchviertel Tarlabaşı. Und wenn er den Blick ein wenig schräg richtet, sieht er ein Stück des Gezi-Parks und des Taksim-Platzes. »Wenn ich hier sitze, ist mein Blick immer dahin gerichtet«, sagt er. »Unser Blick ist immer auf den Taksim-Platz gerichtet.«

Dabei spielte der Taksim-Platz für die türkische Linke bis zur Mai-Kundgebung im Jahr vor dem Massaker keine Rolle. Die einzig nennenswerte Demonstration dort richtete sich 1969 gegen die Landung der 6. US-Flotte und wurde von Rechtsextremisten und Islamisten angegriffen. Zwei linke Studenten starben dabei, die Angreifer kamen aus jener Moschee am Dolmabahçe-Palast, in die über vierzig Jahre später die Demonstranten flüchten sollten. Als »Blutsonntag« ging dieses Ereignis in die türkische Geschichte ein – ein Ereignis freilich, das heute nur den wenigsten jungen Leuten bekannt ist. Anders die Ereignisse von 1977, an die zahlreiche Plakate im Gezi-Park erinnerten. Warum ist diese Erinnerung so lebendig?

»Bis dahin war die Linke am Wachsen gewesen. Es gab einen gesellschaftlichen Aufbruch, am Taksim-Platz herrschte bis zu den Schüssen eine euphorische Stimmung. Der 1. Mai war ein Bruch«, sagt Can. Manche Menschen hätte es verschreckt, dass der Staat gegen eine derart große Menge vorging, noch dazu an einem so sichtbaren Ort. Andere hätten der Behauptung geglaubt, dass das Massaker Folge einer innerlinken Rivalität gewesen sei – eine bis heute vorgetragene These, der Can widerspricht: »Es gab Spannungen zwischen der Gewerkschaft und der moskauorientierten Türkischen Kommunistischen Partei auf der einen Seite und den maoistischen Gruppen auf der anderen. Aber als die Schüsse fielen, hatten die Maoisten den Platz gar nicht betreten. Das ist eine Propagandalüge, der die Linken aber mit ihren Konflikten untereinander Vorschub geleistet haben.«

Auch diese linke Selbstzerfleischung habe sich nach dem 1. Mai verstärkt. Davon bleibt auch die Devrimci Yol nicht verschont. Die İstanbuler Gruppe drängt auf eine militantere Politik und spaltet sich unter dem Namen Devrimci Sol ab, dem Vorläufer der bis heute tätigen Organisation DHKP-C. Can geht 1978 in den Untergrund, wird 1981 verhaftet und gehört zu den wenigen, die 1991 nicht auf Bewährung entlassen werden. Erst 1999 kommt er frei; von der Devrimci Sol hat er sich während seiner Haft getrennt.

1978 findet eine weitere Mai-Kundgebung am Taksim-Platz statt, danach wird dort keine Demonstration mehr erlaubt. Erst im neuen Jahrtausend versuchen Demonstranten erneut, am 1. Mai auf den Taksim-Platz zu kommen. Stets stellt sich die Polizei ihnen entgegen, stets kommt es zu Auseinandersetzungen. Taksim ist da schon ein mythischer Ort. Und es ist ein Spiel: Wer schafft es, die Polizeiabsperrungen zu durchdringen und auf den Platz zu gelangen? Unter den Demonstranten sind nicht mehr so viele Industriearbeiter im Blaumann und Schnauzbart wie 1977, dafür sind nun organisierte Fußballfans dabei oder schwul-lesbische Gruppen, die es einmal tatsächlich auf den Platz schaffen. Der 1. Mai bleibt auch für das linksliberale Milieu von Bedeutung, vielleicht gerade des Verbots wegen. Erst ab 2010 werden am Taksim-Platz Mai-Kundgebungen erlaubt. Im Jahr 2013 erlässt der Gouverneur Hüseyin Avni Mutlu erneut ein Verbot, das er mit dortigen Bauarbeiten begründet. İstanbul erlebt darauf die schwersten Straßenschlachten seit Jahren. Ein paar Wochen später wird der Gezi-Park besetzt.

Haben die alten Linken und ihre Geschichten durch Gezi ausgedient, wie von manchen seiner alten Weggefährten zu hören war? »Quatsch«, ruft Can. Diese Frage hat ihn geärgert. »In der Geschichte wird nicht einfach etwas durch das andere ausgetauscht. Die Dinge bauen aufeinander auf. Im Gezi-Park waren unsere Kinder. Fragen Sie die jungen Leute, und fast alle werden Ihnen erzählen, dass ihre Eltern vor dem Putsch von 1980 in der Linken aktiv waren.« Immerhin lässt er eines gelten: »Nach dem Putsch war die Gesellschaft verängstigt. Diese Angst ist jetzt weg.«

Das letzte Gefecht der Islamisten

Nicht allein für die türkische Linke, sondern ebenso für die Islamisten ist der Taksim-Platz symbolisch bedeutsam. Diese Bedeutung hängt eng mit der Geschichte jener Kaserne zusammen, die anstelle des Gezi-Parks rekonstruiert werden sollte. »Wir werden dort die Geschichte wiederbeleben«, sagte Ministerpräsident Recep Tayyip Erdoğan einmal. Doch welche Geschichte meinte er?

Errichtet wurde die Kaserne unter Sultan Selim III. Als dieser 1789 den osmanischen Thron besteigt, befindet sich das Imperium seit einem Jahrhundert im Niedergang. Selim III. ist der erste Sultan, der eine grundlegende Reform in Angriff nimmt. Er lässt ein neues Armeekorps ausheben, genannt *Nizam-ı Cedid*, »Neue Ordnung«, verpflichtet Ausbilder aus Europa, gründet Militärakademien und lässt neue Kasernen bauen. Eine davon entwirft vermutlich der armenische Architekt Krikor Balyan am damaligen Rand des Viertels Pera, dem heutigen Beyoğlu. Im Jahr 1806 wird der Neubau fertiggestellt, in den das Artillerieregiment der neuen Truppe einzieht. Topçu Kışlası heißt die Kaserne daher, Artilleriekaserne.

Doch der Sultan stößt auf Widerstand. Vor allem die Janitscharen fürchten um ihre Privilegien. Die Elitetruppe rekrutiert sich da nicht mehr aus verschleppten Kindern christlicher Familien. Auch von ihrer einst berüchtigten Schlagkraft ist nicht mehr viel übrig. Dafür haben sie sich zu einem Staat im Staate entwickelt. Im Mai 1807 rebellieren sie mit weiteren Einheiten. Der Kabakçı-Mustafa-Aufstand wird von der Geistlichkeit und Teilen der Bevölkerung unterstützt, denen die Orientierung des Sultans an Europa so suspekt ist wie ihnen die zusätzlichen Steuern, die für die neuen Institutionen erhoben werden, zuwider sind. Selim III. muss zurücktreten. »Kein Herrscher und Kalif zu sein, ist besser als Herrscher und Kalif solch aufrührerischer Untertanen zu sein«, soll er bei seiner Abdankung gesagt haben.

Es ist nicht das erste Mal, dass die Janitscharen einen Sultan absetzen. Es ist aber das erste Mal, dass sich dieser Machtkampf als Konflikt zwischen Modernisierung und Tradition darstellt. Nach zwei Jahren der Wirren, in denen Selim III. und sein Nachfolger sterben, gelangt Mahmud II. auf den Thron. Er versucht, das Werk seines Onkels Selim III. fortzusetzen und eine neue Armee aufzubauen, in die er die Janitscharen eingliedern will. 1826 erheben die sich erneut. Doch diesmal bleiben sie allein. Sie verschanzen sich in ihren Kasernen, unterliegen aber der Artillerie des Sultans. 6.000 Janitscharen werden niedergemetzelt, weitere danach hingerichtet oder verbannt. Ihre Kasernen werden abgerissen. Nichts soll an sie erinnern.

Die Zerschlagung des Janitscharenkorps, die Mahmud II. *Vaka-i Hayriye*, »segensreiches Ereignis«, nennt, ist für lange Zeit – bis zur Machtübernahme der Partei für Gerechtigkeit und Entwicklung (AKP) im Jahr 2002 – das letzte Mal, dass sich die formelle Autorität im Land gegen die informelle behauptet. Der Konflikt zwischen der politischen Führung und der Armee aber setzt sich in anderer Gestalt fort.

Asâkir-i Mansure-i Muhammediye, »Siegreiche Truppen

Mohammeds«, heißt die neue Truppe des Sultans anfangs. Trotz des religiösen Titels, mit dem Mahmud II. dem Verdacht vorbeugen will, seine Militärreform richte sich gegen den Glauben, wird diese Truppe nach französischem Vorbild geformt. Dies zeigt sich nicht nur in der Organisation und Ausbildung. Die »Siegreichen Truppen Mohammeds« werden zwar die meisten Schlachten verlieren, aber sie sind die ersten osmanischen Soldaten, die europäische Hosen tragen.

Die beiden Nachfolger Mahmuds II., Abdülmecid und Abdülaziz, setzen die Reformen fort. Es ist die »Tanzimat«-Periode, eine Ära der Neugestaltung von Staat und Gesellschaft. Man führt moderne Straf- und Handelsgesetze und die allgemeine Wehrpflicht ein; die nichtmuslimischen Untertanen werden – allerdings nicht vollständig – den muslimischen gleichgestellt und das Lehnswesen wird abgeschafft. Aus der wirtschaftlichen Not des Reiches heraus schließt man mit mehreren europäischen Staaten Handelsabkommen, die »Kapitulationen«, die nur für die Europäer vorteilhaft sind. In dieser Zeit wird auch die Topçu-Kaserne runderneuert. Sie erhält einen großen Innenhof und ein prunkvolles, aber kitschiges Eingangsportal mit Zwiebeltürmen nach russischer Art und eine Fassade mit indischen und osmanischen Stilelementen.

Die Tanzimat-Reformen führen zur ersten osmanischen Verfassung, die die Rechte des Sultans einschränkt und die Schaffung eines Parlaments vorsieht. Sie wird im Dezember 1876 von Abdülhamid II. verkündet, der kurz zuvor den Thron bestiegen hatte. Doch nach der vernichtenden Niederlage im Krieg gegen Russland 1877/78 setzt der Sultan die Verfassung außer Kraft. Er gründet den ersten osmanischen Geheimdienst und lässt Oppositionelle verfolgen. Der Islam erlangt wieder große Bedeutung, der Panislamismus wird Staatsideologie.

Doch Abdülhamid II. ist kein Fanatiker. Er sucht die Zusammenarbeit mit dem deutschen Kaiserreich und versucht mit Hilfe deutscher Experten, sein Rest-Imperium finanziell zu sanieren und technologisch zu modernisieren, etwa mit dem Bau der Eisenbahnlinie von İstanbul nach Bagdad. Ein Ergebnis dieser Verbundenheit kann man heute noch in Berlin bewundern:

den Pergamon-Altar, den deutsche Archäologen ausgraben und den Abdülhamid II. seinem Freund, dem deutschen Kaiser Wilhelm II., überlässt.

Wie so mancher seiner Vorgänger hat Abdülhamid II. im Militär Gegner. Doch die Konstellation hat sich seit den Tagen der Janitscharen geändert. Es gibt zuhauf jüngere Offiziere und Bürokraten, die die absolutistische Herrschaft des Sultans beenden und einen Nationalstaat nach europäischem Vorbild gründen wollen. Die wichtigste Oppositionsgruppe ist das konspirative »Komitee für Einheit und Fortschritt«, das der jungtürkischen Bewegung entstammt und verschiedene säkulare, republikanische und nationalistische Strömungen vereint.

1908 rebelliert die von Mitgliedern des Komitees geführte 3. Armee auf dem Balkan. Die jungtürkische Revolution beginnt. Der Sultan wird dazu gezwungen, die Verfassung wieder in Kraft zu setzen und Parlamentswahlen durchzuführen. Zunächst genießt das Komitee auch in der nichtmuslimischen Bevölkerung Sympathien. Doch nach den Balkankriegen 1912/13 und der Absetzung der Regierung Anfang 1913 schlägt das Komitee eine pantürkische Linie ein und errichtet eine Diktatur. Unter dem Triumvirat der Paschas Enver, Cemal und Talat zieht das Osmanische Reich an deutscher Seite in den Ersten Weltkrieg und verübt eines der blutigsten Verbrechen der Menschheitsgeschichte: den Völkermord an den Armeniern.

Der Machtergreifung der Jungtürken geht ein Ereignis voraus, bei dem die Kaserne von Beyoğlu eine zentrale Rolle spielt. Am 31. März 1909 (dem 13. April im gregorianischen Kalender) rebellieren die Besatzungen der Topçu-Kaserne und der benachbarten Taşkışla-Kaserne gegen das konstitutionelle Regime. Die Aufständischen sind einfache Soldaten und Unteroffiziere ohne militärakademische Ausbildung, denen sich Teile der Geistlichkeit und der Bevölkerung anschließen. Mit der Parole »Wir wollen die Scharia« ziehen sie durch die Stadt, die sie unter ihre Kontrolle bringen.

Elf Tage später marschiert eine Interventionsarmee in İstanbul ein. Sie besteht aus Freiwilligen vom Balkan sowie aus Armeeeinheiten aus Thessaloniki und Edirne, die unter dem

Kommando jungtürkischer Offiziere stehen. In İstanbul kommt es zu Gefechten, bei denen einige hundert Soldaten sterben. Der Aufstand endet dort, wo er begonnen hatte: in den Kasernen der Aufständischen, wo sich diese verbarrikadieren. Die heftigsten Kämpfe toben vor der Topçu-Kaserne, die von der Interventionsarmee bombardiert wird.

Bis heute ist umstritten, wer diesen Aufstand angezettelt hat: Islamisten, jungtürkische Agents Provocateurs, britische Spione oder der Sultan selbst? War es überhaupt eine islamistische Rebellion oder handelte es sich, wie Ahmet Altan 2001 in seinem viel beachteten Roman *Die Liebe in Zeiten des Aufstands* nahelegte, um einen Machtkampf innerhalb des Militärs? Unbestritten ist nur eins: Die Folgen des 31. März 1909 reichen bis in die Gegenwart.

Abdülhamid II. muss nach 32 Jahren abtreten. Damit endet faktisch nach 600 Jahren die osmanische Regentschaft. Denn sein Nachfolger Mehmet V. ist eine Marionette der Jungtürken, während Sultan Vahdettin, der 1918 den Thron besteigt, lediglich die Anweisungen der Alliierten ausführt. Im November 1922, nach dem Unabhängigkeitskrieg gegen griechische und alliierte Truppen, erklärt die neue nationale Regierung in Ankara das Sultanat für abgeschafft. Die mit der Republik beginnenden Umwälzungen sind immens. Doch zugleich treten die Kemalisten, von denen viele aus den Reihen der Jungtürken stammen, deren jakobinisches Erbe an. Die autoritäre Modernisierung ist auch ihre Sache, ihr Nationalismus schwankt zwischen republikanischen und völkischen Ideen.

»Die Armee hat an den 31. März erinnert, weil sie damit ihre Rolle legitimiert hat«, sagt der Historiker Mehmet Ö. Alkan. »So, wie die von den Jungtürken geführte Armee eigenmächtig eingriff, um die Verfassung zu wahren, hat sich die Armee in den folgenden Jahrzehnten dazu befugt gesehen, gegen Chaos und Reaktion einzuschreiten.« Alkan lehrt an der Universität İstanbul und spricht regelmäßig in einer Fernsehsendung über historische Themen. »Ich frage die Erstsemester immer nach bestimmten Daten aus der osmanischen Geschichte«, erzählt er. »Dabei habe ich festgestellt, dass kein Datum aus dieser Zeit so geläufig wie dieses ist. Die offizielle wie die inoffizielle Geschichtsschreibung haben ein Interesse daran, die Erinnerung daran wachzuhalten. Für die Kemalisten ist es ein Tag des Sieges der fortschrittlichen Kräfte über die Reaktion, für die Islamisten der Beginn einer hundert Jahre während en Bevormundung durch das Militär. Und der Taksim-Platz ist der symbolische Ort dieser Niederlage.«

Alkan ist davon überzeugt, dass es bei dem Plan zum Wiederaufbau der Topçu-Kaserne nicht nur um kommerzielle Interessen ging. Dafür spricht, dass Erdoğan widersprüchliche Angaben darüber gemacht hat, welchem Zweck der Bau dienen soll. Erst war von einem Einkaufszentrum und einem Hotel die Rede, dann von einem Stadtmuseum, schließlich gar von einem Opernhaus. Die Nutzung schien weniger wichtig als der Bau selbst.

Denn für die türkischen Islamisten ist Abdülhamid II. nicht irgendein Sultan und Kalif. Sie verehren ihn, weil er eine Wiederbelebung des Islams mit wissenschaftlich-technischem Fortschritt verbunden hat, und bezeichnen ihn als Ulu Hakan, »Großen Herrscher«. Diese Formulierung stammt von Necip Fazıl Kısakürek, einem 1983 verstorbenen islamistischen Theoretiker, Autor und Dichter, einem ordinären Antisemiten, der dazu aufrief, Aleviten und andere Abweichler vom sunnitischen Islam »wie Unkraut auszureißen und wegzuwerfen«. Einer seiner größten Verehrer der Gegenwart ist kein geringerer als Ministerpräsident Erdoğan.

Als dieser in der Nacht vom 6. auf den 7. Juni 2013 von einer mehrtägigen Nordafrika-Reise zurückkehrt – der Gezi-Park und der Taksim-Platz sind da in der Hand der Demonstranten – hält er noch am Flughafen eine Rede. »Erlaub es uns, wir ziehen los, wir treten Taksim nieder«, rufen seine Anhänger. Erdoğan beendet seine Rede mit einem Vers von Kısakürek. Auf den hat er sich zuvor schon bezogen, so etwa im Jahr 2011 bei einer Rede im türkischen Parlament. »Es gibt Bücher, die verändern Ihr Leben«, sagt er damals. Dazu gehöre für ihn das Buch *Die unterdrückten Muslime der letzten Epoche* von Necip Fazıl Kısakürek. »Was die offizielle Geschichtsschreibung verschweigt, haben wir dort gelernt.« Lernen kann man in diesem Buch Folgendes: Die Ereignisse vom 31. März waren der »Wegbereiter der späteren Unterdrückung der Religion«, das Komitee für Einheit und Freiheit war eine »Marionette der Juden und Freimaurer«, der Aufstand deren Intrige, um »den glänzenden großen Herrscher« zu stürzen. Und bei der Interventionsarmee handelte es sich um eine »Horde mazedonischer Marodeure«, wörtlich: »eine Horde *çapulcu*«. Und genau so, als *çapulcu*, beschimpfte Erdoğan mehrfach die Demonstranten vom Gezi-Park. Doch diese Verleumdung wurde zum Geusenwort, zu einer Bezeichnung also, die die Demonstranten trotzig-ironisch übernahmen. So heterogen diese Bewegung war, dank Erdoğan gab es ein gemeinsames Label. Jetzt waren alle *çapulcu*. Durch ein vielzitiertes Graffito gelangte das Wort sogar ins Englische und dann in weitere Sprachen: »Everyday I'm *çapuling*.«

Ob Erdoğan mit diesem Begriff wissentlich Kısakürek zitiert hat oder nicht, er wäre jedenfalls nicht der Einzige, der einen Bezug zwischen den aktuellen Kämpfen am Taksim-Platz und denen des Jahres 1909 hergestellt hätte. Insbesondere kemalistische Autoren und Aktivisten interpretierten den Wiederaufbau der Kaserne als Rache an der Republik. Schließlich hätten Mustafa Kemal Atatürk und dessen Nachfolger İsmet İnönü in den Reihen der Interventionsarmee gekämpft.

Sicher ist, dass in İnönüs Amtszeit die Kaserne abgerissen und der Gezi-Park errichtet wurde. Doch ob er auch an der Niederschlagung des Aufstands beteiligt war, lässt sich nicht nachweisen. Selbst in seinen Memoiren finden sich darüber nur vage Andeutungen. Fast ebenso unklar ist die Faktenlage bei Atatürk, der zu diesem Zeitpunkt 27 Jahre alt und als Hauptmann in Thessaloniki stationiert war. Zwar berichtet er in seiner berühmten Rede *Nutuk*, er sei Stabschef der Interventionsarmee gewesen und habe sie auf den Namen Hareket Ordusu getauft. Doch als Atatürk 1927 diese – in 36 Stunden vorgetragene – Rede hielt, die zur Grundlage der staatlichen Geschichtsschreibung werden sollte, war der Personenkult um ihn bereits im Gange. In der ersten Biografie hingegen, einer während des

Unabhängigkeitskrieges erstellten Propagandabroschüre mit dem hübschen Titel *Das bescheidene Leben des Mustafa Kemal*, findet sich kein Wort über diese Episode.

So vermuten einige Historiker, dass Atatürk nur Stabschef einer Division war, anderen zufolge war er anfangs Stabschef der gesamten Interventionsarmee, musste diesen Posten aber an den aus Berlin herbeigeeilten Enver Pascha abgeben. Einige bestreiten, dass er überhaupt an der Operation teilnahm. Dass in der offiziellen Geschichtsschreibung den Gründungsvätern der Republik bei den Ereignissen rund um die Topçu-Kaserne eine größere Rolle zugeschrieben wurde, als sie womöglich innehatten, verdeutlicht aber, welche Bedeutung man diesem Datum beimaß.

Egal, wer sonst noch beteiligt war, sicher ist jedenfalls, dass ein junger Bauer aus dem Dorf Kişina bei Köprülü, dem heutigen Veles in Mazedonien, in den Reihen der Interventionsarmee kämpfte. Mein Urgroßvater Alim. Der aus der Vitrine meiner Eltern.

Das Gesicht der Republik

İstanbul gilt als »Brücke zwischen Orient und Okzident«. Doch wenn es im alten İstanbul eine Brücke gab, die beide Zivilisationen miteinander verband, war dies nicht die ohnehin erst 1973 fertiggestellte Bosporus-Brücke, sondern die Brücke über das Goldene Horn, einen Seitenarm des Bosporus. Geografisch liegen dessen Ufer beide auf der europäischen Seite. Kulturell aber trennte das Goldene Horn zwei Welten: am Südufer die türkisch-muslimische Altstadt, im Norden Galata, das heutige Karaköy, im Bezirk Beyoğlu.

Der byzantinische Kaiser hatte Galata als Dank für die Hilfe bei der Rückeroberung Konstantinopels aus der Hand venezianisch-französischer Kreuzfahrer im Jahr 1261 der Republik Genua als Handelskolonie überlassen. Nach der Eroberung Konstantinopels durch die Osmanen 1453 blieb Galata ein nichtmuslimisches Viertel. Genuesische, venezianische und

katalanische Kaufleute lebten hier, außerdem Armenier, Griechen, Georgier und Juden.

Im 17. Jahrhundert beginnt Galata, auf die hinter der Stadt-
mauer liegenden Hügel zu wachsen. Zur byzantinischen Zeit
nannte man dieses Gebiet die Pera-Felder, nach dem griechischen Wort für »drüben«. Um die neuen Stadtteile mit Wasser
zu versorgen, wird 1732 am höchsten Punkt Peras eine An-
lage zur Wasserverteilung errichtet, was dieser Gegend seinen
späteren Namen geben sollte: *Taqsīm* ist das arabische Wort für
»teilen«.

In der zweiten Hälfte des 19. Jahrhunderts lassen sich europäische Kaufleute hier nieder, die infolge der »Kapitulations-
abkommen« in die Stadt kommen. In dieser Zeit entwickelt sich
die Grande Rue de Pera, die heutige İstiklal-Straße, die mit
ihren Jugendstilhäusern, Ladenpassagen, Cafés, Theatern, Salons und Botschaftsgebäuden hinauf zum Taksim-Platz führt
und an deren anderen Ende 1875 die zweite U-Bahn der Welt
fertiggestellt wird. Hinzu kommen Nobelhotels wie das Pera
Palas, wo Agatha Christie ihren *Mord im Orient-Express* verfasste. Komplettiert wird das Bild durch neue Kirchen, die ka-
tholische St.-Antonius oder die griechisch-orthodoxe Hagia
Triada. War Galata ein mittelalterlich-europäischer Stadtteil,
wird Pera zum modern-europäischen. Wohnen rund um die
Grande Rue de Pera die reicheren Nichtmuslime, siedeln sich
im westlichen Viertel Tarlabaşı die ärmeren an.

Oben auf dem Hügel, der Gegend um den Wasserverteiler
und die Topçu-Kaserne, befinden sich Mitte des 19. Jahrhunderts Friedhöfe. Ein armenischer Friedhof, unterteilt in einen
apostolischen und einen katholischen Teil, der Taksim vom
neuen, teilweise ebenfalls nichtmuslimischen Viertel Şişli
trennt, und ein muslimischer Friedhof. Dieser wird ab den
1870er Jahren eingeebnet, nur das Grab eines Paschas bleibt im
Garten des deutschen Konsulats erhalten.

Die Topçu-Kaserne wird nach dem Aufstand von 1909 nur
notdürftig restauriert. Als nach dem Ersten Weltkrieg İstanbul
von französischen, britischen und italienischen Truppen besetzt
wird, beziehen dort französische Einheiten Quartier. Dann wird

der Hof einem Investor überlassen, der eine Tribüne für 8.000 Zuschauer errichtet. Das Taksim-Stadion, wie die Spielstätte nun heißt, ist das erste Fußballstadion der Stadt.

In den Besatzungsjahren spielen dort Soldatenmannschaften der Alliierten gegen die İstanbuler Clubs. Vor allem ein Spiel vom Juni 1923 ist in Erinnerung geblieben. Zu diesem Zeitpunkt ist der Unabhängigkeitskrieg gewonnen und der Abzug der Besatzungstruppen beschlossen. Während die türkische Delegation unter İsmet İnönü in Lausanne mit den Alliierten über einen Friedensvertrag verhandelt, fordert der britische Kommandant Charles Harington zu einer Art Finale auf. Die Briten bilden eine Auswahl aus den Teams der Regimenter, auf türkischer Seite nimmt der Club Fenerbahçe aus dem asiatischen Teil der Stadt die Herausforderung an. Die Briten gehen durch den schottischen Nationalspieler Willie Ferguson in Führung. Doch nach der Pause schießt Zeki Rıza mit zwei Toren Fenerbahçe zum Sieg. Die İstanbuler jubeln, İnönü gratuliert per Telegramm. Dass im britischen Team nur vier Profifußballer spielen, kümmert damals wenig und danach noch weniger. In die türkischen Geschichtsbücher geht der »General-Harington-Cup« mit einem Wort des Spielers Bedri Gürsoy ein: »Wir sind das einzige Land, das sowohl mit dem Mörser als auch mit dem Ball einen Krieg gewonnen hat.«

Bald darauf, drei Tage vor der Proklamation der Republik am 29. Oktober 1923, läuft die fast identische Mannschaft erneut im Taksim-Stadion auf. Aber diesmal nicht in den blaugelben Trikots von Fenerbahçe, sondern in weiß-roten. Das erste Länderspiel. Der Gegner heißt Rumänien, das Spiel endet 2:2, wieder trifft Zeki Rıza zweimal. Im Zuge der Namensreform wird Atatürk ihm später den Nachnamen Sporel verleihen, »Sportland«.

Im Folgenden nutzen die Clubs Beşiktaş und Galatasaray das Taksim-Stadion. Doch dessen Tage sind gezählt. Hatten sich die stadtplanerischen Anstrengungen der jungen Republik zunächst auf die neue Hauptstadt Ankara und das im Unabhängigkeitskrieg niedergebrannte İzmir konzentriert, gerät nun İstanbul in den Blick. Von 1938 bis 1950 wird der französische Architekt

Henri Prost als Generalplaner engagiert. Seine Hauptaufgaben: İstanbul durch Verkehrsschneisen autotauglich zu machen und einen repräsentativen Platz zu schaffen.

In der Stadt gibt es zu diesem Zeitpunkt zwei große Plätze, den Sultanahmet-Platz vor der gleichnamigen Moschee (der »Blauen Moschee«) und den Beyazıt-Platz zwischen der namensgebenden Moschee, dem alten Basar und der Universität. Aber diese Plätze sind mit der osmanischen Herrschaft belegt. Und sie stammen aus der byzantinischen Epoche. Denn der osmanische Städtebau sah keine öffentlichen Plätze vor, an denen Männer und Frauen zusammenkommen konnten. Die Männer trafen sich in den Moscheen, die Frauen waren aus dem öffentlichen Raum ausgeschlossen.

Das soll sich nun ändern. Und natürlich eignet sich für so einen Platz kein Viertel besser als das westliche Beyoğlu. Als Prost seine Arbeit aufnimmt, ist der erste Schritt dazu bereits getan. War die Gegend hinter dem Wassserverteiler zuvor eine Brache zwischen Friedhöfen und Stallungen, wird hier 1928 ein vom italienischen Bildhauer Pietro Canonica geschaffenes, elf Meter hohes Monument eingeweiht. Das Denkmal der Republik wird zur zentralen Gedenkstätte der Stadt, wo an nationalen Feiertagen Zeremonien abgehalten werden. Nur der offizielle Name Cumhuriyet Meydanı, »Platz der Republik«, kann sich nicht durchsetzen.

Prost macht sich daran, die Umgebung dieses Platzes neu zu gestalten. Er lässt die Topçu-Kaserne abreißen und eine Parkanlage einrichten. Nun wird auch der armenische Friedhof eingeebnet. Ein Teil des Geländes wird dem Stadtpark zugeschlagen, der Rest mit neuen Wohn- und Geschäftshäusern bebaut. Getauft wird der 1947 fertiggestellte und knapp vier Hektar große Park zunächst auf den Namen İnönü-Gezi-Park (Gezi bedeutet zu Deutsch »Reise«, aber auch »Spaziergang«). Einigen Quellen zufolge werden für die Marmortreppen, die vom Taksim-Platz zum Park führen, Grabsteine des armenischen Friedhofs verwendet.

In einer Ecke wird ein Hochzeitssaal eröffnet, in einer anderen eine Vergnügungsstätte, das »Taksim Stadt-Kasino«, in denen eine neue urbane Mittelschicht essen geht und abendlichen Konzertaufführungen beiwohnt. Als Ersatz für das abgerissene Stadion wird am nördlichen Hang des Hügels ein neues gebaut: das İnönü-Stadion. Die Säkularisierung Taksims geht so weit, dass man zeitweise die einzige repräsentative Moschee in der Umgebung, die Dolmabahçe-Moschee, zu einem maritimen Museum umfunktioniert.

In der Ära Prost, den dreißiger und vierziger Jahren, leben in Beyoğlu, Pera, weiterhin viele Armenier, Griechen und Juden. »Für die Minderheiten, die die französischsprachigen Zeitungen *Le Journal d'Orient* und *Stamboul* lasen, in den Salons der Union Française Aufführungen ausländischer Schauspiel- und Tanztruppen besuchten und Vorträgen und Konferenzen zuhörten, die auf Französisch abgehalten wurden, war Pera das zivilisierte Gesicht der Stadt«, schreibt der türkisch-jüdische Historiker Rifat N. Bali. »Dort konnte man entlang der Schaufenster flanieren, die Zeit in Cafés und Konditoreien verbringen oder ins Kino oder Theater gehen.« Das neue türkische Bürgertum orientiert sich an diesem Lebensstil. Wer durch das Beyoğlu jener Jahre läuft, wirft sich in Schale.

In den späten vierziger Jahren beginnt sich die Zusammensetzung des Viertels zu ändern. Von einer Kopfsteuer der Jahre 1942/44 drangsaliert und dem Pogrom vom September 1955 verängstigt, verlassen vor allem die Griechen und Juden die Stadt. Doch auch nach der Flucht der nichtmuslimischen Minderheiten bleibt Beyoğlu das westliche Zentrum İstanbuls. Nach einer Phase in den siebziger Jahren, als *pavyons*, Vergnügungsstätten mit Animierdamen, und bordellähnliche Betriebe die Seitengassen der İstiklal dominieren, entdecken ab Ende der Achtziger Intellektuelle, Künstler und Studenten die Gegend. Was folgt, ist die klassische Gentrifizierung. Doch trotz aller Einkaufszentren, trotz Zara und Burger King und Mavi und Simit Sarayı, finden sich in den Seitengassen der İstiklal heute noch Subkultur-Clubs, kleine Verlage, Büros von NGOs und in einer Ecke ein Transsexuellenstrich.

Ähnlich entwickelt sich der Gezi-Park. Sind dort tagsüber alle möglichen Leute unterwegs, wird er abends zu einem Treffpunkt der Marginalisierten. Schwule treffen sich hier, transsexuelle Prostituierte warten auf Freier, Drogenabhängige inhalieren Lösungsmittel und so mancher anatolische Habenichts, der auf der Suche nach Arbeit nach İstanbul kommt, verbringt seine ersten Nächte im Gezi-Park.

Weniger wechselhaft ergeht es dem Taksim-Platz selbst. Anfang der fünfziger Jahre wird am nördlichen Ende des Gezi-Parks das Divan-Hotel errichtet, das erste Luxushotel am Taksim-Platz, dem bald weitere folgen. 1965 muss das Taksim-Kasino einem Fünf-Sterne-Hotel weichen, dem heutigen Ceylan Intercontinental. Schließlich wird 1976 eines der beiden Gebäude fertiggestellt, die heute den Taksim-Platz dominieren: das Marmara-Hotel mit einem fantastischen Panorama aus dem Restaurant im 18. Stock, jenes Hotel, aus dem am 1. Mai 1977 auf die Kundgebung geschossen wird.

Etwa gleich alt ist das zweite dominierende Gebäude: das Atatürk-Kulturzentrum, ein funktionalistischer Bau des Architekten Hayati Tabanlıoğlu. Die Idee stammt noch von Prost, in dessen Zeit der Grundstein gelegt wird. Fertig wird der Bau erst 1969. Schon im Jahr darauf brennt es bei einer Aufführung von Arthur Millers *Hexenjagd* nieder und wird 1978 wiedereröffnet. Während der Instandsetzung hängt am 1. Mai an der Fassade jenes 35 Meter breite und 15 Meter hohe Transparent des stilisierten Arbeiters. Das Atatürk-Kulturzentrum beherbergt eine Bühne mit Platz für 1.300 Zuschauer, eine Ausstellungshalle, eine Kammerbühne und einen Kinosaal. Hier spielen das Türkische Staatstheater, das staatliche Opern- und Ballettensemble oder das İstanbuler Staats-Sinfonieorchester. Ein Kulturtempel der gebildeten, säkularen, urbanen Mittel- und Oberschicht.

Wenn man heute auf dem Taksim-Platz steht, sieht man Monumente des Kemalismus, das »Denkmal der Republik« und das Atatürk-Kulturzentrum, man sieht die mit Stacheldraht umzäunte Triada-Kirche und man sieht die Hallen des Kapitalismus, das Marmara und die Dächer der übrigen Luxushotels. Eines aber sieht man nicht: etwas, das in vergleichbar imposanter Weise die muslimische Identität der Türkei symbolisieren würde. Es gibt nur ein *mescit*, eine kleine Moschee, hinter dem alten Wasserverteiler am Eingang der İstiklal-Straße. Darum fordern die türkischen Islamisten seit Ende der sechziger Jahre den Bau einer repräsentativen Moschee am Taksim-Platz – in Ergänzung zum Atatürk-Kulturzentrum oder gar an dessen Stelle.

Die ersten Pläne dazu werden Ende der siebziger Jahre von der »Nationalistischen Front«, der Regierungskoalition aus Konservativen, Islamisten und Rechtsextremisten, entwickelt. 1983 erklärt das oberste Verwaltungsgericht, dass eine weitere Bebauung des Taksim-Platzes nicht im öffentlichen Interesse sei. 1994 kämpft ein bis dahin kaum bekannter Politiker der islamistischen Wohlfahrtspartei um das Amt des Oberbürgermeisters von İstanbul und verspricht, am Taksim-Platz eine Moschee zu bauen. Er gewinnt die Wahl, kann jedoch in den vier Jahren seiner Amtszeit sein Wort nicht halten. Knapp zwanzig Jahre später erneuert dieser Politiker in einer anderen Funktion sein altes Versprechen. Sein Name: Recep Tayyip Erdoğan.

Projekte, Projekte, verrückte Projekte

Auf Yaşars Adanalıs Grafik ist der Gezi-Park ein Klecks. »Ein wichtiger«, sagt er. »Taksim liegt im Herzen der Stadt, ist von symbolischer Bedeutung und trotz aller Kommerzialisierung nicht durchreguliert.« Adanalı ist 32 Jahre alt, trägt halblanges Haar und Dreitagebart und ist detailverliebter Forscher und politischer Aktivist zugleich. Er hat in İstanbul Stadtentwicklung studiert, hat einen Lehrauftrag an der TU Darmstadt, promoviert an der TU Berlin, schreibt für die linke Tageszeitung *Evrensel* und betreibt den Blog *mutlukent*. Und er mag Grafiken.

Die Grafik, die er mit seinen Mitstreitern erstellt hat, zeigt, welche Konzerne an welchen großen Bauprojekten beteiligt sind. Je größer das Auftragsvolumen, desto größer der Kreis. Der mit Abstand größte steht für den dritten Flughafen, der der größte der Welt werden soll – rund 22 Milliarden Euro

Auftragsvolumen. Weitere große Kreise symbolisieren die dritte Bosporus-Brücke (3,5 Milliarden Euro), deren Grundstein im Mai 2013 gelegt wurde, oder die U-Bahn Marmaray (vier Milliarden Euro), deren Teilstück durch den Bosporus im Oktober 2013 für den Verkehr geöffnet wurde. Ein anderes Großprojekt ist hier noch nicht berücksichtigt: »Kanalistanbul«, ein zweiter Bosporus, der westlich von İstanbul das Marmarameer mit dem Schwarzen Meer verbinden soll.

»Verrückte Projekte« heißen diese Bauvorhaben – eine Formulierung, die nicht etwa von Kritikern stammt, sondern von Erdoğan selbst (und die er sich beim politischen Gegner geborgt hat, aus Turgut Özakmans Roman *Diese verrückten Türken*, der nach seinem Erscheinen 2005 alle Verkaufsrekorde brach und zu einer Fibel der Kemalisten wurde). In İstanbul ist Stadtentwicklung Chefsache. Das wurde bei den Gezi-Protesten deutlich, als zwar gelegentlich etwas vom Gouverneur Mutlu zu hören war – darunter sein kurz vor der Räumung des Gezi-Parks getwittertes Versprechen, an diesem Tag nicht zu räumen –, nicht aber von Oberbürgermeister Kadir Topbaş. Was für ein relativ kleines Vorhaben wie die Bebauung des Gezi-Parks gilt, gilt erst recht für Infrastrukturprojekte, mit denen Erdoğan die Türkei bis zum Jahr 2023 in die Top Ten der wirtschaftsstärksten Länder der Welt bringen will.

An vielen dieser Vorhaben hat Adanalı Kritik. Allen voran am Kanal, dem Flughafen und der Brücke, die, mitsamt einem neuen Stadtteil für eine Million Menschen, im Nordwesten İstanbuls errichtet werden sollen. Dort befinden sich ein großer Teil der Trinkwasserreserven und das letzte große Waldgebiet auf der europäischen Seite der 15-Millionen-Metropole. »Vernichtungsfeldzug gegen die Ökologie«, sagt Adanalı dazu. Und er kritisiert das gesamte System, die Immobilienökonomie, die großen Anteil am Wirtschaftsboom der vergangenen Jahre hat.

Denn die gigantischen Infrastrukturprojekte sind nicht alles. Gebaut wird viel, irre viel. Straßen, Trabantenstädte, Bürohäuser, Hotels, U-Bahnen, »Residenzen« genannte Eigentumswohnungen, die für das zahlungskräftige Publikum die Vorzüge einer eigenen Wohnung mit dem Komfort eines Hotels verbinden. Und Einkaufszentren. Über hundert Shopping Malls sind derzeit in der Planung oder im Bau, etwa 80 davon in İstanbul und Ankara. In İstanbul sind bereits heute (Stand: Herbst 2013) 114 in Betrieb, die größte davon, die Cevahir-Shopping-Mall im Bezirk Şişli, ist die zweitgrößte Europas und besonders unter den wohlhabenden arabischen Touristen beliebt, die seit einigen Jahren nach İstanbul strömen.

Diese Einkaufszentren bedrohen nicht nur die Existenz der kleinen Einzelhändler, sie verändern auch das urbane Leben. Gerade an den Wochenenden sind die Malls voller Leute, die sich dies leisten können: Pärchen, die in den Cafés turteln, Familien, deren Kinder auf den Spielplätzen toben, Frischvermählte, die vor Plastikpflanzen Hochzeitsfotos machen lassen, oder Eltern, die ihr neugeborenes Baby einem Brauch folgend am 40. Tag ausführen – und dafür nichts besseres als eine Shopping Mall finden. Und das in einer Stadt, die eine der schönsten Städte der Welt ist. Oder noch ist.

Ein wichtiger Player im Immobilienboom ist die staatliche Wohnungsbaugesellschaft Toki. Direkt dem Ministerpräsidenten unterstellt, errichtet Toki allein oder mit privaten Investoren ganze Trabantenstädte. Gated Communitys, die sich äußerlich kaum unterscheiden, aber je nach Ausstattung und Qualität verschiedene Segmente bedienen, von der Oberklasse zur Unterschicht. »So etwas« ist weltweit einzigartig«, sagt Adanalı. »Toki ist Behörde und Marktteilnehmer; dazu befugt, ein Viertel zum Sanierungsgebiet zu erklären und die Eigentümer zu enteignen, wie im Roma-Viertel Sulukule oder einem Teil von Tarlabaşı. Toki kann selber für die Nachfrage sorgen, um dann das Angebot zu liefern, und untersteht keiner Aufsicht.« Über 600.000 Eigentumswohnungen hat Toki in den letzten zehn Jahren im Land errichtet. »Die Stadtteilkultur geht verloren, die Bindungen, die Mischung. Das Ergebnis sind nach Klassen getrennte, anonymisierte und gesichtslose Wohnsiedlungen.«

Adanalıs interaktive Grafik ist eine Frucht des Gezi-Parks. »Mit ein paar Leuten, die sich mit dem Thema Stadtentwicklung beschäftigen, haben wir im Park zu einem Workshop eingeladen. Dort entstand die Idee, einen Überblick über all diese

Projekte zu erstellen. Auch nach der Räumung des Parks haben wir weitergearbeitet«, erzählt Adanalı. Das Ergebnis ihrer mühevollen Kleinarbeit haben sie auf der Webseite mulksuzlestirme.org dokumentiert. *Mülksüzleştirme* bedeutet Enteignung. »Was wir erleben, ist eine gigantische Enteignung öffentlichen und teils privaten Eigentums«, erklärt er.

Noch etwas hält seine Grafik fest: Welche Medienunternehmen Konzernen gehören, die zugleich in der Immobilienbranche tätig sind. Eine andere Grafik schlüsselt auf, welche Objekte nichtmuslimischer Gemeinschaften enteignet wurden, eine dritte, welche Unternehmer in welchem Umfang am Bauboom beteiligt sind: Nicht nur, aber größtenteils Konzerne, deren Aufstieg eng mit dem der AKP verbunden ist. Konzerne wie Ağaoğlu, dessen Hauptgesellschafter Ali Ağaoğlu Ende 2013 im Zuge der Korruptionsermittlungen festgenommen wurde.

Die »verrückten Projekte« sind zum Markenzeichen der AKP-Herrschaft geworden. Allerdings gibt es Anzeichen, dass sich in der Türkei und vor allem in İstanbul eine Immobilienblase aufbläht. Dort lagen – trotz einer moderaten Amortisierungszeit von 17,1 Jahren – die Quadratmeterpreise im Jahr 2013 durchschnittlich 17,5 Prozent über dem Vorjahreswert. Seit zehn Jahren, nur unterbrochen von der globalen Krise 2008/09, liegen die Wachstumszahlen der Immobilienbranche teils deutlich über der allgemeinen Wachstumsrate, amtlichen Angaben zufolge im zweiten Halbjahr 2013 bei 7,6 Prozent zu 4,4 Prozent. Zugleich wächst die Verschuldung der privaten Haushalte, allein in den vergangenen drei Jahren ist sie von 16 auf 22 Prozent des Bruttoinlandsprodukts gestiegen. Die Eigentumswohnungen der mittleren und ärmeren Schichten sind – ebenso wie ihre Autos, die den Stadtverkehr zur Hölle machen – mit Schulden finanziert.

Eine weitere Folge des Baubooms: In der Weltrangliste der tödlichen Arbeitsunfälle der Internationalen Arbeitsorganisation ILO belegt die Türkei den dritten Platz. Je nach Quelle, dem türkischen Arbeitsministerium oder der gewerkschaftsnahen Organisation für Arbeitersicherheit İSİG, starben im Jahr 2012 744 (867) Menschen bei Arbeitsunfällen, 255 (278) davon waren Bauarbeiter. Oppositionelle reden inzwischen von Mord. Auch für Adanalı ist diese Unfallrate Ausdruck der Profitgier der Branche.

Er wohnt in Tophane, einem konservativen Kleine-Leute-Viertel in Beyoğlu, das in den nächsten Jahren komplett sein Gesicht und seine alten Bewohner verlieren dürfte, ähnlich wie das weiter oben angrenzende Çukurcuma, wo Orhan Pamuks Roman *Das Museum der Unschuld* spielt. In Adanalıs Arbeitszimmer hängt fast über die ganze Wand ein selbst gezeichneter Stadtplan mit roten und grünen Stecknadeln. Rote Nadeln stehen für Gegenden mit großen Bauvorhaben und Umstrukturierungsprojekten, grüne Nadeln für gesellschaftlichen Widerstand. Eine grüne markiert den Gezi-Park.

Der Plan zum Bau der Topçu-Kaserne ist Teil dieser politischen Ökonomie, aber aufgrund der beschriebenen Geschichte zudem von hohem symbolischem Wert. Und er ist nicht der einzige Plan für den Taksim-Platz. Im Mai 2012 wurde ein Modell für eine Moschee vorgestellt, die hinter dem alten Wasserverteiler rechts der İstiklal gebaut werden soll. Der Entwurf des Architekten Ahmet Vefik Alp konnte zwar die Jurys internationaler Architekturwettbewerbe in Sofia und Los Angeles überzeugen, nicht jedoch den türkischen Ministerpräsidenten, der ihn als »zu modern« ablehnte. Inzwischen hat der Architekt sein Modell überarbeitet.

Zudem halten sich Gerüchte, die Regierung wolle das Atatürk-Kulturzentrum abreißen. Das ist seit 2008 geschlossen, offiziell zur Sanierung. Doch während der Gezi-Proteste, als es Journalisten möglich war, die Baustelle zu besichtigen, zeigte sich, dass dort in fünf Jahren nichts passiert ist, außer die Inneneinrichtung bis aufs Mauerwerk zu entfernen. Es wirkt, als würden die Verantwortlichen abwarten, womöglich ist die Entscheidung noch nicht gefallen.

Eine andere symbolträchtige Moschee wird bereits gebaut, auf dem Çamlıca-Hügel auf der anatolischen Seite. Es soll die größte Moschee İstanbuls werden, mit den höchsten Minaretten der Welt, die man von jedem Teil der Stadt sehen soll. Ein paar Kilometer weiter östlich, in der Trabantenstadt

Ataşehir, ist eine weitere große Moschee schon fertig: die Mimar-Sinan-Moschee, ein Gotteshaus mit Autobahnanschluss, VIP-Bereich und Einkaufszentrum, das im Sommer 2012 in Anwesenheit des Ministerpräsidenten und 10.000 Gläubigen eingeweiht wurde. Sie ist nicht nur nach dem bedeutendsten osmanischen Architekten benannt, sie ist auch eine Kopie von dessen wichtigstem Bauwerk, der Selimiye-Moschee in Edirne.

Dafür wurde Sinans bedeutendstes Bauwerk in İstanbul, die Süleymaniye-Moschee im Viertel Eminönü, bei Restaurierungsarbeiten bonbonfarben verputzt, um danach festzustellen, dass man die überwältigende Akustik des Raums – der Legende nach hatte Sinan die Klangverteilung mit dem Rauch einer Wasserpfeife bemessen – zerstört hatte. Und von der »Blauen Moschee« dürften für Postkarten keine neuen Fotos mehr gemacht werden. Denn mit drei neuen Wolkenkratzern, die die Minarette weit überragen, ist die malerische Silhouette hinüber.

Auch wegen solcher Eskapaden wirft Mücella Yapıcı der Regierung vor, das kulturelle Erbe zu ignorieren, das kemalistische wie das islamisch-osmanische, auf das sie sich beruft. »Denen ist alles egal, die haben keine Idee von urbanem Leben, die wollen nur so viel Kasse wie möglich machen. Dem verpassen sie einen pseudo-islamischen Anstrich, um ihre Herrschaft zu legitimieren.« Mücella Yapıcı ist die Generalsekretärin der Taksim-Solidarität, die im Jahr 2012 als Zusammenschluss von etwa 50 Parteien, Vereinen und Berufskammern gegründet wurde, während der Gezi-Proteste auf über hundert Mitgliedsorganisationen anwuchs und die Proteste zu koordinieren versuchte. Yapıcıs Büro bei der İstanbuler Architektenkammer liegt in Karaköy. Ein paar Meter weiter, an der Fähranlegestelle, ist ein weiteres Großprojekt geplant: Galataport. Die Doğuş-Gruppe will dort Hotels und ein Einkaufszentrum errichten, hauptsächlich für die Passagiere von Kreuzfahrtschiffen. Heute schon ankern dort manchmal drei gleichzeitig, die sich wie Hochhäuser vor dem Bosporus auftürmen.

Mücella Yapıcı hat Architektur und Stadtentwicklung studiert, in den siebziger Jahren bei der Stadtverwaltung gearbeitet, aber nach dem Militärputsch gekündigt. Danach arbeiteten sie und ihr Mann als selbstständige Architekten, sie bauten zusammen Wohngebäude, Industrieanlagen, Geschäftsgebäude. Ihre Firma ging bankrott, sie verloren alles und fingen von vorn an. Ihr Lieblingsprojekt: der Wiederaufbau eines Frauenzentrums in İzmit, das bei dem Erdbeben von 1999 zerstört worden war, mit dem Yapıcı aber auch eine schmerzliche Erinnerung verbindet, weil ihr Mann währenddessen verstarb.

Mücella Yapıcı ist 62 Jahre alt. Zurückgekämmte kurze blonde Haare, rotes Kostüm, rauchige Stimme. An die Pinnwand ihres Büros ist ein Stuttgart-21-Aufkleber geheftet, daneben hängt ein überdimensioniertes Rauchverbotsschild. Yapıcı raucht eine Zigarette nach der anderen. Und hier würde es niemand wagen, sie zu ermahnen. Eigentlich ist sie nur die Vorsitzende der Arbeitsgruppe für Stadtentwicklung, aber sie ist das bekannteste Gesicht der Architektenkammer und vielleicht deren heimliche Chefin. Bei einem Symposium verteilt sie Küsschen an Redner, die ihr besonders gut gefallen haben, bei öffentlichen Auftritten kommen junge Leute auf sie zu, die sie umarmen wollen. Mag die Gezi-Bewegung keine Anführer hervorgebracht haben, so hat sie doch ihre Heldinnen und Helden. Mücella Yapıcı ist eine von ihnen.

»Gezi hat mein Leben komplett verändert«, erzählt sie. »Wir waren eine kleine Gruppe von Leuten, wir haben in der Kälte Unterschriften gesammelt, Klagen ausgearbeitet, Institution für Institution abgeklappert. Aber egal, ob es um den Taksim-Platz ging oder um etwas anderes: Es herrschte überall Hoffnungslosigkeit. Seit Gezi ist das komplett anders. Ich habe meine Lebensfreude zurückgewonnen.«

Seither schreibt sie Kolumnen für die Tageszeitung *Sol*, das Blatt der Türkischen Kommunistischen Partei (TKP), der sie aber nicht angehört. »Für meine Rolle war diese Kolumne vielleicht unglücklich. Aber ich hatte mich über etwas geärgert und spontan zugesagt. Manchmal passiert mir das: Ich rege mich auf und mache etwas, ohne groß nachzudenken. Aber dazu stehe ich dann.« Eine andere Veränderung ist weniger erfreulich. Nachdem eine Webseite ihre Adresse veröffentlicht hatte, fühlte sie sich nicht mehr sicher in ihrer Wohnung im Viertel Beşiktaş, wo sie geboren und aufgewachsen ist. Jetzt wohnt sie auf der anatolischen Seite.

Noch etwas Neues brachte Gezi mit sich: Sie wurde festgenommen. Nachdem der Park wochenlang versperrt geblieben war, kam es mehrfach zu grotesken Situationen: Der Gouverneur erklärte den Park für wiedereröffnet, Menschen kamen und wurden von der Polizei vertrieben. Bei einer solchen Gelegenheit wurde Yapıcı mit einer ihrer beiden Töchter festgenommen und kam erst nach vier Tagen frei. »Ich bin Sozialistin und seit den Siebzigern politisch tätig. In der Türkei, wo viele jahrelang im Gefängnis gesessen haben, war es mir peinlich, dass mir das bisher nie passiert war.« Inzwischen sind sie und 25 weitere Personen im »Gezi-Hauptverfahren« unter anderem wegen Bildung einer kriminellen Vereinigung angeklagt. Für Yapıcı und vier Mitangeklagte fordert die Staatsanwaltschaft 29 Jahre Haft.

Bis Ende 2013 werden in 17 Städten Klagen gegen 4.744 Gezi-Demonstranten erhoben, darunter gegen 3.108 Leute in Kırklareli, einer Stadt im europäischen Landesteil mit 90.000 Einwohnern, die sich bei den Protesten nicht auf eine so einzigartige Weise hervorgehoben hatte, wie man es bei einer solchen Massenklage vermuten könnte. Eine unbekannte Zahl von Ermittlungen dauert noch an – ebenso wie in den mehreren tausend Strafanzeigen gegen Polizisten wegen Körperverletzung noch ermittelt wird, offiziell jedenfalls.

Eingestellt hingegen ist das Ermittlungsverfahren gegen die acht Vertreter der Taksim-Solidarität, die sich am 13. Juni mit Erdoğan getroffen hatten. Einer von ihnen war Cem Tüzün, Sprecher der Nachbarschaftsvereine von Beyoğlu. »Der Ministerpräsident hat nicht nur uns ständig unterbrochen und belehrt, sondern auch seine eigenen Mitarbeiter«, erzählt der 49-jährige Ingenieur über dieses Treffen. »Man kann ja verschiedener Meinung sein und bleiben. Aber er hat uns nicht einmal zugehört. Das war kein Dialog.«

Mit ihm beim Ministerpräsidenten waren einige Künstlerinnen und Künstler und Vertreterinnen und Vertreter der Stadtplaner- und Architektenkammer. Die ist, obwohl ihr die Architekten der Großprojekte ebenfalls angehören, in der Hand der linken und linksliberalen Opposition, ebenso wie die Ärzte-, Ingenieurs- oder Anwaltskammern, zumindest in den Großstädten. Die Architektenkammer ist dazu befugt, gegen Bauvorhaben Klagen einzureichen, was sie gegen den Abriss des Gezi-Parks auch getan hatte. Im Juli 2013 wurde bekannt, dass ein Verwaltungsgericht bereits am 6. Juni – während der Besetzung des Parks – der Klage stattgegeben hatte. Die Bagger, die Ende Mai anrückten, um den Park abzureißen, kamen illegal, während die Klage noch anhängig war. Das Justizministerium hielt die Veröffentlichung des Urteils zurück, um den Eindruck zu vermeiden, die Demonstranten hätten sich durchgesetzt, vermutet Tüzün. Ein zweiter Grund: Man habe die Untertunnelung des Taksim-Platzes fertigstellen wollen, durch die es nun schwerer geworden sei, mit einer Großdemonstration zum Platz zu laufen. Eine solche Panne will die Regierung nicht noch einmal erleben. In einer Nacht- und Nebelaktion wurden im Sommer diese Befugnisse der Kammer eingeschränkt bzw. mit hohen finanziellen Hürden verbunden.

Wegen Maßnahmen wie dieser ist Ahmet İnsel davon überzeugt, dass die AKP und vor allem Ministerpräsident Erdoğan zu einem Hindernis für die weitere Demokratisierung geworden sind. İnsel ist 58 Jahre alt und ein bekannter Intellektueller. Er ist Dekan der Wirtschaftswissenschaftlichen Fakultät der Galatasaray-Universität, lehrt an der Universität Panthéon-Sorbonne und schreibt für die Tageszeitung *Radikal* und die Theoriezeitschrift *Birikim*.

Er nennt sich Sozialist, manchen gilt er als linksliberal, auf keinen Fall gehört er zu jenen, die die AKP von Anfang an verteufelt haben. »Gegen einen Teil der Linken, die jede Regierung, die ihnen nicht genehm ist, für illegitim hält, habe ich die AKP gegen Putschbestrebungen verteidigt«, erläutert er. Die AKP habe ihre Verdienste, angefangen vom Demokratisierungspaket, das im Zuge der EU-Anpassung 2002 mit den Stimmen der CHP beschlossen wurde, bis zu ihrer Kompromissbereitschaft in der Zypernfrage, wofür sie von der CHP kritisiert wurde. Die AKP habe den Einfluss des Militärs zurückgedrängt, die kurdische Identität anerkannt und sei auf die nichtmuslimischen Minderheiten zugegangen.

»Der Horizont der AKP war immer ein konservativer. Aber sie war eine Zeit lang Träger der Demokratisierung, auch weil sie es mit einem weniger demokratischen Gegenüber zu tun hatte. Allerdings wäre es falsch, alle Fortschritte nur der Regierung zuzuschreiben. Sie folgte einer sich verändernden gesellschaftlichen Stimmung.« Inzwischen aber stoße die AKP an ihre Grenzen, sie verschließe sich, weil es ihr schwerfalle, Antworten auf den Wunsch nach mehr Demokratie zu geben.

Zwar habe sich die AKP-Herrschaft nicht gradlinig entwickelt, aber wenn er, Ahmet İnsel, sich auf einen Wendepunkt festlegen müsse, dann wäre dies die Erweiterung der Befugnisse der Polizei im Jahr 2006. »Seither hat die AKP zusammen mit der Gülen-Gemeinde an der Etablierung einer neofeudalen Ordnung gearbeitet. Anfangs betrieb sie die Autoritarisierung noch vorsichtig, weil sie einen Eingriff des Militärs fürchtete. Seit 2010/11 aber wurde diese Autoritarisierung immer deutlicher – bis sie mit der Gezi-Bewegung erstmals auf breiten zivilen Widerstand stieß. Mit ihrer arroganten, repressiven und rachsüchtigen Reaktion darauf haben sich die AKP und Erdoğan als Kräfte der Demokratisierung verabschiedet.«

2. Gezi: Der Park der Anderen

Das Gezi-Gefühl

Nach der Polizei kamen die Maler. Die Tränengasschwaden am Taksim-Platz hatten sich noch nicht verzogen, nur wenige hundert Meter weiter und in etlichen anderen Teilen der Stadt tobten noch Straßenkämpfe, als sich Mitarbeiter der Stadtverwaltung daran machten, die Graffiti rund um den Gezi-Park, die vom Witz und dem Esprit der Bewegung zeugten, zu übermalen. Es war die Nacht vom 15. auf den 16. Juni 2013, die Nacht, in der der 14 Tage lang besetzt gehaltene Stadtpark von einem Großaufgebot an Polizei mit Unterstützung der Gendarmerie geräumt wurde. Die Übertünchung der Graffiti hatte oberste Priorität. So, als wollte man sagen: Es ist nichts passiert. Es ist gar nichts passiert.

Es ist aber etwas passiert.

Wie jeder soziale Aufstand kam die Gezi-Bewegung, die sich von İstanbul, wenngleich in sehr unterschiedlichen Ausmaßen, im ganzen Land ausbreitete, vollkommen überraschend. Anfangs ging es um den Gezi-Park, sehr bald um die Gewalt, mit der die Polizei gegen ein paar Leute im Park vorging, dann um die AKP-Regierung und vor allem um die Person von Ministerpräsident Recep Tayyip Erdoğan, für manche schließlich um noch viel mehr.

Und während in der Zeit von Ende Mai bis Ende September 2013 – je nach Zählung – zwischen sechs und dreizehn Menschen ums Leben kamen, während mindestens elf Menschen ein Auge verloren, während, der Türkischen Ärztekammer zufolge, 7.832 Menschen durch Gaspatronen, Plastikgeschosse oder Wasserwerfer verletzt wurden, während der Türkischen Menschenrechtsstiftung zufolge bis Anfang August 3.773 Menschen festgenommen wurden, während die

Polizei binnen weniger Wochen 150.000 Tränengaspatronen, ihren Vorrat für zwei Jahre, verschoss, während all diese schrecklichen Dinge passierten, erlebten ein halbes Land und eine halbe Generation etwas, das bereits im selben Moment in die türkische Geschichte einging: das Gezi-Gefühl. Es entstand in den Barrikadenkämpfen Ende Mai am Taksim-Platz, in Beşiktaş und anderswo, entfaltete sich 14 Tage lang in Abwesenheit der Polizei im Zeltlager im Gezi-Park und fand, wenngleich in schwächerer Form, Widerhall außerhalb von İstanbul.

Was aber macht das Gezi-Gefühl aus?

Das Gezi-Gefühl ist weiblich: Der türkischen Polizei zufolge waren 50 Prozent der Teilnehmer der Gezi-Proteste weiblich, vermutlich waren es sogar noch ein bisschen mehr. Aber es gibt Dinge, die mindestens so wichtig sind wie Zahlen. Bilder zum Beispiel. Fast alle Fotos und Filmaufnahmen aus den ersten Tagen der Proteste, die die Polizeigewalt, aber auch den friedlichen Widerstand dagegen festhielten, sich über soziale Netzwerke und internationale Medien, dann auch über nationale Medien verbreiteten, zur Mobilisierung beitrugen und schließlich zu Ikonen des Widerstands wurden, zeigten Frauen: Ceyda Sungur, die »Frau in Rot«, eine junge Stadtentwicklerin, die am 28. Mai im Gezi-Park von einem Polizisten aus nächster Nähe Pfefferspray ins Gesicht gesprüht bekam. Oder die australische Studentin Kate Cullen, die »Frau in Schwarz«, die sich mit offenen Armen vor den Strahl eines Wasserwerfers stellte. Oder das »Mädchen in Rot«, das reglos einem viel stärkeren Strahl standhielt. Oder die junge Frau an der Promenade von İzmir, die von einem Polizisten an den Haaren weggezerrt wurde.

Aber es gibt Dinge, die mindestens so wichtig sind wie Bilder. Inhalte zum Beispiel. Für sehr viele Demonstranten waren die ständigen Einmischungen von Ministerpräsident Erdoğan ins Privatleben der Bürger der wichtigste Grund, auf die Straße zu gehen: seine unentwegt vorgetragene Maßregelung, jede Frau solle mindestens drei Kinder gebären, dazu sein Wille, Kaiserschnittgeburten und Abtreibungen zu verbieten, der Angriff von Islamisten auf ein öffentliches »Kiss-In« in

Ankara, bei dem wenige Tage vor Beginn der Gezi-Proteste 200 zumeist junge Menschen gegen ein Knutschverbot in der U-Bahn protestiert hatten, das angekündigte und dann in abgemilderter Form beschlossene Verkaufsverbot für Alkohol, die Schikanen gegen Barbesitzer in Kneipenvierteln.

Aber dieses Gezi-Gefühl kämpft nicht nur gegen die Regierung, sondern auch gegen einen Teil der Demonstranten, deren Parolen es als sexistische Schmähungen empfindet. »Das war vielen dieser jungen Männer vielleicht nicht bewusst, weil sie das so gelernt haben. Aber im Grunde haben sie Vergewaltigungsdrohungen verschickt«, sagt die 25-jährige Duygu, die als Gestalterin arbeitet und in keiner politischen Gruppe tätig ist. »Eigentlich haben sich diese Männer auf den Taksim-Platz gestellt und gerufen: ›Sexualität ist nichts Schönes, das zwei Menschen miteinander teilen, sondern etwas, mit dem ich Gewalt ausübe.‹« Das Gezi-Gefühl geht dagegen an, übermalt entsprechende Parolen, veranstaltet Workshops oder fordert, freundlich, wie es seine Art ist, die Männer dazu auf, diese Sprüche zu unterlassen.

Aber zuweilen erlebt das Gezi-Gefühl diesen Punkt anders. »Ich weiß, woher diese Flüche kommen«, sagt die 20-jährige Englischstudentin Naz, die im İstanbuler Mittelschichtsviertel Beşiktaş lebt und ebenfalls nicht organisiert ist. »Ich glaube aber, dass es vielleicht sogar mehr verändert, wenn ich als Frau in Wut einem Polizisten ›Ich ficke dein Schicksal‹ zurufe. Ich bin jedenfalls nicht das brave Mädchen, das keine bösen Worte in den Mund nimmt.«

Das Gezi-Gefühl hat Humor: Das Gezi-Gefühl drückt sich in Tweets, Sprechchören und – wenn die Luft rein ist – in Graffiti aus. Auf Erdoğans Maßregelung antwortet es: »Wollt ihr immer noch drei Kinder?« Oder: »Wollt ihr wirklich drei Kinder wie uns?« Das Gezi-Gefühl gibt die Herrschenden mit Witz und Ironie der Lächerlichkeit preis. Es greift Erdoğans Wort von den *çapulcu* auf und variiert ständig die Parole »Diren Gezi-Parkı« (»Kämpfe, Gezi-Park« im Sinne von: »Leiste Widerstand, Gezi-Park«): »Diren Ankara« (»Kämpfe, Ankara«), »Diren Afrika« (zu Erdoğans Afrikareise am Anfang der Proteste),

»Diren Karo-Sakko« (zu Erdoğans Auftritt im karierten Sakko), »Diren Güneş« (»Kämpfe, Sonne«, bei aufkommendem Regen), es variiert diesen Spruch so oft, dass es ihn selbst nicht mehr hören kann.

Auf die Parole der Kemalisten (»Wir sind die Soldaten von Mustafa Kemal«) antwortet das Gezi-Gefühl: »Wir sind Soldaten von Mustafa Keser« – ein volkstümlicher Musiker, mit dem es sonst nicht so viel am Hut hat. Unter die im ML-Pathos gesprühte Parole »Beuge dich nicht – Halte dein Rückgrat aufrecht!«, schreibt das Gezi-Gefühl: »Die Lösung heißt Pilates!« Überhaupt sind dem Gezi-Gefühl fertige Lösungen suspekt. Für das Gezi-Gefühl heißt die Lösung Drogba, weshalb es den Namen des ivorischen Fußballers von Galatasaray gar nicht oft genug an Wände sprühen kann. Seine Lieblingsparole lautet: »Nieder mit manchen Sachen!«, die es auch noch, absichtlich oder nicht, mit einem Rechtschreibfehler versieht.

Viele staunen darüber, woher der Humor des Gezi-Gefühls kommt. Metin Üstündağ weiß es. Er ist 48 Jahre alt, Karikaturist der Satirezeitschrift *Penguen,* einer von mehreren auflagenstarken Satirezeitschriften im Land: »Der Humor dieser jungen Leute ist beeinflusst von den Satirezeitschriften. Aber es ist auch der Humor von Freundeskreisen und sozialen Netzwerken, den die Kids noch im Gasnebel auf die Wände und Straßen getragen haben. Der war schon vorher da, nur haben es die Eltern nicht mitbekommen, weil sie nicht wissen, was genau ihre Kinder am Computer machen.«

Das Gezi-Gefühl ist jung: Laut einer repräsentativen Umfrage der Bilgi-Universität sind 40 Prozent der Leute vom Gezi-Park zwischen 19 und 25 Jahre alt, weitere 26 Prozent im Alter zwischen 26 und 30. Es verweist in seinen Parolen auf Computerspiele (»Ihr habt euch mit der Generation angelegt, die bei GTA die Polizei schlägt«) oder US-Fernsehserien (»Recep Tywin Lannister«) und kommuniziert mit seinen Eltern: »Mama, wir sind weiter hinten.« Ja, es hat etwas Furchtloses, für den Moment jedenfalls. »Ich habe nie zuvor im Leben Tränengas geschluckt, aber ich habe mir auch keine großen Gedanken gemacht, was passieren kann«, sagt der 20-jährige

Mathematikstudent Levent, der bei seinen Eltern im Kleine-Leute-Viertel Bayrampaşa lebt. »Aber vor allem konnte ich es meinen Eltern nicht erklären, was ich im Gezi-Park gesehen habe. Die haben im Fernsehen gehört, dass das alles Terroristen waren, da konnte ich ihnen noch so viel erzählen oder Youtube-Videos zeigen.«

Das Gezi-Gefühl ist politisch: Aus der eben zitierten Umfrage geht hervor, dass sich 53 Prozent der Demonstranten nie zuvor an einer politischen Aktion beteiligt hatten. Das heißt aber nicht unbedingt, dass sie alle vorher unpolitisch waren. Melda zum Beispiel, eine 19-jährige Jurastudentin, die aus einem nationalistischen Elternhaus im südostanatolischen Kahramanmaraş stammt, sagt: »Ich habe mich nie politisch betätigt, weil ich nie etwas gefunden habe, was mich repräsentiert. Ich will keine Politik, in deren Zentrum die Nation steht oder Ethnien und Konfessionen, sondern der Einzelne. Aber ich weiß, dass der Freiheitsbegriff des Liberalismus nicht für die Unterdrückten gilt. Andererseits sind mir die Sozialisten in allem zu engstirnig und zu rückwärtsgewandt.«

Und selbst da, wo das Gezi-Gefühl vorher schon demonstriert hat, ist es nicht so festgelegt. »Es gab eine Parole, die mir aus dem Herzen gesprochen hat«, sagt Enes, 22 Jahre, ebenfalls Jurastudent aus dem südostanatolischen Malatya. »Sie lautete: Wir brauchen keine AKP, um die Religion, keine CHP, um die Republik, keine BDP, um die Kurden, und keine MHP, um die Nation zu achten. Wir sind das Volk.«

Die 37-jährige Soziologin Evrim Kuran, die sich als Marktforscherin mit der »Generation Y« beschäftigt, sagt: »Diese Generation zeichnet sich dadurch aus, dass sie alles infrage stellt. Eine solche Generation kann gar nicht unpolitisch sein.«

Das Gezi-Gefühl ist ein Kind des Ministerpräsidenten: Mehr als alles andere war es die Brutalität, mit der die Polizei in den Morgenstunden des 29. Mai 2013 gegen wenige hundert schlafende Besetzer im Gezi-Park vorging, die das Gezi-Gefühl auf die Straße getrieben hat. Doch hätte der Ministerpräsident nach den ersten Auseinandersetzungen gesagt: »Kinder, ihr wollt dieses Einkaufszentrum nicht? Dann lassen wir das eben«, das

Gezi-Gefühl hätte vermutlich stehend applaudiert. Er hat es nicht getan. Stattdessen hat er der Bewegung nicht nur das Etikett *çapulcu* verpasst, sondern zudem mit einer martialischen Rhetorik (»Ich kann die 50 Prozent kaum zurückhalten«) und Verschwörungstheorien darüber, wer in Wahrheit hinter den Protesten stecke (»die internationale Finanzlobby«, internationale Medien, der Geheimbund Ergenekon usw.), die ohnehin schon vorhandene Polarisierung der Gesellschaft verstärkt. Sozialisten, Liberale, Sozialdemokraten, Kemalisten, Kurden, verfeindete Fußballfans und sogar einige Muslime und Nationalisten standen plötzlich zusammen. »Tayyip, du hast alle vereint«, rief das Gezi-Gefühl ihm zu, wohl wissend, dass »alle« bestenfalls die andere Hälfte ausmachte.

Das Gezi-Gefühl ist kämpferisch: Es hat keine Bedenken, Barrikaden zu errichten und die Tränengaspatronen zurückzuschleudern. Nur beim Steinewerfen ist es uneins: Manche lehnen das ab und versuchen, Leute davon abzuhalten; andere tun es, selbst wenn sie es hinterher nicht immer zugeben. Doch für die meisten bedeutet Straßenkampf vor allem eins: Stehen bleiben, ein paar Meter vor, wieder zurück, stundenlang. Keinen Meter preisgeben. Wenn die Polizei nichts unternimmt, geht vom Gezi-Gefühl keine Gewalt aus. Es versucht, mit den Polizisten zu reden, überreicht ihnen manchmal sogar Blumen.

Das Gezi-Gefühl ist freundlich: Das Gezi-Gefühl entstand im Tränengas, in dessen Nebel man sich gegenseitig hilft, und setzte sich im Park fort, wo die Leute teilen, was sie haben, beim kleinsten versehentlichen Anrempeln sich eher dreimal zu viel als einmal zu wenig entschuldigten. Für das, was das Gezi-Gefühl am meisten verachtet, gibt es im Deutschen keine adäquate Übersetzung. *Ötekileştirmek*, sagt das Gezi-Gefühl, *othering* heißt es im Englischen, was wörtlich *zum Anderen machen* bedeutet und hier zumeist als *ausgrenzen* wiedergegeben ist. Dem Gezi-Gefühl ist es wichtig, niemanden auszugrenzen. Denn im Gezi-Park ist jeder ein Anderer. Jeder hat seine Gründe, dort zu sein. Und jeder spricht von Freiheit, ohne dasselbe zu meinen.

Das Gezi-Gefühl ist romantisch: Oh ja.

»Unser Park, unser Friedhof«

Nicht weit vom Gezi-Park, auf der Halaskârgazi-Straße im Bezirk Şişli, wird im Januar 2007 Hrant Dink erschossen, der Chefredakteur der türkisch-armenischen Wochenzeitung *Agos*. Ein Mord mit Ansage. In den Jahren zuvor hatten Dink und andere Intellektuelle versucht, den verleugneten Völkermord ins öffentliche Bewusstsein zu rücken. Die Folge: Anfeindungen, Drohungen, Prozesse wegen »Verunglimpfung des Türkentums«. Dink wird rechtskräftig zu einer Bewährungsstrafe verurteilt, ein halbes Jahr später ist er tot, vor dem *Agos*-Verlagsgebäude hinterrücks erschossen von einem 16-Jährigen aus der nordanatolischen Provinz. Mit diesem wird nur ein Komplize verurteilt. Zwar wird das Verfahren gegen die freigesprochenen übrigen 18 Angeklagten nun wieder aufgerollt, doch spricht derzeit nichts dafür, dass der neue Prozess aufklären wird, ob Kreise innerhalb des Staates an dem Mord beteiligt waren.

An Dinks Beerdigung nehmen weder Ministerpräsident Recep Tayyip Erdoğan noch der damalige, stramm kemalistische CHP-Vorsitzende Deniz Baykal teil. Dafür finden sich 100.000 Menschen aus verschiedenen Milieus zum Trauerzug zusammen, für manche ist es die erste Demonstration ihres Lebens. »Wir sind alle Armenier«, rufen sie. »Wenn die Gezi-Bewegung einen Vorläufer hatte, dann die Beerdigung von Hrant«, sagt die Schriftstellerin und *Agos*-Autorin Karin Karakaşlı. »Der Schmerz darüber, dass wir ihn sehenden Auges verloren haben, hat die Menschen vereint. Sein Traum von einer demokratischen, mit ihrer Geschichte und ihren Minderheiten versöhnten Türkei war im Gezi-Park allgegenwärtig.«

2010 lehnt die AKP-Mehrheit im Stadtparlament einen Antrag der CHP ab, die Ergenekon-Straße nach Hrant Dink umzubenennen. Unnötig, meint die AKP, die kurz zuvor eine Straße nach Muhsin Yazıcıoğlu umgetauft hatte, dem verunglückten Chef der islamistisch-nationalistischen Partei der Großen Einheit (BBP), aus deren Umfeld die Mörder kamen.

Dafür wird im Juni 2013 an anderer Stelle ein Weg nach Hrant Dink benannt: im Gezi-Park. An dieser Aktion sind Leute von Nor Zartonk beteiligt. Vor ihren Zelten stellen sie während der Besetzung symbolische Grabsteine auf. »Unseren Friedhof habt ihr uns weggenommen, unseren Park werden wir nicht hergeben«, lautet ihre Botschaft. »Nor Zartonk« bedeutet auf Armenisch »Neues Erwachen«; der Verein entstand aus einer Mailingliste, die junge Leute nach dem Mord an Dink gebildet hatten, und sitzt in einer Seitengasse der İstiklal-Straße, gegenüber einer im Hinterhof versteckten armenischen Kirche.

Diren Şen und Norayr Olgar waren im Gezi-Park dabei. Diren ist 28 Jahre alt und Rechtsanwältin. Eigentlich auf Familienrecht spezialisiert, gehörte sie in Gezi zur Bereitschaft von Anwälten, die sich um Festnahmen kümmerten. Mit ihren langen braunen Haaren und der eckigen Brille wirkt Diren auf den ersten Blick streng, entpuppt sich aber als herzliche Person. »Ja, ich heiße so«, sagt sie unaufgefordert. »Bei meiner Geburt saß mein Vater als Mitglied einer linken Gruppe in Haft. Meine Familie wollte, dass ich widerständig bin.« Seit Gezi werde sie ständig gefragt, ob sie wirklich so heiße wie die Parole »Diren Gezi«. Davor hätten die Leute manchmal gedacht, dass ihr Name armenisch sei. Dabei ist ihre Mutter Turkmenin, ihr Vater stammt aus einer islamisierten armenischen Familie. Armenisch lernt Diren erst, seit sie bei Nor Zartonk ist.

Norayr hingegen braucht keine Nachhilfe. Er hat eine armenische Schule besucht, sein Vater war lange in einer Folkloregruppe, die Mutter singt im Kirchenchor. Norayr ist 22 Jahre alt und studiert Publizistik. Er spricht bestimmt, aber leise. Mit seinem Zweiwochenbart ohne Schnauzer könnte man ihn für einen islamischen Fundamentalisten halten. Er gehört zu den rund 60.000 Armeniern, die noch in der Türkei leben – bei einer Gesamtbevölkerung von 74 Millionen. Wie viele so wie Diren teilweise armenischer Herkunft sind, weiß niemand.

Gläubig sind Diren und Norayr nicht. Diren bezeichnet sich als Feministin und Umweltschützerin und war früher bei der Partei für Freiheit und Demokratie (ÖDP), der auch Hrant Dink nahestand und die in den Neunzigern als linke Sammlungs-

partei entstanden war, um sich später in mehr Gruppen auf-
zulösen, als bei ihrer Gründung dabei gewesen waren. »Wir gehen von den Rechten der Armenier aus«, sagt Norayr. »Aber
wir verteidigen die Rechte aller Minderheiten.«

Beim Internetsender Nor Radyo, dessen Programm Diren,
Norayr und ihre Freunde ehrenamtlich gestalten, gibt es Sen-
dungen in neun Sprachen. Etwa auf Pomakisch, einer dem Bul-
garischen verwandten und in der Türkei fast ausgestorbenen
Sprache einer muslimischen Bevölkerungsgruppe. Auch die
Moderatorin dieser Sendung, eine Forstwirtin Ende zwanzig,
hat die Sprache ihrer Vorfahren erst später gelernt. »Ich habe
etwas dagegen, wenn Menschen die Sprache, der Glaube oder
die sexuelle Orientierung aufgezwungen wird«, sagt Diren. Seit
Gezi ist eine Gruppe von Homo- und Transsexuellen bei Nor
Radyo dabei.

Zur armenischen Community stehen sie in einem gewissen
Dissens. Die Armenier lebten zwar nicht isoliert vom Rest der
Bevölkerung, erläutert Norayr. Aber in der Generation seiner
Eltern würden selbst die Atheisten wollen, dass ihre Kinder
Christen heiraten. »Ich halte davon nichts, ich bin für die
Freiheit«, sagt Norayr. Doch er will, dass seine Kinder die
armenische Sprache und Kultur lernen.

Warum waren sie bei den Gezi-Protesten dabei? »Wir hatten
dieselben Gründe wie andere Leute auch«, sagt Diren. »Wir
haben nur einen besonderen Akzent gesetzt, als Position gegen
Erdoğan: ›Du sprichst zwar von der Wiederbelebung der Geschichte. Aber die Geschichte dieses Ortes beginnt nicht mit der
Topçu-Kaserne.‹« Denn für sie, ergänzt Norayr, stehe die Be-
schlagnahmung dieses Friedhofs im Zusammenhang mit der
systematischen Enteignung der Armenier.

Diese begann unmittelbar nach dem Völkermord 1915 und
setzte sich in der Republik fort. So wurde 1923 per Gesetz aller »verwaiste« Besitz von Armeniern konfisziert. Dieser Raub-
zug, der auch Eigentum der Griechen und Aramäer berührte,
war so gewaltig, dass er, davon ist die seriöse Forschung überzeugt, die Grundlage für die Entstehung der türkischen Bourgeoisie bildete. Eines der damals enteigneten Gebäude, das

Sansaryan-Geschäftshaus im Stadtteil Sirkeci, gelangte später als Sitz des İstanbuler Polizeipräsidiums zu schrecklicher Berühmtheit. In dessen Kellern wurden jahrzehntelang tausende Oppositionelle gefoltert, kommunistische Intellektuelle wie der armenische Märchenerzähler Vartan İhmalyan, der Dichter Nazım Hikmet oder der Maler Abidin Dino, aber auch Nihal Atsız, der Vordenker der türkisch-völkischen Bewegung, oder der Islamist Necip Fazıl Kısakürek.

Eine zweite Enteignungswelle folgte nach 1974, als aller Besitz, der nicht bereits 1936 auf die nichtmuslimischen Stiftungen eingetragen worden war, rückwirkend für illegal erklärt wurde. 1.400 Immobilien wurden danach beschlagnahmt – Kirchen, Schulen und andere armenische, griechische, aramäische und jüdische Einrichtungen sowie zahlreiche Wohn- und Geschäftsräume, deren Vermietung für die nichtmuslimischen Gemeinden die einzige Einnahmequelle bildet.

Im Jahr 2002, noch unter dem sozialdemokratischen Ministerpräsidenten Bülent Ecevit, wurde eine Rückgaberegelung beschlossen, der unter der AKP weitere Gesetze folgten. Seither wurden einige hundert Rückgabeanträge bewilligt, in manchen Fällen aber auch abgelehnt, viele Verfahren dauern an. Doch trotz mancher Probleme im Detail gibt es Fortschritte beim Stiftungsvermögen. Die Rückgabe geraubten Privatbesitzes hingegen war nie Thema. Wenn die Weigerung, den Völkermord anzuerkennen, einen rationalen Kern hat, dann ist es das: Wer Völkermord sagt, muss zahlen. Auch deshalb hat Hrant Dink nie auf diesem juristischen Begriff bestanden. Doch die geschichtspolitische Debatte kann man heute freier führen.

Nicht zuletzt aufgrund dieser Entwicklung waren armenische Intellektuelle wie der heutige *Agos*-Chefredakteur Rober Koptaş – zumindest bis Gezi – der AKP wohlgesinnt. Die Leute von Nor Zartonk sehen das kritischer. »Es gibt bei den Minderheiten in der Türkei so einen Mechanismus«, sagt Diren. »Die einen fürchten den Nationalismus und fliehen in die Arme der Islamisten, die anderen fürchten den Islamismus und suchen den Schutz der Kemalisten.« Dass die AKP sich scheinbar aller ausgegrenzten Bevölkerungsgruppen annehme, sei nur Teil ihrer Selbstinszenierung als Partei der Unterdrückten. »Wie kann ich einem Ministerpräsidenten glauben, der es für eine Beleidigung hält, als Armenier oder Grieche bezeichnet zu werden?«, fragt Diren. Tatsächlich spricht Erdoğan zwar gern von »seinen armenischen Brüdern und Schwestern«, aber bei Diren in Erinnerung geblieben ist ein Satz, den er kurz vor der Parlamentswahl 2011 sagte: »Was hat man nicht alles über uns geschrieben – wir seien Juden, Armenier oder – entschuldigen Sie bitte – Griechen.« Die Verbesserungen der letzten Jahre seien nicht allein der AKP zu verdanken, ergänzt Norayr. Der Druck der EU habe dazu ebenso beigetragen wie die gesellschaftliche Diskussion nach dem Mord an Hrant Dink. »Und was soll ich mit einer zurückgegebenen Schule, wenn es keine Kinder mehr gibt, die sie besuchen können?«

Miss Gezi und sein Park

Gewählt hat Boysan Yakar niemand zur »Miss Gezi«. Er hat sich selbst ernannt. Bei dem Gay Pride Anfang Juli gehört er zu den Cheerleadern, die mit Megafon die Demonstranten anfeuern. 80.000 Leute sind gekommen, vielleicht sogar 100.000. Zwei Wochen nach der Räumung des Gezi-Parks erlebt İstanbul den größten Gay Pride seiner Geschichte – und die lauteste und fröhlichste Demonstration des Jahres. Mit den Schwulen, Lesben, Bi- und Transsexuellen laufen Linke, Liberale und Fußballfans. Für viele Heteros ist es der erste Gay Pride. Vereinzelt sieht man rote Fahnen, aber keine einzige türkische Nationalflagge. Das Stadtzentrum gehört an diesem Tag den Regenbogenfarben.

Boysan ist 29 Jahre alt, kommt aus einer Offiziersfamilie, die ursprünglich vom Balkan stammt, wuchs in Ankara und İstanbul auf und arbeitet als Werbetexter. Er gehört zu den Sprechern der İstanbuler LGBT-Vereinigung Lambda. Zum Gay Pride trägt er ein dunkelgrünes Kleid mit großen Bommeln und tiefem Dekolleté, das seine behaarte Brust zeigt. An eine Schulter hat er eine Brosche aus Gestrüpp geheftet, über der anderen hängt ein gekrümmter Ast, so breit wie ein Kinderarm. Boysan, der wandelnde Baum. Dazu trägt er Symbole des Widerstands: Atemschutzmaske, Taucherbrille, Bauhelm, standesgemäß in Pink. Mit seinen 1,87 Meter ragt er aus der Menge heraus.

Drei Stunden braucht der Umzug für die anderthalb Kilometer vom Taksim-Platz hinunter zum kleinen Platz vor der U-Bahn. Drei Stunden, in denen Boysan keine Minute still ist. »Wo bist du, Liebster?«, fragt er die Menge mal hysterisch, mal schmachtend, dann wieder im strengen tiefen Tonfall. »Hier bin ich, Liebster«, schallt es zurück. Eine Parole, die der Gezi-Protest hervorgebracht hat. Klischeehafter türkischer Homoslang und nicht allzu sinnvoll. Oder vielleicht doch: Ich bin schwul, ich bin lesbisch. Ich bin hier. Wir sind hier. Der Hashtag des Tages lautet denn auch: #DirenAyol (frei übersetzt: »Kämpfe, Darling«). Parolen und Chorgesänge der türkischen Homobewegung wechseln sich ab mit Sprüchen aus Gezi. Ganz klar: Der Gay Pride ist Teil der Gezi-Bewegung.

Am Tünel-Platz hält Boysan die Abschlussrede. Nur mit Mühe gelingt es ihm und seinen Mitstreitern, wenigstens die Umstehenden dazu zu bringen, sich aufs Straßenpflaster zu setzen. Die Rede ist humorloser als die vorige Performance, Boysan blickt nun mit dem grimmigen Ernst eines Gewerkschaftsführers. »Im Gezi-Park haben wir die Erfahrung gemacht, dass wir gemeinsam für ein Leben in Würde und eine Welt ohne Klassen und Ausbeutung kämpfen können«, brüllt er ins Megafon. Allzu viele Menschen hören ihn nicht. Weiter unten sind die aus Diyarbakır angereisten LGBT-Leute zu dem übergegangen, was kurdische Oppositionelle am liebsten auf Demos tun: Sie tanzen Halay.

Nach seiner Rede hält Boysan einigen türkischen und deutschen Abgeordneten das Megafon hin. Dann ist der offizielle Teil beendet, und er fällt erschöpft seiner Schwester in die Arme. Eine lange, tränenreiche Umarmung. Sie ist stolz auf ihn. Und er glücklich, dass seine Familie dabei ist. Boysans Mutter ist aktiv in der LGBT-Familiengruppe, und seit sein Vater im Ruhestand ist, hat auch er Boysans Homosexualität akzeptiert.

»Seit dem 1. Mai 2002 in Ankara laufen Homos beim 1. Mai mit, seit 2003 gibt es einen Gay Pride in İstanbul, der mit 30 Teilnehmern begann und zuletzt auf 20.000 gewachsen war«, erzählt Boysan später. »Doch so eine Anerkennung wie bei Gezi hat die türkische Homobewegung nie zuvor erlebt. Aber Gezi war für uns nicht Mittel zum Zweck. Uns ging es auch um den Park. Das war eine *cruising area*. Unser Park. Darum waren wir von Anfang an dabei.« Während der Besetzung des Gezi-Parks geht es bei den Zelten der Homos so laut zu wie sonst nur bei den Fußballfans und in der Ecke der Kurden. Und bei den Auseinandersetzungen mit der Polizei sind sie ebenfalls dabei. Mal harrt eine Gruppe von Homos friedlich vor einem Wasserwerfer aus, an anderer Stelle weht eine Regenbogenfahne zwischen Leuten, die hinter einer Barrikade verschanzt die Tränengaskartuschen zurückwerfen.

Ein halbes Jahr später in einem Café in Şişli: Boysan trägt Vollbart und entledigt sich erst mal einiger Schichten seines Hipster-Zwiebel-Looks. Nur die bunt gemusterte Mütze lässt er an. Wieder ist er ein bisschen erschöpft, diesmal allerdings vom Wochenende. »Dabei geh ich nicht mehr so oft aus wie früher«, erzählt er. »Ich will in einem Club, in den ich seit zehn Jahren gehe, keine 30 Lira Eintritt mehr bezahlen. Das nennen wir die Schwulensteuer. Die Clubs und Bars nutzen es schamlos aus, dass es nicht so viele Orte gibt, wo wir uns als Schwule frei bewegen können. Manche LGBT-Aktivisten versuchen, das im Gespräch mit den Betreibern zu lösen. Ich mache Ärger.«

So eloquent und sanft, wie er redet, kann man sich das kaum vorstellen. Aber Ärger ist ein gutes Stichwort. Warum hat die Polizei den Gay Pride und den Trans Pride eine Woche zuvor in Ruhe gelassen, wo sie sonst seit der Räumung des Parks ziemlich jede Kundgebung in Taksim attackiert hat? »Uns anzugreifen hätte bedeutet, uns als politisches Subjekt anzuerkennen«, sagt Boysan. Dabei habe die AKP sehr wohl eine Homopolitik: »2007 hat das Innenministerium ein Verbotsverfahren gegen Lambda eröffnet, weil der Vereinszweck gegen Moral und Sitten verstoßen würde. In der ersten Instanz wurde dem stattgegeben, erst der Kassationshof hat dieses Urteil aufgehoben. Und immer wieder haben Politiker der AKP gesagt, was sie von Homosexualität halten – zuletzt zwei Tage vor Beginn von Gezi.«

An jenem Tag berät das Parlament über einen Vorschlag der Abgeordneten Binnaz Toprak von der sozialdemokratisch-kemalistischen CHP. Sie fordert, eine Kommission einzurichten, die die Situation von Schwulen, Lesben und Transsexuellen untersuchen soll. Ihre Fraktion unterstützt sie, ebenso die prokurdische Partei für Frieden und Demokratie (BDP), für die Ertuğrul Kürkçü, ein Wortführer der Achtundsechziger, an das Pult tritt und eine, wie Boysan findet, historische Rede hält. Doch der Vorschlag wird mit den Stimmen der AKP und der MHP abgelehnt, wobei die Abgeordnete Türkan Dağoğlu im Namen der AKP erklärt, Homosexualität sei eine gesellschaftszersetzende Krankheit. »Wir haben da wieder einmal gesehen, dass wir in diesem Land systematisch ausgegrenzt werden«, sagt Boysan. »Dieser Parlamentsbeschluss hat dazu beigetragen, dass sich so viele LGBT-Leute den Protesten angeschlossen haben.«

Dann schildert er, wie er deren Beginn erlebt hat. »Wir waren die ganze Nacht unterwegs. Nachdem sich die Polizei zurückzog, haben wir uns in den Räumen von Lambda gesammelt, die in einer Seitengasse der İstiklal liegen. Alle waren euphorisch. Da kam die Idee, in den Gezi-Park zu gehen. Wir liefen mit hundert Leuten raus, und es war, als würde Moses durchs Rote Meer laufen: Die Leute wichen zur Seite und haben geklatscht. Es war unglaublich.«

Ein paar Tage später, als in Beşiktaş schwere Straßenschlachten toben, ist Boysan mit ein paar Freunden unterwegs, ausgestattet mit einer Regenbogenfahne und Medikamenten. Sie versorgen Leute, waschen die vom Tränengas mitgenommen Gesichter ab. »Wir haben dabei gewitzelt, wie erotisch das Ganze ist und wir Männer betatschen, die uns sonst nie ranlassen würden, so von wegen: ›Siehst du den Hübschen da vorn, dem habe ich vorhin die Brust mit Talcid-Lösung eingerieben.‹ Natürlich war das scherzhaft, aber das haben wir von unseren älteren Trans-Schwestern gelernt: Du wirst geschlagen und gedemütigt, deine Familie verstößt dich, niemand liebt dich, alles ist beschissen. Und genau darum musst du immer über alles laut lachen können. ›Gullüm‹ nennen wir das in Lubunca.« Das ist der Slang der transsexuellen Subkultur, die vor allem auf dem İstanbuler Romani beruht.

Nach der Räumung des Parks klappern Boysan und seine Freunde alle Parkforen ab, von denen hier noch die Rede sein wird. Dort sagt er: »Ihr kennt ja alle die Medienberichte, dass im Park benutzte Kondome gefunden wurden. Ich gestehe: Das war ich. Ich hatte im Zelt Sex, ich hatte sogar schwulen Sex.« Jedes Mal hätten die Leute gejubelt, erzählt Boysan. »Solche schön-verrückten Geschichten haben wir alle erlebt.«

Er ist davon überzeugt, dass diese Erfahrungen bleiben werden. Vor zwei Jahren fragten Sozialwissenschaftler der Universität Bahçeşehir in einer repräsentativen Umfrage: Wen möchten Sie nicht zum Nachbarn haben? Mit 87 Prozent an erster Stelle landeten die Homosexuellen. »Nach Gezi haben wir diesen Wert zumindest in İstanbul auf 60, 70 Prozent gesenkt«, glaubt Boysan. »Das ist ein Erfolg, auch wenn ich Depp während Gezi wirklich dachte, dass wir Revolution machen. Das war es nicht. Aber wie die Zeitschrift *Kaldıraç* so schön geschrieben hat: Wir haben in Taksim ein Augenzwinkern der Revolution gesehen.«

Nach Gezi treffen sich Boysan und andere LGBT-Aktivisten mit dem CHP-Vorsitzenden Kemal Kılıçdaroğlu. Sie wollen bei der Kommunalwahl im März 2014 für Bezirksparlamente in Istanbul kandidieren. Die CHP ist einverstanden, hat am Ende aber – in der Türkei werden alle Wahllisten von den Parteizentralen bestimmt – nur schlechte Plätze übrig. Immerhin eine Bewerberin kommt durch.

Boysan merkt man an, dass ihn dieser Verlauf mehr enttäuscht hat, als er zugeben mag. Allein ihre Kandidatur sei ein Fortschritt, versichert er. »Es geht um Repräsentation. Wir kämpfen um die Anerkennung, die man uns geraubt hat.« Mit welchem Ziel? Der Homo-Ehe? »Davon sei die Türkei weit entfernt«, meint Boysan. »Vom Standpunkt der Gleichberechtigung ist diese Forderung nachvollziehbar. Aber aus der Queer-

Perspektive finde ich es problematisch, dass sich die Homobewegung in Europa und den USA so darauf konzentriert hat. Die Homosexuellen passen sich konservativen Familienwerten an. Sie werden normal. Aber ich bin nicht normal, und ich will auch nicht normal sein.«

»Rechenschaft für meine Tränen«

»Ich bin mit geschlossenen Augen durch die İstiklal-Straße gelaufen. Weißt du, was das für eine Transfrau bedeutet?«, sagt Şevval Kılıç. »Ich hatte viel Tränengas abbekommen und konnte nichts mehr sehen. Aber wo ich sonst damit rechnen muss, dass mich einer attackiert, konnte ich mich blind darauf verlassen, dass mir jemand helfen würde. Dann fassten mir Leute unter die Arme und trugen mich weg. Ich weiß nicht wer, es war egal. Und diesen Leuten war es egal, wer ich war. Ich habe mich nie im Leben so sicher gefühlt wie in diesem Moment.«

Nicht nur die Schwulen und Lesben, auch die Transsexuellen und Transvestiten hätten durch Gezi immense Anerkennung erfahren, erzählt Şevval. »So wie sich im Gezi-Park Leute bei den Schwulen entschuldigt haben, kamen irgendwelche White-Collar-Schwule zu Transfrauen, um sie um Entschuldigung dafür zu bitten, dass sie so transphob waren.« Ihr ist das nicht passiert. »Ich hätte denen gesagt: ›Du findest die Morde an Transsexuellen also nicht mehr gut? Na bravo!‹ Ich bin zu alt, um mir so einen Scheiß anzuhören.«

70 Morde an Transsexuellen und Transvestiten hat die in Ankara herausgegebene Zeitschrift *Kaos GL* seit dem Jahr 2002 gezählt, zuletzt starben im Sommer 2013 die 22-jährige Dora Özer im Badeort Kuşadası und die 40-jährige Gaye im İstanbuler Bezirk Beyoğlu. Die meisten waren Sexarbeiterinnen und wurden von Freiern oder ihren Lebensgefährten getötet, viele geradezu abgeschlachtet. Und in etlichen Fällen kamen die Mörder glimpflich davon.

Şevval ist 42 Jahre alt und stammt aus einer kemalistischen İstanbuler Mittelschichtfamilie. Sie verehrt Butler und Foucault und trägt Armeehose und Sweatshirt, was gut zu ihrer resoluten Art passt. »Ich bin halt so eine Trans«, sagt sie. Eine Zeit lang hat sie als Prostituierte gearbeitet. »Mit 18, 19 Jahren fing ich an, mich zu schminken und Frauenkleider zu tragen. Da war klar, dass ich mein Studium abhaken konnte und den Preis für dieses Leben zahlen musste: Sexarbeit. Anfangs dachte ich: Super, du schläfst mit einem Haufen Männer und verdienst dabei Geld. Und das habe ich wirklich. Aber Sexarbeit ist Schwerstarbeit. An manchen Tagen hatte ich Sex mit 60, 70 Männern. Und die wollen keinen Ehe-Sex, die wollen Cirque du Soleil, darum kommen sie ja zu dir.«

Arbeiteten vor dem Putsch von 1980 noch viele Transsexuelle und Transvestiten als Animierdamen oder Sängerinnen, wird diese Beschäftigung von der Junta untersagt, was die Transleute in die Prostitution treibt. In den achtziger Jahren entwickeln sich im Viertel Cihangir fünf, sechs Straßen zum Zentrum der İstanbuler Trans-Szene. »Lubunistan« nennen sie die Gegend nach der Selbstbezeichnung *Lubunya*.

Als Şevval 1991 dort einzieht, ist »Lubunistan« auf die Ülker-Gasse geschrumpft, die vom Taksim-Platz steil hinunter zum Bosporus führt. 85 Transsexuelle und Transvestiten, 30 Häuser, alles Prostituierte. »Das war ein Ghetto«, sagt Şevval. »Wir waren total isoliert. Aber wir waren sicher und haben ein Kommuneleben geführt.« 1995 beginnen die Polizei und die von der islamistischen Wohlfahrtspartei geführte Bezirksverwaltung – Oberbürgermeister ist da Recep Tayyip Erdoğan –, die Bewohnerinnen zu terrorisieren. Fast jede Nacht brechen Polizisten in die Häuser ein, verprügeln die Bewohnerinnen oder verschleppen sie auf die Wache, wo sie sie drei Tage lang festhalten dürfen. Der Einsatzleiter Süleyman Ulusoy wird durch sein bevorzugtes Prügelinstrument berühmt: »Schlauch-Süleyman« wird er genannt. »Hätte ich es zulassen sollen, dass es heißt, die Polizei wird von Schwulen verprügelt?«, sagt er später in einem Interview.

Bei der Säuberung der Ülker-Gasse greifen Schlägertrupps der MHP ein, während Nachbarn als Zeichen ihrer Unterstützung ihre Häuser mit türkischen Fahnen schmücken und die

Polizisten anfeuern. Auf Seiten der Staatsmacht stehen auch Nachbarschaftsvereine, die ihr Viertel »verschönern« wollen – teilweise die identischen Vereinigungen, die fast zwanzig Jahre später mit den Transsexuellen und allen anderen den Gezi-Park verteidigen werden.

Im Nachhinein kann man sagen, dass die Räumung der Ülker-Gasse den Beginn der brachialen Umstrukturierung İstanbuls markiert hat – und den Beginn des Widerstands dagegen. Doch 1996 interessiert sich niemand dafür. Mit zwei Ausnahmen: Eren Keskin, seinerzeit Leiterin der örtlichen Sektion des Menschenrechtsvereins, die sich, gegen den Widerstand in den eigenen Reihen, der Transsexuellen annimmt. Und die damals 25 Jahre alte Pınar Selek, die das Leben in der Ülker-Gasse begleitet und aufschreibt – jene Soziologin, die Anfang 2013 am Ende eines langen und grotesken Prozesses wegen eines Bombenanschlags, der keiner war, zu lebenslanger Haft verurteilt wurde.

Bei der endgültigen Räumung der Ülker-Gasse lebt Şevval nicht mehr dort. Nach ihrer Geschlechtsanpassung findet sie einen Job bei einer Gesundheitsstiftung, für die sie bis heute tätig ist. »Ich hatte Glück«, sagt sie. »Ich habe einen sozialversicherten Job, ich verstehe mich gut mit meiner Familie, und ich habe 17 Jahre in einer festen Beziehung gelebt. Das können nicht viele Transfrauen von sich behaupten.«

Zum Beispiel Asya Elmas nicht. Sie ist 32 Jahre alt und kam als sechstes von zwölf Kindern einer kurdischen Familie in der Provinz Mardin auf die Welt. Kontakt hat sie nur zu zwei Brüdern. »Wenn meine Familie in İstanbul oder in Diyarbakır leben würde, wäre das bestimmt anders. Aber sie wohnen in einer Kleinstadt und fragen ständig: ›Was werden die Leute sagen?‹« An diesem Dezemberabend sitzt sie im »Şarlo«, einer von LGBT-Aktivisten geführten Bar in Beyoğlu. Dunkelblond gefärbte Haare, dezentes Make-up, glitzerndes Oberteil.

Asya kam im Jahr 2000 nach İstanbul. Ihre ersten Freier fand sie im Gezi-Park, später arbeitete sie in Industrievierteln und auf abgelegenen Lkw-Parkplätzen. Jetzt geht sie auf den Straßenstrich in Fındıkzade am Rand der historischen Altstadt. Zuhälter sind unter Transsexuellen unüblich, Asya teilt sich mit 15 Transfrauen ein Haus, in das sie ihre Kunden mitnehmen. Inzwischen betrachtet sie sich als Zwangsprostituierte. »Ich will etwas anderes machen, aber als Transfrau ist es fast unmöglich, einen Job zu finden«, sagt sie. Auch nicht in Beyoğlu, in einer dieser von Linken oder Liberalen betriebenen Bars oder Werbeagenturen? »Diese Leute sind nur zu sich selbst sozialistisch, nur zu sich selbst demokratisch oder nur zu sich selbst muslimisch. Mit ihrem wirklichen Leben haben ihre schönen Ideologien nichts zu tun.«

Wenn man Asya reden hört, glaubt man kaum, dass sie nur die achtjährige Mittelstufe besucht hat. Noch weniger glaubt man, dass sie erst seit Gezi politisch tätig ist. »Ich bin Transfrau und Kurdin, natürlich war ich vorher schon politisch«, sagt sie. »Ich hatte vor ein paar Jahren Kontakt mit einem Verein, der sich um Transsexuelle und Transvestiten kümmert. Dann kam ich mit einem Mann zusammen, der mir das Leben zur Hölle gemacht hat. Er hatte nichts dagegen, dass ich anschaffen gehe, da kam ja Geld rein. Aber sonst wollte er mir alles verbieten. Erst ein paar Wochen vor Gezi kam ich von ihm los.«

Seither ist sie umso aktiver. So ist sie dabei, als sich im Sommer 2013 die Initiative Hêvî LGBT gründet – um einen Beitrag zur kurdischen Bewegung zu leisten und um gegen die Homo- und Transphobie in der kurdischen Gesellschaft zu kämpfen. *Hêvî* bedeutet »Hoffnung«. Die politische Führung der Kurden habe dazugelernt, aber in der Bevölkerung sei es schwierig, erzählt Asya. »Ich gebe es ja nicht gern zu, aber in kemalistischen Vierteln können wir uns etwas freier bewegen.«

Am 28. Dezember, dem Jahrestag des Massakers im kurdischen Dorf Roboski, erklärt Asya mit anderen Aktivisten ihre Kriegsdienstverweigerung. Sie ist keine Pazifistin, aber diesem Staat will sie nicht dienen. Ein symbolischer Akt. Denn der Militärdienst ist in der Türkei zwar obligatorisch, aber Homo- und Transsexuelle werden ausgemustert. Im Herbst 2013 fährt sie zum Gründungskongress der Demokratischen Partei der Völker (HDP), einem Ableger der pro-kurdischen BDP, die künftig als rainbow coalition im Westen des Landes antreten wird. Asya,

Şevval und ein schwuler Aktivist treten im März 2014 auf Listen der HDP an. Zwar stehen sie auf viel besseren Plätzen als Boysan und die anderen bei der CHP – so kandidiert Asya für das Bezirksparlament von Kadıköy auf Platz zwei. Doch ihre Partei scheitert in fast allen İstanbuler Bezirken an der Zehn-Prozent-Hürde. »Treffen hier, Aktion dort, anschaffen gehen – furchtbar«, seufzt Asya. Doch man merkt, dass sie diesen Trubel genießt.

Denn Asya weiß, warum sie all das macht: »Ich wurde oft von der Polizei verprügelt. Einmal auf dem Präsidium. Ich lag auf dem Boden, und 10, 15 Männer traten auf mich ein, trampelten auf meinen Kopf und riefen, ich würde nichts anderes verdienen.« Zehn Jahre ist das her, Asya hatte an jenem Abend eine Transfreundin begleitet, die eine Aussage machen wollte, weil sie angeschossen worden war. Allerdings seien nicht alle Polizisten so feindlich, die Beamten in ihrem Viertel etwa seien in Ordnung. »Einmal riefen wir nach einem Streit mit Freiern die Polizei. Auf der Wache sagte ein Polizist zu diesen Männern: ›Ihr habt kein Recht, diese Menschen zu schlagen, nur weil sie Transsexuelle sind.‹ Einer dieser Typen hat geantwortet: ›Wieso? Das macht ihr doch dauernd.‹ Die Leute orientieren sich am Staat. Wenn der uns humaner behandeln würde, würden Homophobie und Transphobie nicht verschwinden, aber auf ein Maß zurückgehen wie heute in Europa.«

Genau diese Hoffnung habe die AKP anfangs geweckt, meint Asya auf eine Bemerkung von Erdoğan aus dem Jahr 2002 anspielend, als dieser sagte, man müsse die Rechte der Homosexuellen gewährleisten. Tatsächlich sei unter der AKP die Polizeigewalt seltener geworden. Aber dafür würden Transsexuelle häufiger schikaniert. »Die Polizei wirft dir so was wie Behinderung des Straßenverkehrs vor und kassiert alles ein, was du bei dir hast. Ich bin zweimal weinend nach Hause gelaufen, weil sie mir das ganze Geld weggenommen haben, das ich über die Feiertage verdient hatte. Darum war ich bei den Protesten im Gezi-Park: um Rechenschaft für meine Tränen zu verlangen.«

3. Tarlabaşı:
Das Kurdistan im Herzen der Stadt

Tee, Köfte, Gasmasken

An den Fliegenden Händlern von İstanbul zeigt sich der Glanz des Kapitalismus. Der Himmel kann noch so sonnenklar sein, sollte ein jäher Wolkenbruch ausbrechen, füllen sich die Straßen binnen weniger Minuten mit Leuten, die PVC-Regenjacken und Regenschirme verkaufen. Ihre Fähigkeit, zu jeder plötzlichen Nachfrage das passende Angebot zu liefern, bewiesen die Fliegenden Händler auch in den Tagen von Gezi und versorgten die Demonstranten mit Bauhelmen, Taucherbrillen und Atemschutzmasken. Zwei Lira kostete eine Maske in ruhigen Situationen; drei bis fünf Lira in brenzligen Momenten. Echten Schutz boten diese Staubmasken zwar nicht, aber wer nichts anderes hatte, war dafür dankbar.

Nach dem Rückzug der Polizei vom Taksim-Platz wandelte sich das Sortiment: für den friedlichen Protest Trillerpfeifen, Fahnen und Guy-Fawkes-Masken (bekannt aus dem Film *V wie Vendetta*), dazu Tee und Dosenbier, Wassermelonen und gefüllte Muscheln. Und Sprühdosen, um den einzigartigen Moment auszukosten, den ein von der Staatsmacht verlassenes Stadtzentrum bot. Die an Fassaden, auf den Asphalt und auf so ziemlich jede andere freie Fläche gesprühten Graffiti, in denen sich der Humor der Gezi-Bewegung zeigte – er hätte sich ohne die Straßenhändler schwerer Geltung verschaffen können.

In den Tagen des fröhlichen Ausnahmezustands war der Taksim-Platz durch die vielen fahrbaren Köfte-Stände derart in Grillqualm gehüllt, dass die Demonstranten witzelten, Erdoğan habe die Polizei nur abgezogen, um diese Typen zu schicken. Dabei hatten die Besetzer zunächst beschlossen, dass in der »Park-Kommune« kein Geld zählen sollte, und versucht, die

Straßenhändler zu vertreiben. Doch diese bestanden darauf, dass sie ihre Rechte hätten – und Teil des Widerstands seien. »Wir leisten Dienst am Volk, was würdet ihr ohne uns machen?«, antworteten sie, wenn sie von Demonstranten angeblafft wurden, sie würden mit den Protesten Geld verdienen. Nach ein paar Tagen gaben die Besetzer diesen Kampf auf. Sie scheiterten an der Hartnäckigkeit der Straßenhändler – und an der Masse von Besuchern, die in diesen ruhigen Tagen kamen, um an den Barrikaden Erinnerungsfotos zu schießen. »Das waren so viele Leute, das hätten die ohne uns gar nicht hingekriegt«, sagt der Teeverkäufer Mithat grinsend.

An den Fliegenden Händlern von İstanbul zeigt sich das Elend des Kapitalismus. Denn Mithat ist gerade einmal 17 Jahre alt. Seit er vor sechs Jahren mit seinen Eltern aus dem ostanatolischen Ağrı, der Stadt am Araratberg, nach İstanbul kam, arbeitet er als Straßenhändler. An diesem kalten Dezembernachmittag hat er seinen Stand am Denkmal der Republik am Taksim-Platz aufgebaut. Neben ihm verkaufen zwei Mädchen Wasser in Halbliterflaschen. Melek ist acht Jahre alt, ihre Schwester Merve zehn. Ebenso wie Mithat, ebenso wie fast alle İstanbuler Straßenhändler sind sie Kurden. Amtlichen Angaben zufolge gehen in der Türkei 893.000 Kinder und Jugendliche im Alter zwischen 6 und 17 Jahren einer regelmäßigen Erwerbsarbeit nach. Etwa die Hälfte von ihnen arbeitet unentgeltlich in kleinen Familienbetrieben, die Hälfte besucht keine Schule, ein Drittel ist unter 14 Jahren. Hinzu kommen einer Studie des linken Gewerkschaftsverbands DİSK zufolge 7,5 Millionen Kinder, die systematisch in den Haushalt eingebunden sind. Demnach arbeitet mehr als die Hälfte der 15,2 Millionen Kinder und Jugendlichen dieser Altersgruppe.

Mithat, Merve und Melek sind drei von ihnen. 50 bis 200 Lira verdient Mithat am Tag, 15 bis 60 Euro. Am Ende des Monats ist das mehr als der Mindestlohn. »Ich bin doch nicht verrückt, mich in einer Fabrik ausbeuten zu lassen«, sagt er. Manchmal hat er Probleme mit den Leuten vom Ordnungsamt, die ihm dann seine Thermoskannen wegnehmen. »Ich habe eine östliche und eine westliche Seite«, sagt er. »Wenn die anstän-

58

dig zu mir sind, zeige ich meine westliche Seite, wenn die mir krumm kommen, meine östliche.« Das mit dem Westen und Osten meint er nicht ganz ernst. Was ihm aber ernst ist: Die Straßenhändler lassen sich nicht alles bieten. »Die können uns gar nichts sagen«, mischt sich Merve ein.

Die Mädchen haben sich in Daunenjacken eingepackt, Merves halbes Gesicht ist von einem Schal bedeckt. Große dunkle Augen, rundes Gesicht, keck. Ihre Schwester ist ihr Ebenbild, nur einen Kopf kleiner. Wie viele Kinder in ihrem Alter lispelt Melek ein bisschen, was sie noch niedlicher wirken lässt. Ihre Eltern machen den gleichen Job wie sie, erzählt Merve. Sie und ihre Schwester sind nur am Wochenende draußen. Aber eigentlich mag sie lieber über etwas anderes reden. Zum Beispiel darüber, was sie werden will: Gehirnchirurgin. Mithat kennt ihre Eltern. »Denen ist wichtig, dass ihre Kinder eine gute Ausbildung machen«, erzählt er. Kaum dass das Wort Gezi gefallen ist, fangen die Mädchen zu singen an: »Çal bella, çal, çal, çal«. »Das heißt çav bella«, korrigiert Mithat. »Du weißt auch alles besser«, giftet ihn Merve an. Diese Mädchen wissen sich zu wehren.

»Gezi war ein großer Karneval«, übernimmt Mithat das Wort. »Aber es heißt ja immer, die oder die hätten den Gezi-Park verteidigt. In Wirklichkeit waren es die Kurden. Die haben ihre puşi umgebunden und sind los.« Puşi ist das kurdische Wort für den in Deutschland als Palästinensertuch bekannten Schal. Auch Mithat trägt einen *puşi*. »Manchmal habe ich meine Thermoskannen abgestellt und mitgemacht«, sagt er. »Denn mich behandelt dieser Staat als Bürger zweiter Klasse. Für die Europäer sind die Türken die Barbaren, für die Türken sind wir Kurden die Barbaren. Die sehen, dass diese Kinder auf der Straße arbeiten und rümpfen die Nase – als ob irgendeine Familie ihre Kinder gern zum Arbeiten schickt.«
Mithat wohnt in der Nähe, im Viertel Tarlabaşı. Auch Merve und Melek lebten bis vor einiger Zeit dort, mussten aber umziehen. Denn Tarlabaşı wird erneuert. Rundum erneuert.

Die letzten Tage eines Armenhauses

Das Viertel Tarlabaşı erstreckt sich rechts der gleichnamigen Straße, die in einer gebogenen Linie vom Taksim-Platz ans Goldene Horn führt. Ein paar hundert Meter parallel verläuft die İstiklal-Straße mit ihren Restaurants, alten Geschäftspassagen und neuen Einkaufszentren, noch ein paar hundert Meter weiter, aber steiler zum Bosporus hinunter, die Sıraselviler-Straße, hinter der das schicke Viertel Cihangir liegt. Drei Straßen, die Welten voneinander trennen, die aber nicht nur geografisch einander nahe sind.

Im 19. Jahrhundert lebten in Tarlabaşı eher ärmere Nichtmuslime, die rund um die İstiklal arbeiteten. Die Häuser sind hier ebenfalls im Jugendstil errichtet, nur ist alles ein bisschen kleiner, enger und dunkler, voller steiler Gassen und Treppen. Nachdem die Nichtmuslime İstanbul verließen, kamen die Underdogs. Das Gastronomieproletariat, Prostituierte, Transsexuelle, Kleinkriminelle, Drogenhändler, Roma, Kurden und zuletzt Flüchtlinge aus Eritrea, Somalia, dem Kongo und anderen afrikanischen Ländern, die auf dem Weg nach Westeuropa hier hängen blieben. »Als erstes hat uns Tarlabaşı akzeptiert«, erzählt in dem Band *80'lerde Lubunya Olmak* (*Lubunyasein in den 80ern*) eine anonymisierte Transsexuelle, die Ende der Siebziger nach Tarlabaşı zog, zehn Jahre vor der Herausbildung der Ülker-Gasse. »Sonst konnten wir nirgends hin.«

Tarlabaşı hat einen malerisch-maroden Reiz: Über den engen Gassen hängt Wäsche, an warmen Tagen sitzen Menschen auf Sesseln auf der Straße, Kinder spielen hier, mal riecht es nach Essen, an anderer Stelle nach Urin und Müll. Denn das Viertel ist im Verfall, von einigen Häusern steht kaum mehr als die Fassade. Ein Teil der Häuser gehört nichtmuslimischen Stiftungen oder dem staatlichen Generaldirektorat für Stiftungen, die den einst enteigneten Besitz von Nichtmuslimen verwaltet. Aber nicht nur die bisweilen unklare Eigentumslage hat lange Zeit eine Sanierung der Häuser verhindert.

»Wir wollten unser Haus renovieren«, erzählt Ladenbesitzer Ömer, der, wie viele im Viertel, aus der Provinz Mardin stammt.

»Meine Brüder und ich haben vor zehn Jahren ein kleines Haus gekauft, drei Etagen, für jeden eine. Aber wir haben nie eine Genehmigung bekommen«, erläutert der 44-Jährige. »Die haben gesagt: Das dürft ihr nicht, das steht unter Denkmalschutz. Und die haben auch nichts getan. Ich lebe seit 25 Jahren hier, ich habe noch nie gesehen, dass die Stadt etwas gemacht hat.« Dafür passiert nun ein paar Meter von seinem Laden entfernt mehr, als es Ömer lieb ist. Dort wurde ein kompletter Block abgerissen. Vereinzelt hat man die Fassaden stehen gelassen; hier entsteht, wie der Bauherr auf den Reklametafeln ankündigt, »das neue Tarlabaşı«. Im Jahr 2005 wurde ein Gesetz beschlossen, das Kommunen erlaubt, ganze Viertel niederzureißen, wenn es einem städtebaulichen Interesse dient. Im Jahr darauf erklärte die Bezirksverwaltung von Beyoğlu neun Blocks in Tarlabaşı mit einer Fläche von 20.000 Quadratmetern zum Sanierungsgebiet. Anfang 2013 wurden 278 Gebäude abgerissen, 210 davon standen unter Denkmalschutz. Neubauten für Neureiche. Gentrifizierung könnte man sagen. Aber angesichts der Brutalität eignet sich vielleicht ein Begriff besser, den der Architekturkritiker Dieter Hoffmann-Axthelm für das Berlin der frühen Siebziger geprägt hat: *Straßenschlachtung.*

»Mieter haben in der Türkei nicht die geringsten Rechte«, sagt Yaşar Adanalı, der Forscher und Aktivist mit den Grafiken. »Aber in einem Sanierungsgebiet haben auch die Eigentümer kaum Rechte. Die Eigentümer in Tarlabaşı wurden dazu gezwungen, ihre Häuser unter Wert zu verkaufen, immer verbunden mit der Drohung, andernfalls enteignet zu werden. Manche nutzen die Entschädigung als Anzahlung für eine Neubauwohnung irgendwo außerhalb der Stadt, die sie sich eigentlich nicht leisten können.« Bauherr ist die Firma GAP, die zur Çalık-Holding gehört, einem riesigen Unternehmen, das in allen möglichen Branchen tätig ist, darunter der Medienbranche. Vorstandsvorsitzender der Çalık-Holding war bis Ende 2013 Erdoğans Schwiegersohn Berat Albayrak.

Hacer Faggo hat so etwas schon einmal erlebt: In Sulukule nämlich, dem ältesten Roma-Viertel der Welt mit einer über tausend Jahre alten Geschichte, einer musikalischen Tradition, einer ganzen Kultur. Die heute 47-Jährige kam als freie Journalistin, um über den geplanten Abriss zu berichten, um dann, wie sie erzählt, schockiert über das rücksichtslose Vorgehen der Stadtverwaltung und angetan von der Herzlichkeit der Bewohner, mit den Roma für den Erhalt ihres Viertels zu kämpfen. »Die Verantwortlichen haben darauf vertraut, dass das Bildungsniveau der Roma niedrig ist und sie kaum politisch organisiert sind«, sagt Faggo. Künstler und Wissenschaftler schlossen sich diesem Kampf an, das Europaparlament beschäftigte sich mit dem Thema, aber sie konnten Sulukule nicht retten. Im Frühjahr 2009 wurde das Viertel abgerissen und seine 5.000 Bewohner, darunter 3.500 Roma, zerstreut. Weitere Abrisse in den außerhalb gelegenen Vierteln Küçükbakkalköy und Yahya Kemal folgten, derzeit wird Sarıgöl abgerissen, als Nächstes an der Reihe ist Balat am Goldenen Horn.

An den Rändern von Tarlabaşı hat derweil eine vergleichsweise sanfte Gentrifizierung begonnen: Die Besitzer verkaufen ihre Häuser oder sanieren sie selber, es entsteht ein Apart-Hotel nach dem andern. Vielleicht wird wenigstens in einem Teil von Tarlabaşı die Bausubstanz erhalten bleiben. Aber die Bevölkerung dürfte sich so oder so in den nächsten Jahren komplett ändern. Der Ladenbesitzer Ömer weiß nicht, wie es weitergeht. »Vielleicht wehren wir uns ja hier auch wie die Leute im Gezi-Park«, sagt er.

»Wir wurden schon einmal vertrieben«, sagt Welad. »Als ich geboren wurde, waren meine Eltern schon in İstanbul«, erzählt er. »Aber das Dorf meiner Eltern stand da noch. In den Tagen, als ich auf die Welt kam, wurde es von Soldaten geräumt« – so wie tausende andere kurdische Dörfer in den neunziger Jahren. Ein Bericht des Parlaments kommt auf 2.663 geräumte Dörfer, der Menschenrechtsverein beziffert die Zahl mit 3.246, der Solidaritätsverein Göç-Der gar mit 4.500. Welads Eltern besitzen am Rand von Tarlabaşı ein Haus.

Aynalı Çeşme heißt diese Gegend nach der Hauptstraße, im Vergleich zum eigentlichen Tarlabaşı ist es hier ordentlicher. »Heute könnten wir uns das niemals leisten«, sagt er.

Welad ist ein stiller junger Mann, der von einem Audi Cabrio träumt und ein Foto seines Traumautos im Handy gespeichert hat. Im Moment liefert er mit einem Moped die Bestellungen für einen Kebab-Laden aus oder steht dort am Grill, zwölf Stunden am Tag, alle 14 Tage hat er einen freien Tag. Gemeinsam mit seinem Chef, der kaum älter ist als er selber und auch nicht öfter freimacht, hat er sich den Gezi-Protesten angeschlossen. »Wir haben nicht groß darauf geachtet, was die kurdische Führung gesagt hat, und sind spontan raus, noch vor der Erklärung von Öcalan«, sagt Welad. »Die meisten Kurden an den Barrikaden kamen hier aus dem Viertel. Denn wir haben mit diesem Staat eine Rechnung offen.«

»Wir kennen diesen Staat«

Zana Galip betreibt eine Bar in einer Seitenstraße der İstiklal, im obersten Stock eines Gebäudes. Es gibt Fisch, ein paar Vorspeisen, Rakı und Cocktails, Laufkundschaft ist selten, trotz des Massenverkehrs drumherum. Zana ist 35 Jahre alt, hat Volkswirtschaft studiert und tanzt gern Flamenco und Tango. Über Politik redet er mit seinen Gästen nur selten. Die meisten, so denkt er, wüssten zu wenig und wiederholten nur die Staatsideologie.

Seit Gezi hat sich das geändert. »Viele meiner türkischen Freunde waren überrascht von der Polizeigewalt«, erzählt Zana. »Für die war das ein Schock. Für die Kurden nicht, vor allem für die nicht, die in Kurdistan gelebt haben. Wir kennen diesen Staat.« Zana ist dort aufgewachsen, in Silopi im Dreiländereck zwischen der Türkei, Syrien und dem Irak. »1992 wurde unser Haus mit Granaten beschossen«, erzählt er. »Der heutige Gouverneur von İstanbul, Hüseyin Avni Mutlu, war bei uns Landrat. Ich bin einer von dreien aus meiner Klasse, die damals nicht von Polizisten verprügelt oder gefoltert wurden. Für die Türken mag Mutlu ein normaler Gouverneur sein. Aber ich weiß, dass er ein Mörder und Folterer ist.«

Zana ist ein kräftiger Mann und ein sympathischer Typ. Aber

wenn er über Politik spricht, klingt er hart, fast soldatisch. Hat er jemals darüber nachgedacht, sich der PKK anzuschließen? »Natürlich, darüber nachgedacht haben wir damals fast alle«, sagt er. »Cousins von mir haben das getan, einige sind unter Folter gestorben oder im Kampf gefallen. Dass ich das nicht getan habe, lag an meiner Mutter. Sie war eine patriotische Frau. Aber sie wollte ihre Kinder beschützen und sagte uns: Aus unserer Verwandtschaft hat niemand studiert, ich will, dass das euer Beitrag für die kurdische Bewegung wird.« Zanas Vater ist Bankangestellter, es reicht, um die Kinder zu unterstützen. Zana geht zum Studium nach İstanbul, findet eine Wohnung in Tarlabaşı und beginnt, in Taksim als Barkeeper zu arbeiten. 2005 steigt er als Teilhaber des »Cambaz« ein, inzwischen führt er die Bar allein. Eine Schwester promoviert in Oxford in Kurdologie. »In Taksim so eine Bar zu führen oder in Oxford den Doktor zu machen – für kurdische Kinder, die im Krieg aufgewachsen sind, sind das große Erfolge«, sagt er.

Seine Freundin Jînda Zekioğlu – lange, glatte Haare, Makeup, elegante Erscheinung – ist im İstanbuler Viertel Gazi aufgewachsen. Doch auch sie klingt hart, wenn sie über Politik redet. »Ich bin mit Geschichten wie der meines Urgroßvaters aufgewachsen, der nach dem Scheich-Said-Aufstand 1925 mit aufgeschlitzten Füßen und einer Kugel im Kopf vor der Tür seines Hauses abgeworfen wurde«, erzählt die 26-Jährige. Sie arbeitet für den prokurdischen Fernsehsender İMC und die PKK-nahe Nachrichtenagentur ANF, hatte eigene Fotoausstellungen und hat ein Buch über Rakı-Restaurants in Deutschland geschrieben. Bis vor kurzem hieß sie offiziell Ülkühan, erstritt sich aber vor Gericht den kurdischen Namen Jînda.

»Viele haben nach Gezi gesagt: ›Wir verstehen euch jetzt‹«, erzählt sie. »Das mag für den Einzelnen ein großer Schritt sein, aber für mich hat das etwas Lachhaftes: Habt ihr uns durch Tränengas verstanden? Wenn in Kurdistan Leute demonstrieren, müssen sie heute noch damit rechnen, dass Polizei und Militär mit scharfen Waffen auf sie schießen. Dort wurden nicht ein paar, sondern Millionen Bäume vernichtet. Und ihr erwartet, dass sich die Kurden wegen des Gezi-Parks in die erste Reihe stellen? Tut mir leid, aber die Erde dreht sich nicht um İstanbul.«

Ganz fern hielt sich die kurdische Bewegung allerdings nicht. In Erinnerung ist zum Beispiel ein Foto, das zeigt, wie ein Mann mit der Fahne der prokurdischen BDP und eine Frau mit einer türkischen Fahne ineinander eingehakt vor einem Wasserwerfer fliehen, während am Bildrand jemand seine Finger zum Gruß der ultranationalistischen Grauen Wölfe spreizt. In Erinnerung ist aber auch die Meldung, die Polizei habe Personal und Einsatzfahrzeuge von Diyarbakır nach İstanbul verlegt, weil es in der inoffiziellen kurdischen Hauptstadt wie der gesamten Region relativ ruhig blieb. Auch am Taksim-Platz liefen die Kurden nicht mit ihrer gesamten Stärke auf.

Denn im Frühjahr 2013 sind sie mit etwas anderem beschäftigt, selbst jene Kurden, die nicht mit der PKK sympathisieren. Am 21. März verlesen Abgeordnete der BDP auf einer Kundgebung in Diyarbakır einen Brief von Abdullah Öcalan, dem zu lebenslanger Haft verurteilten PKK-Führer, der seit 14 Jahren auf der Gefängnisinsel İmralı sitzt. Es ist das Frühjahrsfest Newroz, manche Quellen sprechen von 600.000 Teilnehmern, andere von einer Million und mehr. »Heute beginnt ein neues Zeitalter«, schreibt Öcalan. »Heute öffnet sich die Tür vom bewaffneten Widerstand zur demokratischen Politik.« Einige Wochen danach, am 8. Mai, beginnen die PKK-Kämpfer, sich in Richtung Nordirak zurückzuziehen.

Es ist der erste offizielle und beidseitige Waffenstillstand in der Geschichte dieses Bürgerkriegs, dem der Regierung zufolge seit 1984 rund 35.500 Menschen zum Opfer fielen, darunter 22.000 PKK-Kämpfer, 8.000 Angehörige der Sicherheitskräfte, 5.500 Zivilisten sowie eine unbekannte Anzahl von Menschen, die nichtlegalen Hinrichtungen durch staatliche Kräfte oder internen Hinrichtungen der PKK zum Opfer fielen. Andere Schätzungen gehen von über 50.000 Toten aus.

Dem Waffenstillstand vorausgegangen waren die ersten offiziell bestätigten Verhandlungen zwischen der PKK und dem Staat, die Ende 2012 bekannt geworden waren. Danach gab es für den Friedensprozess zwei kritische Momente: Der erste war der Mord an der PKK-Führerin Sakine Cansız und zweier weiterer Frauen im Januar 2013 in Paris, nach dem die PKK Kräfte innerhalb des Staates beschuldigte, die Aussöhnung zu sabotieren, während Erdoğan eine PKK-interne Abrechnung vermutete. Der nächste kritische Moment war Gezi.

Am Anfang sind Politiker der BDP im Park, junge Kurden kämpfen an den Barrikaden, nach der Eroberung des Taksim-Platzes beziehen die Kurden dort ihr Quartier. Dann erklärt Selahattin Demirtaş, der Co-Vorsitzende der BDP: »Unsere Basis nimmt an keinen Aktivitäten teil, an denen Rassisten und Faschisten beteiligt sind.« Wieder ein paar Tage später, nach einem Besuch bei Öcalan, verkündet Demirtaş dessen Botschaft: Öcalan lasse den Widerstand vom Gezi-Park grüßen und rufe die »demokratischen, revolutionären, patriotischen und progressiven Kreise« dazu auf, das Feld nicht den »Nationalisten und Putschisten« zu überlassen. Danach sind die kurdischen Aktivisten da und tanzen in ihrer Ecke tagelang den Halay, den Volkstanz, der für sie auch eine politische Bedeutung hat. Abends ist der Kreis groß und wird von Instrumenten begleitet, am frühen Morgen sind es weniger Tänzer, die zu ihrem Tanz selber singen. Womöglich wird in den Tagen von Gezi ein Weltrekord im Dauerhalay aufgestellt.

Dennoch empfinden viele die Haltung der Kurden zu Gezi als widersprüchlich. Nicht so Zana. Er und Jînda verlieren ohnehin kein kritisches Wort über die PKK . »Wir haben uns vom nationalistischen Teil der Bewegung distanziert und waren trotzdem Teil von Gezi«, sagt er. Mit Sympathien für die AKP habe die reservierte Haltung der Kurden nichts zu tun, erläutert Jînda weiter. »Die Zeit für Verhandlungen war gekommen, es hätte auch eine andere Regierung sein können. Aber wir trauen dieser Regierung nicht. Die AKP hat einerseits die Demonstranten vom Gezi-Park beschuldigt, den Friedensprozess stören zu wollen, was für einen Teil ja auch stimmt. Andererseits hat sie der CHP vorgeworfen, im Gezi-Park gemeinsame Sache mit den PKK-Terroristen zu machen.«

Sie wundere sich aber über die Naivität der Leute, die sich

darüber beklagten, dass im Zusammenhang mit Gezi kein Polizeipräsident oder Gouverneur des Amtes enthoben wurde, nach den Korruptionsermittlungen Ende 2013 aber hunderte Polizisten strafversetzt wurden. »Für das Roboski-Massaker wurde niemand zur Verantwortung gezogen, wissen die das nicht?« Beim Dorf Roboski im Landkreis Uludere hatte die türkische Luftwaffe im Dezember 2011 mindestens 34 Dorfbewohner getötet, offenbar in der Annahme, die jugendlichen Schmuggler seien Terroristen. »Jede Abtreibung ist ein Uludere«, kommentierte Erdoğan.

Trotz der Kritik, die Jînda und Zana an der Gezi-Bewegung, insbesondere an den vielen türkischen Fahnen haben, halten sich beide nicht fern. Jînda zum Beispiel organisiert mit anderen Frauen aus dem Feministischen Kollektiv İstanbul einen Workshop im Gezi-Park zum Thema Sexismus und Sprache. »Wir haben diesen jungen Männern, die sexistische Parolen gegen Erdoğan gerufen haben, erklärt, dass sie damit uns und unser Geschlecht erniedrigen.«

Und beide sind oft in der kurdischen Ecke am Taksim-Platz. »Diese Ecke war übrigens nicht zufällig gewählt«, meint Zana. »Das ist der höchste Punkt dort. Die Kurden kommen von den Bergen, sie wissen, dass man den Hügel besetzen muss.« Dort kommt es mehrfach zu Handgreiflichkeiten zwischen Kurden und türkischen Nationalisten. Aber man sieht auch immer wieder, wie sich Leute mit einer Regenbogenfahne der Homobewegung oder sogar mit einer türkischen Fahne in den Tanz einreihen. »In dieser Ecke stehen die Fahnenmasten«, ergänzt Jînda. »Dort wehten zehn Tage lang die Fahnen der kurdischen Bewegung und das Porträt von Abdullah Öcalan. Das ist für mich das Wichtigste an Gezi.«

Und noch etwas betonen Zana und Jînda: Die ganze Gezi-Sache hätten die Kurden angefangen. »Im entscheidenden Moment war es unser Abgeordneter, der sich dem Bagger entgegengestellt hat«, sagt auch der Kebabverkäufer Welad stolz.

Der Mann vorm Bagger

Vor zwei Tagen war Sırrı Süreyya Önder in seiner Geburtsstadt Adıyaman, am nächsten Morgen wird er wieder in Richtung Südosten aufbrechen, diesmal noch weiter, in die nordirakischen Kandil-Berge, zum Hauptquartier der kurdischen PKK. Önder und einige Fraktionskollegen der BDP wollen mit der Guerillaführung über den Friedensprozess reden. Da er seit einem Unfall Flugangst hat, wird er mit dem Auto vorausfahren, 1.800 Kilometer, erst über Autobahn, dann über Landstraßen, schließlich über Pisten. Dabei kandidiert er gerade für das Amt des Oberbürgermeisters von İstanbul.

Obwohl Önder ständig seine Nummer wechselt, klingelt sein Handy ununterbrochen. »Dieser Anruf noch«, entschuldigt er sich und nimmt ab: »Heval, tu çawa yî?«, fragt er auf Kurdisch nach dem Befinden seines Gegenübers und wechselt sofort ins Türkische. Wie gut sein Kurdisch ist? »So gut wie mein Deutsch«, sagt er trocken und erzählt eine Anekdote aus seiner Zeit im Militärknast von Ankara. »Wir hatten so gut wie keine Bücher, darum haben wir uns auf alles gestürzt, was wir in die Finger bekamen. Irgendwann tauchte ein Deutschbuch auf, also haben wir in der Gemeinschaftszelle angefangen, Deutsch zu lernen. Wir hatten keine Hilfe bei der Aussprache, aber wir haben durchgehalten – bis zum Dativ und Genitiv. Da dachten wir: Das kann kein normaler Mensch lernen. Später hat mir ein Freund aus Deutschland gesagt: ›Ihr habt euch umsonst gequält, die Deutschen können das selber nicht.‹«

Im Knast sitzt Önder wegen Mitgliedschaft in der Devrimci Sol, für die Celalettin Can, der heutige Sprecher der 78er-Stiftung, ihn und seine Freunde gewonnen hatte. Mit 16 landet er nach einer Demonstration zum ersten Mal im Gefängnis. Nach dem Putsch 1980, Önder ist da 18 Jahre alt und studiert in Ankara, wird er zu zwölf Jahren Haft verurteilt, von denen er sieben absitzt. Danach macht er verschiedene Jobs und wendet sich nach seinem 40. Lebensjahr dem Kino zu. Er schreibt Drehbücher, 2006 feiert er mit dem Film *Beynelmilel* (*Die Internationale*) sein preisgekröntes Regiedebüt, es folgen weitere Filmarbeiten, zugleich schreibt er Kolumnen für die Tageszeitungen *Birgün* und *Radikal*. 2011 wird er für den »Block für Arbeit, Demokratie und Freiheit«, einem Bündnis aus BDP und kleinen linken Parteien, ins Parlament gewählt. Da in der Türkei eine Zehn-Prozent-Hürde gilt, tritt er wie alle Politiker der BDP als unabhängiger Kandidat an.

Seit fast zwanzig Jahren lebt Önder im inzwischen gentrifizierten Viertel Cihangir, sein Stammcafé ist das »Kaktüs«, wo es von Prominenten nur so wimmelt. Doch wenn man ihn so reden hört – sein anatolischer Akzent, seine warmherzige Art –, könnte man denken, dass man es mit einem Gemüsehändler zu tun hat. Und vermutlich ist Önder bei Leuten aus verschiedenen Milieus so beliebt, weil er allen etwas zu bieten hat: Er steht der kurdischen Bewegung nahe, ist aber ein Linker und nicht mal Kurde, sondern Turkmene. Er ist ein Intellektueller, spricht aber die Sprache der einfachen Leute.

Für die Partei für Frieden und Demokratie (BDP) sind Önder und die beiden anderen Abgeordneten aus der türkischen Linken Brücken in die westliche Türkei. Dieses Bündnis erhielt im Herbst 2013 eine neue Form: die Demokratische Partei der Völker (HDP), eine »Dachpartei«, die die BDP mit linken Gruppen und Einzelpersonen – von Homoaktivisten wie Şevval und Asya bis zu muslimischen Intellektuellen – vereinen soll. Die »Gezi-Partei«, sagen manche.

Doch zumindest bei der Kommunalwahl 2014 wird die HDP dieses Versprechen nicht einlösen. Önder erhält nur 4,8 Prozent. Bei dieser Wahl zählt für viele Oppositionelle nur eins: Die AKP muss weg. Sie stimmen für den aussichtsreicheren CHP-Kandidaten Mustafa Sarıgül. Weil Önder nach dem Scheitern der Gespräche über einen gemeinsamen Kandidaten nicht verzichtete, werfen ihm manche Spaltung vor.

Einige Wochen vor der Wahl, an diesem Abend im »Kaktüs«, wischt Önder derlei Vorwürfe beiseite: »Sarıgül ist seit 15 Jahren Bezirksbürgermeister. Soziale und ökologische Stadtpolitik haben wir von ihm nicht gesehen. Er ist Teil der Ausplünderung İstanbuls. Es geht doch um eine andere Politik, nicht bloß darum, die regierende Partei auszutauschen.«

Das klingt nach routiniertem Politiker. Und politische Erfahrung hat Önder reichlich. Sein Vater, ein Frisör, gründete in den sechziger Jahren in Adıyaman den Ortsverein der linkssozialistischen Türkischen Arbeiterpartei (TİP), die 1965 ins Parlament eingezogen war und so dazu beitrug, dass die vormalige Staatspartei CHP sich sozialdemokratisierte. Aus dem Jugendverband der TİP entstand ab 1968 die gesamte Neue Linke der Türkei, letztlich auch die kurdische Bewegung.

Als sein Vater stirbt, ist Sırrı Süreyya acht Jahre alt, das älteste von fünf Kindern. Sein Onkel schickt ihn auf eine Schule des Nurcu-Ordens, aus dem sich später die Gülen-Bewegung entwickelt. Zugleich beginnt er, auf dem Land zu arbeiten – Erfahrungen, von denen er heute profitiert. Als er einmal in einer Talkshow gefragt wird, was die HDP den Leuten in der westtürkischen Provinz Aydın zu sagen habe, erläutert Önder dem verblüfften Moderator mit viel Detailwissen die Sorgen der Tabakbauern. Seine Pointe: Die kurdischen Tabakbauern haben dieselben Probleme wie die im ägäischen Hinterland. »Ich kenne mich mit der Landwirtschaft und der Natur aus«, sagt er auf Nachfrage. »Für einen Städter ist ein Baum etwas, das schön aussieht und Schatten spendet. Aber ich weiß, welchen Platz ein Baum im Ökosystem hat.«

Mit Bäumen hat auch Önders Popularität zu tun: mit denen im Gezi-Park. Am 28. Mai 2013 ist er einer von etwa fünfzig Leuten, die versuchen, den Abriss aufzuhalten. Einige klammern sich an Bäume, die Polizei setzt Tränengas und Schlagstöcke ein. Mücella Yapıcı von der Architektenkammer ist da, der CHP-Abgeordnete Gürsel Tekin ebenfalls, aber es ist Önder, der sich allein vor den Bagger stellt. Mit seinem Karohemd über der Hose steht er unter der Schaufel, er gestikuliert, er klagt an, er will die Abrissgenehmigung sehen. »Ich bin auch der Abgeordnete dieser Bäume«, ruft er. »Und ich bin der Abgeordnete des Vogels, der in diesem Baum nistet. Wir werden es nicht zulassen, dass armen Leuten ihr Schatten geklaut wird.« Ein hollywoodreifer Auftritt. Der Abriss ist vorläufig verhindert, eine Ikone des Protests geboren.

In den folgenden Tagen ist Önder wieder im Park und wird

von einer Tränengaspatrone an der Schulter verletzt. Ein paar Tage später – Erdoğan weilt da auf einer mehrtägigen Nordafrika-Reise – trifft er sich mit Staatspräsident Abdullah Gül und mit Bülent Arınç, dem stellvertretenden Ministerpräsidenten, den selbst viele AKP-Kritiker für integer halten. Arınç entschuldigt sich öffentlich für die »unverhältnismäßige Gewalt der Polizei« und veranlasst deren Rückzug aus dem Stadtzentrum von İstanbul.

Wenige Monate zuvor war Önder an der Vermittlung eines ganz anderen Waffenstillstands beteiligt: dem zwischen dem Staat und der PKK. Hat damit ein Friedensprozess begonnen? »Die Regierung hat nichts getan, um den Waffenstillstand zu gefährden«, antwortet Önder. »Aber sie hat auch keinen konkreten Schritt in Richtung Frieden unternommen. Dabei kann man manche Dinge ganz ohne Verfassungsänderung ändern, das faschistoide Antiterrorgesetz zum Beispiel.« Und wann ist der Friedensprozess am Ziel? »Wenn gleiche Bürgerrechte und Chancen für alle herrschen.«

Anders als von Erdoğan behauptet, sei Gezi kein Versuch gewesen, den Friedensprozess zu sabotieren. »Bei Gezi haben sich verschiedene kleine, aber wichtige Einsprüche an einem symbolischen Punkt gebündelt: der Wunsch, in einer säkularen Gesellschaft zu leben, der Einspruch dagegen, dass der Staat auf jeden Protest mit Polizeigewalt reagiert, und das Unbehagen an einer Herrschaftsmentalität, die sagt: ›Ich bestimme, was getan wird.‹«

Die kurdische Bewegung habe befürchtet, dass der Friedensprozess gefährdet werden könne, doch sie habe ihre Fehleinschätzung erkannt und korrigiert. »Alle anderen haben versucht, Gezi auf einen Anti-AKP-Aufstand zu reduzieren, die AKP auf der einen und die Kemalisten und linkssektiererischen Gruppen auf der anderen Seite. Aber in Gezi ging es darum, Räume für eine demokratische Politik zu eröffnen. Genau darum geht es auch im Friedensprozess. Die Interpretation des Ministerpräsidenten ist ein Oxymoron. Und man kann nicht hier von Frieden reden und dort einen Krieg beginnen.«

4. Cihangir: Die Promis von nebenan

Berühmt, rebellisch, verschreckt

Haben sich so viele Künstler und Schauspieler den Gezi-Protesten angeschlossen, weil ohnehin so viele Menschen auf der Straße waren? Oder haben sich so viele Menschen den Protesten angeschlossen, weil so viele Prominente auf der Straße waren? Beides ist richtig, denkt zumindest die Fernsehschauspielerin Zuhal Şener. »Viele Menschen, die sich nie zuvor an einem Protest beteiligt hatten, sahen im Fernsehen, dass ihre Serienhelden im Gezi-Park waren, und dachten sich: ›Wenn die da sind, dann kann ich das auch.‹« Und sie hat eine weitere Erklärung dafür, warum so viele Prominente im Park dabei waren: »Viele Schauspieler wohnen ganz in der Nähe des Parks in Cihangir. Nach dem Morgen, an dem Polizei die Zelte angezündet hat, ging eine Art Telefonkette los: ›Ich bin im Gezi-Park, hier ist die Hölle los, du musst kommen, wir brauchen jede Hilfe.‹ Wer dahin eilte, rief den Nächsten an und so weiter. Du musstest dahin, weil alle dort waren.«

So ziemlich alle international bekannten Künstler – darunter die Popmusikerinnen Sezen Aksu und Sertab Erner, die Schriftsteller Eli Şafak, Orhan Pamuk und Yaşar Kemal oder der Schauspieler Tuncel Kurtiz – bekunden ihre Sympathien für die Proteste. Popstar Tarkan schaut im Park vorbei, der Musiker Zülfü Livaneli oder der Cannes-Preisträger Nuri Bilgi Ceylan sind öfter da, ebenso die deutsch-türkische Schauspielerin Selma Ergeç und ihr Kollege Halit Ergenç aus der Kostümserie *Muhteşem Yüzyıl (Das prächtige Jahrhundert)*, deren Crew zusammen im Park aufläuft.

Und dann gibt es Künstler, die erst durch Gezi populär werden. Den deutsch-italienischen Pianisten Davide Martello zum Beispiel, der in den Tagen zwischen der Erstürmung des Taksim-Platzes und der Räumung des Gezi-Parks jeden Abend sein fahrbares Klavier zum Taksim-Platz bringt und für tausende Menschen spielt: *Imagine, Felicità.* Kurz darauf hat ein anderer Künstler seinen großen Auftritt: Kaum, dass wieder Passanten den Taksim-Platz betreten dürfen, stellt sich der Tänzer und Choreograf Erdem Gündüz dorthin und starrt stundenlang auf die beiden riesigen türkischen Fahnen und das Atatürk-Porträt, das Polizisten am Atatürk-Kulturzentrum als Zeichen der Rückeroberung befestigt haben. Gleich am ersten Tag schließen sich ihm Passanten an, die Polizei ist überfordert. Als *Duran Adam*, Stehender Mann, wird er bekannt, im ganzen Land finden sich Nachahmer. Allerdings haben manche aus der Gezi-Bewegung Kritik an Gündüz. Anstatt der alten Ikone Atatürk zu huldigen, hätte er sich nach links drehen sollen. Zum Gezi-Park.

Eine andere Welle löst der pensionierte Ingenieur Hüseyin Çetinel aus, indem er die Stufen einer hohen Treppe, die von Cihangir zum Bosporus führt, in Regenbogenfarben bemalt. Sofort rücken die Malertrupps der Stadt zum Überpinseln an. Doch wie so vieles in diesen Tagen verselbstständigt sich auch das. Unter dem Hashtag #DirenMerdiven (»Kämpfe, Treppe«) rufen Leute dazu auf, diese Treppe erneut zu bemalen – und Treppen und Straßen in ganz İstanbul und weiteren Orten. »Bis euch die graue Farbe ausgeht«, schreibt jemand an die Treppenmauer. Dabei hat der Initiator nichts Politisches im Sinn – wie er auch nicht ahnt, welche symbolische Bedeutung es hat, 17 Jahre nach der Vertreibung der Transsexuellen aus der Ülker-Gasse die Regenbogenfarben nach Cihangir zu tragen.

So wie fast alle Demonstranten schon vor Gezi ihre jeweiligen Schlüsselerlebnisse mit dieser Regierung hatten, hatten dies auch die Künstler. Dazu zählt der Prozess gegen den Pianisten und Komponisten Fazıl Say etwa, der im April 2013 für religionskritische Tweets zu einer Haftstrafe auf Bewährung verurteilt wurde. Oder Erdoğans Tirade gegen die in 60 Ländern ausgestrahlte Serie *Das prächtige Jahrhundert*, der er Ende 2012 vorwarf, historische Tatsachen zu verfälschen, worauf die halbstaatliche Fluggesellschaft Turkish Airlines die Serie aus ihrem Programm strich und die AKP ein Gesetz ankündigte, um das Verspotten von »Ereignissen und Persönlichkeiten, die zu den nationalen Werten des Landes gehören« unter Strafe zu stellen.

Für den größten Ärger der Kulturbranche aber sorgte der Abriss des Emek-Kinos, das in einem Bau aus dem Jahr 1882 in der Yeşilçam-Gasse beheimatet war. In den sechziger und siebziger Jahren, der Blütezeit des türkischen Massenkinos, waren in dieser Nebengasse der İstiklal auch die Büros der Produktionsfirmen, so dass der Straßenname zeitweise zum Synonym für das türkische Kino wurde. Auch nach dem Ende der Yeşilçam-Ära blieb das Emek von Bedeutung, unter anderem als Schauplatz des İstanbuler Filmfestivals. »Im Emek traf sich der türkische Film mit dem Weltkino«, erzählt der Schauspieler Rıza Sönmez. »Für das Neue Türkische Kino, das Mitte der neunziger Jahre mit Filmen wie *Salto im Sarg* von Derviş Zaim oder *Unschuld* von Zeki Demirkubuz erwachte, war das Emek ein Tor zu internationalen Erfolgen. Und natürlich der Ort vieler Premieren.«

Im April 2013 demonstriert die Taksim-Solidarität für das Emek-Kino. 2.000 Leute, darunter viele Kulturschaffende. Gerade jüngere Schauspieler machen bei ihrer ersten Demonstration prompt Bekanntschaft mit Tränengas und Wasserwerfern. Bald darauf, eine Woche vor Beginn von Gezi, wird das Emek abgerissen, um Platz für ein Geschäftshaus mit Läden und Multiplex-Kino zu schaffen. Über die Klage der Architektenkammer hat das Oberste Verwaltungsgericht noch ein halbes Jahr danach nicht entschieden.

»Diese Leute betrachten die ganze Stadt als Grundstück«, meint Sönmez. »Aber Gezi war nicht nur ein Aufstand gegen die Regierung, sondern auch gegen die Opposition. Eine Kritik an der repräsentativen Demokratie und ein Plädoyer für die direkte Demokratie.« Der 45-jährige Schauspieler lebt in Cihangir, betrieb lange Zeit eine Bar an der İstiklal und spielte Nebenrollen in vielen Kinofilmen der letzten Jahre, etwa in *Leb wohl, Morgen*, der ersten künstlerischen Aufarbeitung der türkischen 68er-Bewegung für ein Massenpublikum. Und er hat keine Scheu, ein halbes Jahr später über Gezi zu reden. Das ist bei vielen seiner Schauspielerkollegen anders.

Denn die Revanche der Regierung trifft auch das Showbusiness. Der staatliche Sender TRT beispielsweise setzt zwei Serien ab, deren Darsteller die Proteste unterstützt hatten. Und der Sender Bloomberg – in der Türkei Teil der Ciner-Gruppe – streicht eine beliebte Quizshow, deren Moderator İhsan Varol in einer Live-Sendung seine Kandidaten Begriffe wie »Tränengas« oder »Barrikade« hatte erraten lassen. Seine Pointe: »Die Kiemen der Demokratie?« Die Antwort: Gasmaske. Offiziell begründet wurden diese Sanktionen freilich nicht mit Gezi – wie auch die bald folgende Drogenrazzia bei rund einem Dutzend prominenter Fernsehleute offiziell nichts damit zu tun hatte. In den Cafés von Cihangir sehen das viele anders. Doch über Gezi reden wollen viele derzeit nicht – oder nur unter der Bedingung, anonym zu bleiben wie die eingangs zitierte Schauspielerin, die in Wirklichkeit anders heißt.

Gegen einige Schauspieler laufen zudem Ermittlungen. Gegen Gonca Vuslateri etwa, bekannt aus der in Cihangir spielenden Fernsehserie *Verlogene Welt*. »Jetzt spricht dieser verfickte Typ schon wieder«, hatte die 27-Jährige während einer Rede von Erdoğan getwittert. Nun klagt der Ministerpräsident gegen sie. Ermittelt wird auch gegen Barış Atay, der als Hauptdarsteller der sozialkritischen Serie *Die aus der hinteren Reihe* bekannt wurde. Er soll Sprecher der Hackergruppe Red-Hack sein. Der einzige vermeintliche Beweis: eine stimmliche Ähnlichkeit.

»Viele Kollegen sind verunsichert«, erzählt der smarte 32-Jährige mit dem verträumten Blick. »Fernsehen und Theater kann man leicht unter Druck setzen.« Doch niemand wurde derart angegriffen wie der Schauspieler und Dramatiker Mehmet Ali Alabora. Die regierungsnahe Zeitung *Yeni Şafak* beschuldigte ihn, mit seinem Stück *Mi Minör* das Szenario für Gezi verfasst zu haben, das islamistische Revolverblatt *Yeni Vakit* (»Auch sein Vater ist ein registrierter Terrorist«) und andere Medien stiegen in die Kampagne ein. Melih Gökçek, der Oberbürgermeister von Ankara, nannte ihn den Hauptakteur von

75

Gezi und sagte, »mit Gottes Hilfe« werde Alabora ins Gefängnis kommen. Schließlich leitete die Staatsanwaltschaft mehrere Ermittlungen ein.

Zwar wurden inzwischen einige davon eingestellt, aber noch immer drohen ihm zwanzig Jahre Haft wegen »Aufwiegelung zum bewaffneten Aufstand«. Viele erinnert die Kampagne gegen Mehmet Ali Alabora an das Schicksal von Hrant Dink. Offenbar auch Alabora selbst, der sich inzwischen im Ausland aufhält und keine Interviews geben will. Der Mitgründer der Schauspielergewerkschaft stand bei den Emek- wie den Gezi-Protesten oft in der ersten Reihe. Am meisten übel genommen aber wird ihm ein Tweet vom Beginn der Gezi-Proteste: »Hast du es immer noch nicht verstanden? Es geht nicht nur um den Gezi-Park. Los, komm!«

Der Archäologe am Mischpult

Das Viertel Cihangir, das sich westlich der İstiklal-Straße vom Taksim-Platz in Richtung Bosporus erstreckt, ist berühmt für seine Katzen. Die berühmteste ist eine Comicfigur, die der Zeichner Bülent Üstün Mitte der neunziger Jahre schuf: *Die böse Katze Şeraffettin*. Doch das verruchte Cihangir dieser Geschichten gibt es nicht mehr. Das pittoreske Viertel hat sich in den vergangenen zwanzig Jahren veredelt. Es war kein Zerstörungsfeldzug wie in Tarlabaşı, sondern größtenteils ein organischer Prozess. Man könnte sagen: eine normale Gentrifizierung. Erst kamen die Outlaws, dann die Studenten und Künstler, dann eröffnete ein Café und dann noch eins und noch eins, das Viertel war plötzlich gefragt. Manche zogen weg, andere blieben, weil sie rechtzeitig eine Wohnung gekauft hatten, oder weil die einst mittellosen Bohemiens inzwischen die exorbitant gestiegenen Mieten bezahlen konnten. Heute sitzen in Cihangir Werbeagenturen und Filmproduktionen, die Cafés sind offene Castingzonen, und vermutlich hat das Viertel die höchste Dichte an Tierärzten und Pet Shops von ganz İstanbul. Die Straßenkatzen sind nicht verschwunden, aber selbst sie wirken gepflegt. Kein Wunder: In Cihangir gibt es einige Stellen, an denen sie von Bürgern gefüttert werden.

Im Vergleich zum Massenauflauf rund um die İstiklal-Straße ist das Leben in den hiesigen Bars überschaubar. Und noch immer gibt es Nischen. Eine davon ist die »Minimüzikhol«, der beste Technoclub İstanbuls und Werkstätte des DJs und Produzenten Barış Karademir, Künstlername Barış K. Er gehört zu einem neunköpfigen Kollektiv, das den in den Räumen einer Wohnung eingerichteten und meist nur am Wochenende geöffneten Club betreibt. Barış ist der bekannteste DJ der Gruppe, aber er steht auch regelmäßig an der Tür. Er ist 32 Jahre alt, hat in New York oder São Paolo aufgelegt, in Berlin sowieso. Dort leben möchte er nicht, obwohl die Türkei in Sachen elektronischer Musik Entwicklungsland ist und die meisten übrigen Clubs nur Kirmestechno spielen. »Hier ist noch viel zu tun«, sagt er. Seine Arbeit: vergessene Vinyl-Singles mit türkischen Rock-, Disco-, Folk- und Arabeskmusik aus den sechziger bis frühen achtziger Jahren aufzustöbern und zu verarbeiten.

Barış remixt diese Stücke, auch mal mit Musik vom Balkan, dem Kaukasus oder dem Nahen Osten, zu Minimal- und Housetracks. Manche Stücke re-editiert er nur; das heißt, er verstärkt bestimmte Frequenzen, um sie auf einer modernen Clubanlage zu spielen. Einige dieser Re-Edits sind in kleiner Auflage auf Vinyl erschienen, darunter ein Song der deutschtürkischen Rockgruppe Derdiyoklar. Zudem hat er auf Soundcloud einige DJ-Sets veröffentlicht, etwa die dreiteilige Reihe *Eurasia – Turkish Cosmic Space* sowie eine Sammlung mit 41 politischen und sozialkritischen Stücken, darunter das eingangs erwähnte Lied von Ruhi Su. Zwei Stunden, die Sprache, Mode und Alltag jener Zeit lebendig machen, das Leid und die Hoffnungen, mal naiv, mal rührend, mal witzig. *1 Mayıs Gençliğe Hitabe*, *1.-Mai-Ansprache an die Jugend*, lautet der Titel, eine Anspielung auf eine Rede Atatürks, die an der Wand jedes türkischen Klassenzimmers hängt.

Barış ist ein hagerer Typ mit schmalem Gesicht und hoher Stirn. Wenn es nicht um Musik geht, ist er still, fast verschlossen. Neben seiner Arbeit als DJ spielt er Gitarre in der Acid-

Folkband İnsanlar. Ein Aktivist ist er nicht. »Aber ich lese viel und sehe, was in meiner Umgebung passiert. Den Luxus, unpolitisch zu sein, kann ich mir nicht leisten. Das war in Gezi auch so. Du kannst nicht untätig bleiben, wenn die Polizei so brutal gegen ein paar friedliche Demonstranten vorgeht.«

Sein Vater, der vom Schwarzen Meer stammt, war vor 1980 in der Linken aktiv, ein Onkel wurde von Rechtsextremisten ermordet. »Über ihn gesprochen wurde in meiner Familie aber nicht. Mein Vater hat nach dem Putsch mit seiner Vergangenheit gebrochen – wie in der Türkei überall ein Strich gezogen wurde, auch in der Musik. Und ich erinnere mich, wie bei uns die alten Platten weggeworfen wurden, weil es nun CDs gab. Diese Kultur des Vergessens ist in der Türkei allgegenwärtig. Meine Musik ist ein Beitrag dagegen.«

Passenderweise hat Barış Archäologie studiert, wenngleich nicht abgeschlossen. Die türkischen Musiker oder Produzenten der sechziger und siebziger Jahre hätten verfolgt, was in der Welt passierte. »Die universellen Musiksprachen, in denen man sich am freiesten ausdrücken konnte, waren damals Rock und Jazz. Die türkischen Musiker verbanden sie mit der traditionellen Kultur, mit Gefühlen und Formen von hier und schufen etwas Neues. Ich mache etwas Ähnliches. Denn ich glaube, dass die universelle Musiksprache von heute der Techno ist. Ich übersetze alte Stücke ins Elektronische, so wie ein Literaturübersetzer einen Roman in eine andere Sprache übersetzt und zugänglich macht.«

Von der türkischen Musik der Gegenwart hält er hingegen nicht viel. »Es gibt natürlich Ausnahmen. Aber bei der Arabesk- und Popmusik, die ab den Achtzigern produziert wurde, sehe ich nicht mehr als den Wunsch nach dem schnellen Hit. Auch der Rock und die wenigen politischen Stücke dieser Zeit sind musikalisch schwächer.« Darum glaubt er nicht, dass die Musik Vorarbeit für Gezi geleistet hat – sehr wohl aber bildende Kunst und Design. »Da gibt es eine Linie zu der Kreativität von Gezi.« Zugleich sei die Kunst von der Realität überholt worden, sagt er in Anspielung auf die 13. İstanbul Biennale vom Herbst 2013. Die widmete sich unter dem Titel *Mom, am I bar-*

barian? dem Thema Stadt. Doch nach den Protesten wurden alle Installationen abgesagt, die im Gezi-Park oder an der Front des Atatürk-Kulturzentrums vorgesehen waren. Barış hat dieses Mal nur eine Ausstellung besucht. »Da war eine Installation mit einem Occupy-Zelt und Graffiti an einer künstlichen Wand, was ich total steril fand. Die wirkliche Biennale haben wir im Gezi-Park erlebt.«

Kommissar Nevzat und die Machtfrage

Bereits ein halbes Jahr danach gibt es eine unübersichtliche Menge von türkischsprachigen Büchern zu Gezi: Dokumentationen von Tweets und Graffiti, Interviewsammlungen, theoretische Aufsätze. Doch Ahmet Ümit darf sich rühmen, als Erster Gezi in einem Roman verarbeitet zu haben. »Aber das ist kein Gezi-Roman«, sagt der Bestsellerautor immer wieder über seinen Roman *Beyoğlu'nun En Güzel Abisi (Der schönste Bruder von Beyoğlu)*, der im Herbst 2013 erschien.

»Das Buch hat zwar einen gesellschaftlichen Kontext, aber dieser ist das Verschwinden des alten Tarlabaşı«, erläutert er. »Als die Gezi-Proteste begannen, war ich mit dem Manuskript fast fertig und habe dann Gezi eingearbeitet. Jetzt werfen mir manche vor, ich wolle aus Gezi Kapital schlagen. Aber wie hätte ein Roman ausgesehen, der im Jahr 2013 in Beyoğlu spielt, aber nicht auf Gezi eingeht? Verrückt oder feige.« Also verlegte Ümit die Handlung um ein Jahr nach vorn. Nun wird die Leiche, mit der der Roman beginnt, nicht in der Silvesternacht 2012, sondern in der Silvesternacht 2013 vor einem verfallenen Haus in Tarlabaşı gefunden.

Im Laufe der Ermittlungen trifft der Protagonist und Ich-Erzähler, Hauptkommissar Nevzat, auf einen Obdachlosen, dessen Quartier der Gezi-Park ist. Der Mann erzählt, wie er sich als Spitzel anwerben ließ und durch eine Tränengaspatrone ein Auge verlor; wie schön er es bei den jungen Leuten im Park fand, wie tapfer sie Widerstand geleistet hätten und welche Schweinereien die Polizei begangen habe. Dann unterbricht ihn der Kommissar. Er erträgt es nicht. »Es war für uns alle eine Schande«, sagt er in einem inneren Monolog. »Wieder einmal haben wir gesehen, dass in einem autoritär regierten Land zuerst der Polizeiapparat verliert.«

Ümits Kommissar ist eine melancholische Figur; ein Moralist um die fünfzig, der, wie jeder gute fiktive Kommissar, mit dem Apparat hadert. Aber er behandelt selbst die größten Schurken korrekt. »Prügelnde Polizisten gibt es in der Türkei ohnehin zu oft«, sagt Ümit. Aber gibt es im wirklichen Leben Polizisten wie Nevzat? »Sie sind eine Minderheit, aber sie gibt es«, meint Ümit. Er wisse es, weil er regelmäßig zu Lesungen an Polizeiakademien eingeladen werde.

Sicher gibt es eine Opposition innerhalb der Polizei, auch wenn sich nicht sagen lässt, wie einflussreich sie unter den 340.000 Polizisten des Landes ist. Obwohl ihnen jede Art von Organisierung untersagt ist, gründete sich im Jahr 2012 eine Gewerkschaft. Elf Beamte wurden daraufhin aus dem Dienst ausgeschlossen, gegen 250 weitere laufen Ermittlungen. Zudem gibt es eine »Gruppe Polizeireform«, die sich regelmäßig über Twitter äußert und während der Gezi-Proteste sowohl die Einsatzbefehle als auch das Verhalten einzelner Beamter kritisierte. »Wir schätzen seine Romane und verfolgen seine Tweets und hoffen, dass er uns auch schätzt«, antwortet die Gruppe auf die schriftliche Frage, was sie von Ahmet Ümit halte.

Vor dem Militärputsch von 1980 war das anders. Rechte Beamte waren in der Polizistenunion Pol-Bir organisiert, linke im Polizeiverein Pol-Der, dem auch das historische Vorbild für Ümits Kommissar angehörte: Cevat Yurdakul, Polizeipräsident von Adana, der 1979 von einem Rechtsextremisten ermordet wurde. Auch Ümit war damals politisch tätig.

Mit 14 beginnt er, sich zu engagieren, 1978, mit 18, kommt er aus der südosttürkischen Stadt Gaziantep zum Studium nach İstanbul. Er schließt sich der bereits 1920 gegründeten illegalen sowjetmarxistischen Türkischen Kommunistischen Partei (TKP) an. Ümit übersteht den Putsch und beginnt ein konspiratives Leben. Er heiratet, bekommt eine Tochter und führt eine

Tarnexistenz als Anwalt, während er die İstanbuler Jugendorganisation der TKP leitet. Mitte der achtziger Jahre schickt ihn die Partei zur Schulung nach Moskau, wo Ümit eine Entscheidung trifft: Er will nicht als Kader weitermachen, sondern Schriftsteller werden. Aus der Partei tritt er nicht aus, aber als diese ab Ende der achtziger Jahre mit anderen Gruppen fusioniert und sich legalisiert, ist er nicht mehr beteiligt. (Die heutige TKP, die auch bei den Gezi-Protesten präsent war, geht auf eine andere Gruppierung zurück, die im Jahr 2001 den freigewordenen traditionsreichen Namen übernahm.)

Ümit ist 53 Jahre alt, ein kleiner, freundlicher Mann. Randlose Brille, Vollbart, Cordjacke, ohne die Dünkelhaftigkeit, die vielen İstanbuler Intellektuellen anhaftet. 1989 erschien sein erster Roman, inzwischen sind es mehr als zwanzig, drei davon liegen auch in deutscher Übersetzung vor: *Nacht und Nebel* (1996), *Patasana* (2000) und *Der Teufel steckt im Detail* (2002). Nur ein paar seiner Romane sind Krimis mit dem Protagonisten Nevzat. Aber das Thema Stadt und Stadtgeschichte ist in vielen seiner Bücher präsent. »Weil ich mich mit diesen Themen beschäftige und ein politischer Mensch bin, bat mich die Taksim-Solidarität vor etwa zwei Jahren, einen Aufruf gegen den Abriss des Gezi-Parks zu unterzeichnen, was ich natürlich getan habe.« So beginnt für ihn der Widerstand. Während der Besetzung ist er oft im Park, der auf halber Strecke zwischen seiner Wohnung in Şişli und seinem Büro in Beyoğlu liegt, und leitet Informationen an seine 270.000 Follower bei Twitter weiter.

Welche Gründe für ihn die wichtigsten waren? »Der Umgang mit der Stadt«, sagt er. »Bei allem, was du machst, musst du auf das Gewebe der Stadt, auf ihre Geschichte Rücksicht nehmen. Du kannst nicht alles dem Profit unterwerfen. Natürlich gab es früher harte Brüche. Aber das heißt doch nicht, dass man so weitermacht und alles mit Einkaufszentren zupflastert. Und mich stört eine Regierung, die mir vorschreiben will, keinen Alkohol zu trinken, oder meine Enkeltochter in der Schule religiös indoktriniert.« Nach Gezi wird Ümit nicht so hart attackiert wie andere Künstler. Es gibt aber Aufrufe, seine

Romane zu boykottieren. »Das hat nur dazu geführt, dass sich das neue Buch noch besser verkauft hat«, sagt er und prustet los. Die Startauflage von 150.000 Exemplaren ist nach ein paar Tagen ausverkauft.

Dafür überrascht ihn etwas anderes: In der Presse liest er, dass die Çalık-Gruppe, der Hauptinvestor bei der Umstrukturierung von Tarlabaşı, eine Werbekampagne mit dem französischen Schauspieler Jean Reno plant und dabei Motive aus seinem Roman verwenden will. So diebisch er sich über den gescheiterten Boykott freut, so fassungslos ist er immer noch über diese Idee. »Ich habe nichts dagegen, wenn meine Bücher groß beworben werden. Aber ich mache keine Werbung für etwas anderes als meine Bücher – schon gar nicht für etwas, das ich kritisiere.« Ümit droht mit einer Klage. »Die sagten mir: ›Wieso denn, können wir uns nicht einigen?‹ Wie müssen diese Leute gestrickt sein, dass sie allen Ernstes glauben, ich könnte mich auf so etwas einlassen?«

Ümit ist ein Moralist wie sein Kommissar und nach wie vor ein Linker. »Aber ich glaube, dass die Linke besser nicht die Macht übernehmen sollte«, sagt er. »Wenn wir irgendwo an die Macht kommen, vermasseln wir es. Und Macht ist etwas Schmutziges, wer sie in die Hand bekommt, macht sich schmutzig. Das muss vielleicht nicht so bleiben, aber für mich ist das die Lehre aller sozialistischen Versuche seit der Oktoberrevolution.« Ist das nicht eine Form, sich vor der Verantwortung zu drücken? »Das kann man so sehen. Aber ich spreche als Schriftsteller und denke, dass Intellektuelle Distanz zur Macht halten müssen. Und ich finde etwas anderes wichtiger: den kulturellen Wandel. Die Säkularen in der Türkei zum Beispiel hatten lange Zeit die politische Macht, aber nicht die kulturelle Hegemonie.«

Genau aus dieser Perspektive sei Gezi so bedeutend gewesen. »Ich bin mir sicher, dass wir die wirklichen Folgen von Gezi erst noch sehen werden. Zum Beispiel werden künftig Filme und Romane wieder politischer werden«, sagt er. »Und eines Tages wird jemand den Gezi-Roman schreiben. Vielleicht als politischen Thriller. Aber dafür braucht es Abstand.«

5. Beşiktaş:
Ein Viertel und sein Fußballclub

»Wir haben gewonnen«

Onur Othan ist ein Junge aus gutem Hause. Er ist 28 Jahre alt
und hat Volkswirtschaft studiert. Sein Vater ist Lehrer, seine
Mutter Krankenschwester. Kemalistisch, links, Mittelschicht.
Onur mag Computerspiele und Techno. Mit Beginn der Proteste
hat er seinen Job in der Immobilienabteilung einer Bank
hingeschmissen und dies schriftlich begründet: die unbezahlten
Überstunden, das Vorgehen der Regierung gegen den Gezi-
Park, die innige Verbundenheit seines Arbeitgebers mit der
AKP. Die wegen der fristlosen Kündigung fällige Strafe von
umgerechnet 600 Euro hat er in Kauf genommen. Nun will er
einen Masterabschluss machen. Strategisches Marketing.

Tati, wie er seit seiner Kindheit genannt wird, ist Fan des
Fußballvereins Beşiktaş JK. Dieser rangiert zwar, was die Anzahl der Meisterschaften und die Menge der Fans anbetrifft,
hinter den Lokalrivalen Fenerbahçe und Galatasaray, hat dafür
aber einen Fanclub, der selbst wohl mehr Fans hat als jeder andere Fanclub der Welt: Çarşı. Sagenumwoben war Çarşı schon
vorher. Seit Gezi aber genießt der Fanclub internationale
Berühmtheit. Für jenen Teil der türkischen Bevölkerung, der
nicht hinter der AKP steht, sind die Çarşı-Leute Volkshelden.
»Das schmeichelt uns«, sagt Onur. »Aber dafür hassen uns jetzt
die anderen umso mehr.«

Onur ist ein lässiger Typ. Halblanges Haar, unrasiert, Tat-
toos. Er wirkt wie jemand, der stets die Ruhe bewahrt, sich aber
zu verteidigen weiß. Er lacht viel, seine Stimme ist rauchig, und
wenn er etwas erklärt, legt er kleine Pausen ein, in denen er
seine Gesprächspartner freundlich anblickt. »Ich erinnere mich
gut an die Kämpfe, die Organisierung im Park, die Solidarität

dort«, sagt er und legt eine Pause ein. »Aber ich merke, wie ich die Tage und Ereignisse durcheinanderbringe. Ich wollte aufschreiben, was passiert ist, und eigentlich will ich das immer noch.«

Ob nicht schon genug darüber geschrieben wurde? »Auf keinen Fall«, findet Onur. »Jeder hat andere Sachen erlebt und andere Schlussfolgerungen daraus gezogen. Es ist wichtig, dass wir darüber schreiben und überall davon erzählen. Denn wir haben gewonnen.« Er sagt das nicht triumphierend, aber aus voller Überzeugung. »Meine Generation hat ihre Lethargie abgelegt. Zuvor haben wir uns nur über Fußball oder Partys unterhalten, jetzt sprechen wir über Politik. Wir standen zusammen im Tränengas, deshalb begegnen wir einander mit Respekt. Egal, was die Zukunft bringen wird – jede Regierung wird sich künftig bei jedem Vorhaben fragen: Was wird das Volk dazu sagen? Und wenn die Leute etwas falsch finden, werden sie Widerstand dagegen leisten. Beides war vorher anders. Ja, wir haben gewonnen.«

In seiner WG dienen die Accessoires des Straßenkampfs nun als Wohnzimmerschmuck. Zwar sind die Bauhelme und Gasmasken weiter griffbereit, doch Onur will sie nicht mehr benutzen müssen: »Das war ein ziviler Aufstand, er muss zivile Bahnen finden.« Trotzdem hadert er immer noch mit der Taksim-Solidarität. Das Bündnis habe im Vertrauen darauf, dass der Park nicht angegriffen würde, der Schleifung der Barrikaden rund um den Taksim-Platz zugestimmt. Die Aufgabe der Barrikaden am 11. Juni war der Räumung des Parks vorausgegangen. »Wir hätten die Barrikaden nicht militärisch halten können«, sagt er. »Aber sie waren ein Symbol. Dass sie kampflos aufgegeben wurden, hat die Leute entmutigt. Darum ging später die Räumung so leicht vonstatten.«

Onur Othan stammt aus İzmit, einer Industriestadt am Marmarameer, und kam im Jahr 2004 zum Studieren nach İstanbul. Fünf Jahre zuvor, im Alter von 14 Jahren, war er beim großen Marmara-Erdbeben unter den Trümmern eines Wohnhauses begraben worden. »Ich habe Stunden in Todesangst verbracht. Danach wollte ich irgendwo dazugehören. So kam ich zu Çarşı.«

In seinen ersten Jahren in İstanbul reist er zu allen Auswärts-
spielen. »Auswärts ist der Zusammenhalt größer, aber es gibt
auch mehr Ärger. Aber ich hatte nach diesem Trauma das Gefühl, dass ich mich vor nichts mehr fürchten muss.« Inzwischen
hat er etwas gefunden, dem er sich noch stärker zugehörig fühlt:
Er ist jetzt ein Junge aus dem Viertel. »Ich habe nicht als Çarşı-
Mitglied an Gezi teilgenommen, sondern als Bürger von Beşiktaş«, betont er.

Beşiktaş ist ein besonderes Stück İstanbul. Der nordwestlich
des Taksim-Platzes gelegene Bezirk erstreckt sich vom Dolmabahçe-Palast bis kurz vor die zweite Bosporus-Brücke. Eine
säkulare Hochburg. 16,6 Prozent der Stimmen erhielt die AKP
bei der Kommunalwahl 2014 hier, so wenig wie in keinem anderen der 39 Bezirke İstanbuls. Seither sitzt im örtlichen Bezirksparlament die 32-jährige bisexuelle Cafébetreiberin Sedef
Çakmak, die erste bekennende nicht-heterosexuelle Mandats-
trägerin der Türkei. Und nirgends war es lauter, als während
des Juniaufstand abends auf Pfannen und Töpfen trommelnd
protestiert wurde. Sein Viertel ist vielleicht der Grund, weshalb
Onur keine Islamisierung fürchtet. »Das ist mit der türkischen
Gesellschaft nicht zu machen«, sagt er. Er sei auf die Barrikaden gegangen, weil das Land auf eine Diktatur zusteuere.

Zu Beşiktaş gehören die Nobelviertel Bebek und Etiler sowie das landeinwärts gelegene Geschäftsviertel Levent, nach
denen in der türkischen Version des Brettspiels *Monopoly* die
zweitteuersten, die grünen Straßen benannt sind. Die Altstadt
von Beşiktaş und die Viertel ringsum hingegen sind Mittel-
schichtgegenden. Viele Beamte leben hier, Selbstständige, Intellektuelle, Studenten. Die Altstadt, *Çarşı* (Markt) oder *Köyiçi*
(Dorfmitte) genannt, ist wegen der vielen lieblosen Bauten der
siebziger und achtziger Jahre nicht hübsch, aber quirlig und
berühmt für ihre Fischrestaurants. Den einzigen kleinen Platz
schmückt ein bronzener Adler, das Wappentier des Sportvereins
Beşiktaş JK.

Als in den ersten Junitagen die Straßenkämpfe nach Beşiktaş übergreifen, ist nahezu das gesamte Viertel auf den Beinen,
um das Eindringen der Polizei zu verhindern. Tausende Bürge-

rinnen und Bürger reihen sich in die Menschenketten ein, um Material für den Barrikadenbau weiterzureichen, Lastwagenfahrer blockieren mit ihren Fahrzeugen die Straßen, Nachbarn geben ihre WLAN-Netzwerke frei und öffnen ihre Wohnungen. Junge Frauen verteilen Essig, Zitronen und Talcid-Lösungen, um die Wirkung des Tränengases zu lindern, ältere Leute rufen von ihren Balkonen die neuesten Nachrichten herunter, die sie im kleinen sozialdemokratischen Fernsehsender Halk TV gehört haben, oder sorgen mit Pfannen und Töpfen für ohrenbetäubenden Lärm. So ziemlich jede und jeder ist dabei und tut das, was er oder sie sich zutraut. Dass sich in diesen Tagen viele mehr zutrauen, als sie selbst je vermutet hätten, liegt an den Jungs, die die vorderste Front bilden: die Jungs von Çarşı.

Am Ende steht zwar ein ganzer Stadtteil im Tränengas, das bis hoch in die Wohnhäuser eindringt, aber es gelingt den Sondereinsatzkommandos nicht, aus den heftig umkämpften Hauptzufahrtsstraßen ins Zentrum vorzudringen.

Im Gezi-Park schlichten Çarşı-Leute Streitereien zwischen verfeindeten Gruppen und versuchen, für die Sicherheit aller zu sorgen. Nach der ersten Räumung des Parks sind sie vorne dabei, als in den Morgenstunden des 1. Juni die Polizeiketten gesprengt werden und der Park zurückerobert wird. Besonders von sich reden machen sie, als einige am Dolmabahçe-Palast mit einem gekaperten Bagger einen Wasserwerfer in die Flucht schlagen.

Doch die Beşiktaş-Fans sind nicht nur Frontkämpfer und Aufpasser der Proteste. Im Park gehörte die Ecke mit ihren Zelten zu den lautesten, bei den Aufmärschen war ihr Block einer der fröhlichsten. Genau eine Woche vor der Räumung des Parks demonstrieren Fans der drei großen Clubs durch İstanbul. Natürlich ist der Aufzug von Çarşı der größte. 30.000, vielleicht 40.000 Menschen laufen mit, etliche mit Bengalos in den Händen. Zugleich achten die Ultras darauf, dass niemand die Blumen auf den Verkehrsinseln zertrampelt. Am Taksim-Platz angekommen, zünden Dutzende von ihnen auf dem Dach des Atatürk-Kulturzentrums Bengalos an. Gleißendes Lila über dem Nachthimmel.

Auseinandersetzungen mit der Polizei waren Onur und seine Jungs schon vor Gezi gewöhnt. Erst wenige Wochen zuvor war es in Beşiktaş zu heftigen Straßenkämpfen gekommen, als die Polizei den Fans, die wie immer geschlossen ins nahe gelegene Stadion laufen wollten, den Weg versperrte. Dabei hätte es ein besonderes Spiel werden sollen, das letzte im alten İnönü-Stadion vor dessen Abriss. Noch so ein Tropfen in jenes viel zitierte Fass, das mit den Vorgängen im Gezi-Park überlief.

Erfahrungen mit Barrikadenkämpfen hatten sie jedoch keine. »Als wir rund um den Gezi-Park die ersten Barrikaden bauten, haben militante Linksradikale uns gezeigt, wie man das macht. Da waren viele junge Frauen dabei«, erzählt Onur. »Sehr schöne Frauen.« Für ihn haben Sprüche wie »Steh nicht rum wie eine Frau« ausgedient. »Die Frauen standen hinter uns und haben uns verpflegt. Das war für alle eine neue Erfahrung. Und die wird bleiben.« Dann erzählt er, wie gut er sich mit den Schwulen und Lesben verstanden hat, die im Gezi-Park nebenan zelteten. »In der Kurve beschimpfen wir oft jemanden als schwul, auch Erdoğan haben wir als schwul beschimpft. Das ist so ein Schimpfwort. Aber wir sollten das lassen; diese Jungs und Mädchen waren wirklich nett. Und sie waren tapfer. Ich jedenfalls habe im Gezi-Park meine Homophobie abgelegt.«

Onur und seine engsten Freunde – Männer in seinem Alter, die studiert haben und in Banken, Werbeagenturen oder Computerfirmen arbeiten, liebend gern Fangesänge grölen, ansonsten aber freundlich und wohlerzogen auftreten – gehörten zu den rund dreißig Çarşı-Leuten, die als erste zur Unterstützung der Parkbesetzer kamen. Sein Vater hatte ihm stets vorgehalten, wie unpolitisch seine Generation sei. Als die Proteste losgehen, ruft sein Vater an und meint: »Das bringt nichts, wir haben uns jahrelang mit Politik beschäftigt und nichts erreicht.« »Ich bin auf den Barrikaden, weil ihr keinen Erfolg hattet«, erwidert der Sohn. »Und ich hoffe, dass meine Kinder nicht auch auf die Barrikaden steigen müssen.« Er legt wütend auf. Dann meldet sich der Vater wieder und sagt: »Ich bin besorgt. Aber ich bin stolz auf dich. Macht, was wir nicht geschafft haben – macht aus diesem Land eine echte Demokratie.«

So stark hatte sich Çarşı nie zuvor politisch eingemischt. Aber unpolitisch war der Fanclub nicht. Das »A« im Logo ist zum Anarchie-A eingekreist, keine Mai-Demonstration findet ohne Çarşı statt. In der Vergangenheit bezogen die Ultras Stellung gegen Rassismus oder gegen Atomenergie, sammelten Spenden für Erdbebenopfer im ostanatolischen Van oder solidarisierten sich mit Pluto, als ihm der Planetenstatus aberkannt wurde. Auch für die im Krieg mit der PKK gestorbenen Soldaten hissten Çarşı-Leute ein riesiges Transparent über ihrem Stammplatz auf der Gegengerade. »Die Märtyrer sind unsterblich, das Vaterland ist unteilbar«, stand darauf.

»Ich bin stolz, Türke zu sein, und ich kritisiere die PKK. Aber ich will, dass die Kurden ihren Platz in der Gesellschaft finden«, erläutert Onur und erzählt eine passende Anekdote: Beim Rückzug von einer Barrikade müssen die Çarşı-Leute eine türkische Fahne, die sie dort angebracht hatten, aufgeben. Bei der nächsten Gefechtspause fordern sie die Übergabe der Fahne. Die Polizei stimmt zu, Onur und drei Freunde treffen sich auf dem Schlachtfeld mit vier unbewaffneten Beamten. Bei dieser Gelegenheit vereinbart man wegen allgemeiner Übermüdung für den Rest der Nacht einen Waffenstillstand.

Mögen Kemalismus und Anarchismus widersprüchlich erscheinen, lässt sich für Çarşı beides prima vereinbaren. »Çarşı ist gegen alles außer Atatürk«, lautet eine Parole. »Wir sind die einzigen sozialdemokratischen Anarchisten der Welt«, sagt Onur. Der anarchische Geist der Çarşı-Leute zeigt sich im Humor und im Einfallsreichtum, in ihren witzigen, zuweilen derben Parolen und Liedern. Wenn sie sich entschuldigen, weil sich jemand wegen Ruhestörung beschwert hat, tun sie das gerne singend: »Wir sind Beşiktaş / Und ein bisschen irre / Haben wir gestört / Tut es uns leid.« Auch der Bagger vom Dolmabahçe-Palast ist bereits in einem Lied verewigt. Und vielleicht war nicht die Militanz, sondern der Witz der wichtigste Beitrag der Beşiktaş-Fans zu den Protesten.

Es gibt jedenfalls nicht viele Sprechchöre, auf die sich Ke-

malisten und Kurden, Linke und Liberale, Fans von Fenerbahçe, Galatasaray und Beşiktaş verständigen können. Dazu
gehört ein Schlachtruf aus den Siebzigern (»Schulter an Schulter gegen den Faschismus«), die im Gezi-Protest geborene Parole »Taksim ist überall, Widerstand ist überall« und schließlich dieses – hier frei übersetzte – Spottlied auf die Polizei:
»Los, schieß dein Gas / Los, schieß dein Gas / Wirf den Knüppel weg / Zieh den Helm aus / Zeig, dass du dich traust.«
Das Lied ist eine Kreation von Çarşı, ebenso das schlichte
»Tränengas, olé!«.

Bei einem der ersten Parkforen im Abbasağa-Park, um die
es gleich gehen wird, erläutert ein Psychologe die Wirkung solcher Lieder: »Wenn Menschen, die gerade mit Reizgas beschossen wurden, noch mit roten Augen ›Tränengas olé!‹ rufen,
also darüber lachen, verhindert dies Traumatisierungen, die bei
solchen Erlebnissen leicht eintreten können.« Onur und ein
Freund, der in dieser warmen Sommernacht neben ihm sitzt,
nicken sich zu. So, als wollten sie sagen: »Das haben wir gemacht. Und das haben wir gut gemacht.«

Jeder Park eine Agora

Der Abbasağa-Park hat einen festen Platz im Leben von Beşik-
taş. Tagsüber ist er voll mit spielenden Kindern und Menschen,
die ihre Hunde spazieren führen, abends sitzen junge Leute mit
Dosenbier unter den Bäumen. In der Mitte des Parks ist ein
Amphitheater, wo im Sommer Konzerte stattfinden. Die Çarşı-
Leute besingen den Park in einer Hymne, auch Baba Zula – jene
Band, die in Fatih Akıns Musikfilm *Crossing the Bridge* auf
dem Bosporus spielt – hat dem Park ein Stück gewidmet, als
Erinnerung an die Proteste, mit denen im Jahr 2002 Anwohner
den geplanten Abriss verhinderten. Und noch eine Parallele gibt
es zum Gezi-Park: Dieses Gelände war ebenfalls einst ein teils
muslimischer, teils armenischer Friedhof.

Am Rand des Amphitheaters steht eine von Bildhauern der
Mimar-Sinan-Universität angefertigte Skulpturengruppe. Die

Bronzefiguren zeigen in den siebziger bzw. neunziger Jahren ermordete laizistische Intellektuelle, elf Männer und eine Frau. Einige der Täter, etwa die Mörder der Theologin Bahriye Üçok oder des *Cumhuriyet*-Journalisten Uğur Mumcu, wurden nie gefasst. Und auch in jenen Fällen, bei denen Graue Wölfe oder Islamisten als Mörder identifiziert wurden, besteht der Verdacht, dass Kräfte innerhalb des Staates beteiligt waren. »Helden der Demokratie« heißt diese Arbeit.

Dort, vor den Augen dieser Figuren, versammeln sich zwei Tage nach dem Ende des Gezi-Parks rund 200 Leute. Çarşı hat zu einem »Protestsitzen« aufgerufen, weil sich zu diesem Zeitpunkt 22 Fans in Polizeigewahrsam befinden. Man trinkt Bier und plaudert in Grüppchen. Irgendwann steht ein Çarşı-Sprecher auf. In der Hand hält er eine Mülltüte. »Freunde, wir wollen die Nachbarn nicht belästigen«, ruft er. »Lasst es uns so machen wie im Gezi-Park und unseren Müll aufräumen.« Dann fügt er etwas Entscheidendes hinzu: »Wir reden sowieso alle über dasselbe. Lasst uns doch zusammen reden.« Es ist der Beginn der Parkforen.

Noch am selben Abend wächst die Menge an. Aus Rücksicht auf die Anwohner beschließt man, sich mit Handzeichen zu verständigen. Kein Applaus, keine Zwischenrufe. »Anfangs haben alle von ihren Erlebnissen berichtet«, erzählt Necmi Sağlar. »Im Gezi-Park war es so und so toll, dann kam die Polizei von da und da und dann haben wir das und das gemacht ... Eigentlich hat jeder dieselbe Geschichte erzählt, aber alle hatten das Bedürfnis, sich mitzuteilen.« Am nächsten Abend sind einige tausend Menschen im Abbasağa-Park. Das überfüllte Amphitheater wirkt nun wie eine Bürgerversammlung im antiken Athen. Wer sich nicht reindrängen kann, diskutiert in kleinen Runden unter den Bäumen, in einer Ecke bildet sich ein zweites Forum. Zur selben Zeit versammeln sich Menschen in anderen Parks – im kemalistischen Kadıköy, im schicken Cihangir, auf den beschaulichen Prinzeninseln, im konservativen Fatih, in etlichen größeren und kleineren Städten.

Das erste Forum im Abbasağa-Park beginnt mit Verbrüderungsszenen zwischen Fans von Beşiktaş, Fenerbahçe und – in geringerer Zahl – Galatasaray. Dann begrüßt ein Çarşı-Mitglied die Anwesenden und sagt, dass er das Wort an den Moderator geben werde. »Das hast du gestern gut gemacht«, flüstert er dem überraschten Sağlar zu. Der hatte am Abend zuvor bei einem Wortgefecht vermittelt. In den nächsten sechs Wochen wird er das Forum Abend für Abend moderieren. Sağlar ist 35 Jahre alt und Sportlehrer, stammt aus der Provinzstadt Antakya und lebt in einem gesichtslosen Neubauviertel. Ein schlaksiger, freundlicher Mensch. Und ein Sozialist, der sich nicht erst mit Gezi politisiert hat, dem die linken Organisationen aber zu engstirnig waren.

Nach dem Verlust des Gezi-Parks und den vergeblichen Versuchen, zum Taksim-Platz zu gelangen, werden die Parkforen zur Anlaufstelle. Zugleich setzen sie die Diskussionsrunden fort, die sich in den letzten Tagen in Gezi gebildet hatten, um über Erdoğans vermeintliches Zugeständnis zu beraten. Dieser hatte angekündigt, vor weiteren Bauarbeiten im Gezi-Park das Urteil des anhängigen Gerichtsverfahrens abzuwarten, und zugleich ein letztes Ultimatum an die Besetzer gestellt. Ein Teil von ihnen, vor allem ältere Leute und organisierte Linke, sahen dies als Erfolg und plädierten dafür, die Besetzung bis auf ein symbolisches Zelt abzubrechen. Anderen war dies zu wenig. Sie erinnerten an die offiziellen Forderungen, mit denen die Delegation der Taksim-Solidarität zum Treffen mit dem Ministerpräsidenten gereist war: Einstellung aller Bebauungspläne für den Gezi-Park, Öffnung aller städtischen Plätze für Kundgebungen und Demonstrationen, Verbot des Einsatzes von chemischen Kampfstoffen, Freilassung aller verhafteten Gezi-Demonstranten sowie die Entlassung der Gouverneure von Istanbul, Ankara, Adana und Antakya, welche für besonders harte Polizeieinsätze verantwortlich waren. Gemessen an diesen Forderungen, so argumentierten gerade viele junge Leute, bedeute Erdoğans Zugeständnis nichts. Nach anderthalb Tagen entschied man sich mit großer Mehrheit fürs Weitermachen. Noch am selben Abend wurde der Park geräumt.

»Vielleicht haben wir zu spät mit dem Reden angefangen«, sinniert Sağlar. »Im Gezi-Park haben wir gekämpft und gefeiert. Miteinander zu reden haben wir erst in den Parkforen gelernt.« Er denkt dabei an Szenen wie diese: Gleich am ersten Tag hat jemand am Amphitheater des Abbasağa-Parks eine türkische Fahne befestigt, zudem beginnt die Versammlung mit dem Singen der Nationalhymne. Nach einigen Treffen sagt eine Frau Ende zwanzig: »Ich bin Kurdin. Diese Hymne und diese Fahne sind Symbole einer Politik, die uns jahrzehntelang verleugnet hat. Wenn wir dieses Land demokratisieren wollen, müssen wir uns von diesen Symbolen verabschieden.« Eine kaum ältere Frau widerspricht: »Das sind Symbole unserer Einheit. Mehr Demokratie können wir nur erreichen, wenn wir die Republik Atatürks fortentwickeln.« Schließlich stimmt man ab: Hymne nein, Fahne ja.

»Ich hätte die Fahne nicht aufgehängt. Aber seit Gezi steht sie auch für Widerstand«, sagt Sağlar. Dass solche Dialoge überhaupt stattfinden und hunderte Leute geduldig zuhören, halten viele für den größten Erfolg. Ansonsten aber zeigt sich, wie schwierig es ist, auch nur in einem einzigen Stadtpark zu Ergebnissen zu gelangen. Zu unterschiedlich sind die politischen Ansichten, zu verschieden die Gründe, weshalb sich die Einzelnen den Protesten angeschlossen haben. Der eine redet über den Kemalismus, die nächste über Probleme im Viertel. Die einen wollen Aktionen planen, die zweiten über Wahlbeteiligungen sprechen, wieder andere reden als Homosexuelle oder Aleviten. Ein kollektives Therapiegespräch.

Man richtet einen Twitter-Account ein und sammelt die Protokolle aller Parkforen auf einer Internetseite. Für mehr reicht es nicht. »Würde Tayyip uns zwei Stunden lang zuhören, würde er sich hinterher immer noch fragen: ›Was zum Teufel wollen diese Leute?‹«, sagt ein Mittdreißiger unter großem Gelächter an einem der ersten Abende im Abbasağa-Park. »Wir müssen uns auf ein Manifest einigen und unsere wichtigsten Forderungen formulieren.« Diese Idee findet sich in vielen Protokollen. Doch sie erfüllt sich nicht. Dem Bedürfnis nach einer Institutionalisierung steht nicht nur die Heterogenität der Leute gegenüber. Der alten Organisationswut der Linken will niemand verfallen. Selbst Abstimmungen sind selten, steht doch die AKP im Ruf, eine Diktatur der Mehrheit zu errichten.

Nach einigen Wochen versucht man, Tagesordnungspunkte zu bestimmen. Manchmal werden Filme gezeigt oder Lesungen veranstaltet, immer wieder organisiert man lokale Proteste. Doch so aufregend alle diese Foren anfangs finden, so ermüdend wirken sie mit der Zeit. Die Teilnehmerzahl schwindet, mitunter kommt es zu politischen Zerwürfnissen, manche resignieren, die meisten sind gelangweilt. Viele kleinere Foren lösen sich auf. Im Herbst sitzen im Abbasağa-Park selten mehr als hundert Leute, der Altersdurchschnitt ist deutlich höher als einst im Gezi-Park. Doch die größeren Foren, allen voran das Abbasağa- und das Yoğurtçu-Forum in Kadıköy, machen weiter und überwintern in geschlossenen Räumen.

Müde vom vielen Reden ist auch Sağlar. »Aber wir haben nicht nur geredet«, sagt er. Es sind Netzwerke entstanden, deren Legitimität auf Gezi zurückgeht. So, wie sich die Parkforen aus Gezi entwickelt haben, wird sich vielleicht daraus etwas Neues entwickeln. Jetzt sind wir wieder in einer Phase, in der alles über einige Aktivisten läuft.« Die Çarşı-Leute gehören nicht dazu. Sie haben, so sagen sie, ihren Job getan.

Ruhm und Repression

Im September 2013 büßten die Beşiktaş-Anhänger gleich zwei Superlative ein: den – ohnehin inoffiziellen – Rekord als lauteste Fans der Welt und die Eigenschaft, sämtliche Fans unter einem Dach zu vereinen. Seither gibt es erstmals eine Fangruppe, die sich nicht als Teil von Çarsı versteht. »1453 Kartalari« nennt sich die, »1453 Adler«. Diese Gruppe bekundet, unpolitisch zu sein, was aber schon durch die Anspielung auf das Jahr der Eroberung Konstantinopels konterkariert wird, deren Jahrestag die türkischen Islamisten und Nationalisten feiern. Viele vermuten, dass diese Gruppe von der AKP gesteuert wird, um die Vormacht von Çarşı zu brechen.

»Ich bin seit über 30 Jahren in der Beşiktaş-Tribüne, aber ich kenne nur drei, vier von denen«, sagt Cem Yakışkan. »Und die habe ich seit Jahren nicht mehr im Stadion gesehen. Die nimmt doch niemand ernst.« Yakışkan ist 47 Jahre alt und führt eine Kneipe in der Altstadt von Beşiktaş. Mit seinen zarten Gesichtszügen und der randlosen Brille wirkt er eher wie ein Intellektueller als wie ein Ultra-Anführer. Dabei ist er einer der wenigen Oberen von Çarşı, die nicht studiert haben. »Der Blonde« nennen ihn die alten Weggefährten, auch wenn seine Haare inzwischen ergraut sind. Für die jüngeren ist er ein *Abi*, ein »Großer Bruder«. Bei Çarşı legt man Wert darauf, dass ihre *Abis* keine absoluten Herrscher seien und jeder mitreden dürfe, 16-jährige Kids ebenso wie prominente Mitglieder, zu denen der Schriftsteller Emrah Serbes oder der Regisseur Zeki Demirkubuz zählen. Doch auch *Cem Abi* umgibt eine Aura von Autorität.

1982, im Alter von 16 Jahren, gründet der »Blonde« zusammen mit Mehmet »Optik« Işıklar und weiteren Gleichaltrigen den Fanclub. Viele von ihnen jobben zu diesem Zeitpunkt als Laufburschen in den Geschäften der Altstadt, daher der Name Çarşı. Es ist die Zeit des Militärputsches. Die bürgerkriegsartigen Auseinandersetzungen zwischen Linken und Rechten sind zwar beendet, aber dafür sitzen Zehntausende in den Gefängnissen. Im Land herrscht Friedhofsruhe. Erklärtermaßen will die Junta die Jugend entpolitisieren und hat nichts dagegen, dass junge Leute in die Stadien strömen. »Kein Linker, kein Rechter, Fußballer soll unser Sohn werden«, lautet ein geflügeltes Wort. Was der Schriftsteller Aziz Nesin einst als Spott formuliert hatte, ist nun Programm. Dass Fußballfans einmal eine so wichtige Rolle bei Protesten spielen werden, kommt zu dieser Zeit keinem in den Sinn, auch den Gründern von Çarşı nicht.

Sie sind mit anderen Dingen beschäftigt. Ende der siebziger, Anfang der achtziger Jahre werden fast alle İstanbul-Derbys im İnönü-Stadion ausgetragen, der Heimstätte von Beşiktaş. Die Beşiktaş-Fans schlafen nachts vor dem Stadion, um zu verhindern, dass gegnerische Fans ins Stadion reinkommen. Der Kampf um die Plätze im Stadion ist irgendwann obsolet, aber die Auseinandersetzungen dauern fort. Auf Fäuste und Tritte folgen Knüppel und Messer, dann fallen Schüsse. Es gibt Tote auf allen Seiten. 1996 schlagen die Anführer von Galatasaray ein Friedensabkommen vor. »Wir waren älter geworden und begannen zu heiraten, es war an der Zeit, Frieden zu schließen«, erzählt Yakışkan. War es das wert? »Das musste ausgefochten werden«, antwortet er. »Unsere Tribünenkultur ist in diesen Kämpfen gewachsen.«

Nach 1996 beginnt Çarşı, sich zu gesellschaftlichen Themen zu äußern. Zugleich bilden sich Gruppen in weiteren Stadtteilen, in anderen Städten und im Ausland. Mitgliedsausweise gibt es nicht. Wer Çarşı sein will, ist Çarşı. Und innerhalb von Çarşı entstehen verschiedene Kreise und organisierte Gruppen, so etwa die explizit linke Gruppe »Halkın Takımı« (»Mannschaft des Volkes«) oder die Frauengruppe »Dişi Kartallar«.

2008 heißt es plötzlich: »Çarşı ist gegen alles, auch gegen sich selbst.« Man verkündet die Selbstauflösung. »Manche Leute hatten angefangen, mit Çarşı Geld zu verdienen. Und es ging nur noch um die Fans anstatt um den Verein«, sagt Yakıskan. »Doch wir hatten uns getäuscht, als wir dachten, wir könnten Çarşı auflösen. Das war über uns hinausgewachsen. Manche erklärten, sie würden Çarşı fortführen, andere wollten weitermachen, aber das Anarchie-A aus dem Logo streichen. Also haben wir die Selbstauflösung rückgängig gemacht, um als Beşiktaş-Çarşı unseren Einfluss geltend zu machen. Denn das Zentrum war immer im Viertel«. Was er damit meint? »Wir wohnen im selben Viertel, hier entstehen unsere Ideen. Und weil wir uns ständig sehen, können wir schnell reagieren.«

So auch in den letzten Tagen im Mai 2013: »Wir hatten im Fernsehen gesehen, wie brutal die Polizei vorgegangen war«, sagt Önder Abay. Er ist 28 Jahre alt, arbeitet als freier Autor und ist ein Sprecher der jüngeren Çarşı-Generation. »Einige von uns waren schon da. Wir übrigen haben uns getroffen und sind mit einigen hundert Leuten aus Beşiktaş losgezogen«. Als Çarşı am Taksim-Platz ankommt, ist der Zug auf einige Tausend angewachsen. Im Laufe der Proteste beginnt den Ultras ihr Ruf vorauszueilen. So macht in jenen Tagen, als im Gezi-Park eine große Partystimmung herrscht, in Ankara aber heftige Straßenschlachten toben, das Gerücht die Runde, Çarşı-

Leute würden aus İstanbul zur Hilfe eilen. Und unter den Menschen, die bei der Räumung des Parks im Divan-Hotel eingeschlossen sind, bricht Jubel aus, als sich die Nachricht verbreitet, Çarşı sei auf dem Weg, um sie rauszuprügeln. Die heroischste Geschichte aber ist die von »Vedat dem Trommler«, einem Beşiktaş-Fan, der einen Wasserwerfer in seine Gewalt gebracht und damit Polizisten vertrieben haben soll. Im Internet kursieren angebliche Mitschnitte des Polizeifunks, in denen sich »Vedat der Trommler« aus einem Wasserwerfer meldet und die Polizei bloßstellt. Doch anders als die Bagger-Geschichte ist das reine Fiktion.

»Vedat haben wir zum Spaß erfunden«, erzählt Abay. Viele hätten diese Geschichte aus einer kindlichen Sehnsucht nach einem Superman, der es den Prügelpolizisten heimzahle, für wahr gehalten. Dass Çarşı zu einer solchen Projektionsfläche wurde, zeige aber noch etwas: das Bedürfnis nach einer anderen Opposition nämlich.

Das hat auch die Regierung erkannt. Als Erdoğan am Tag nach der Räumung des Gezi-Parks eine Kundgebung vor hunderttausenden Anhängern hält, wehen vor dem Rednerpult Fahnen mit der Aufschrift Çarşı – gedruckt in Times New Roman, ohne Anarchie-A. Doch die Staatsmacht hat noch mehr zu bieten. Als auf der AKP-Kundgebung die schlecht gefälschten Banner flattern, sitzen Yakışkan und 21 weitere Çarşı in Polizeigewahrsam. Die Verfahren dauern an, Bildung einer kriminellen Vereinigung lautet der Vorwurf. »Çarşı ist eine Idee, die sie nicht verbieten können«, sagt Yakışkan. »Jetzt gibt es sogar Fans von Fenerbahçe oder Galatasaray, die von sich sagen: Ich bin Çarşı.«

6. Nişantaşı: Die Çapulcu-Bürger

Nicht mehr Chefin, bloß Ceren

In den polizeifreien Tagen am Taksim-Platz gehören die umliegenden Luxushotels zu den erstaunlichsten Orten. Hatten sie zuvor flüchtenden Demonstranten ihre Türen geöffnet, zeigen sie sich nun von ihrer besten Seite: Die Leute dürfen sich in der Lobby ausruhen, die Toiletten benutzen und ihre Mobiltelefone aufladen. Mancherorts kredenzt man dazu Kaffee, Tee und Kekse aufs Haus.

Ein bisschen mehr als die übrigen tut sich das Divan hervor – jenes am unteren Ende an den Gezi-Park angrenzende, auf dem Gelände des armenischen Friedhofs errichtete Hotel. Es gehört der Koç-Gruppe, eine der ältesten türkischen Holdings und mit 36 Milliarden Euro Jahresumsatz die größte. Ein Familienbetrieb, der als einziges türkisches Unternehmen in der Liste der 500 umsatzstärksten Konzerne der Welt aufgeführt ist (2013: Platz 222) und zuletzt zehn Prozent aller türkischen Exporte besorgte. Das Divan gestattet den Demonstranten, in den Tagungsräumen im Keller ein Notlazarett einzurichten, wo Ärzte, Krankenpfleger und Medizinstudenten Erste Hilfe leisten. Als die Polizei den Taksim-Platz stürmt, bilden hunderte Leute ein Spalier vom Hotel bis an die Frontlinie, damit Verletzte schnell ins Lazarett getragen werden können. In die andere Richtung, runter nach Şişli, bilden andere eine Menschenkette und reichen Medikamente weiter, die Apotheker bis an die Barrikaden bringen.

Bei der Räumung des Parks kommt die Rache. Wieder flüchten Menschen in die Hotels. Doch diesmal setzt die Polizei nach, umzingelt die Gebäude und schießt Tränengas in die Foyers. Es geht um Bestrafung – der Demonstranten wie der Hotels. Besonders brutal wird das Divan attackiert, in das etwa 200 Menschen geflüchtet waren. Einige Kinder sind dabei, aber auch der CHP-Abgeordnete Sezgin Tanrıkulu und Claudia Roth, die sich an diesem Tag in İstanbul aufhält. »Die Polizei feuert mehrere Gaspatronen ab«, schildert die Journalistin Yasemin Ergin später in der *tageszeitung.* »Menschen stürmen in Richtung der verschlossenen Notausgänge, fangen an zu schreien, zu drängeln, es wird enger und die Luft immer giftiger. Zum ersten Mal ist so etwas wie Massenpanik spürbar. ›Nicht drücken! Entspannt nach oben laufen, da ist die Luft rein‹, brüllt einer der Aktivisten und verteilt die Menschen auf die verschiedenen Etagen.« Viele, die diese Nacht im Divan verbringen, sagen, es hätte dort Tote geben können. »Es ist wie Krieg«, sagt Claudia Roth.

Bald folgt der zweite Racheakt: Ermittlungen gegen die Koç-Gruppe. Die größte Firmentochter, das Energieunternehmen Tüpraş, muss wegen angeblicher Bilanzvergehen 175 Millionen Euro Strafe zahlen. Darum ruft ein Teil der Gezi-Bewegung dazu auf, Waren von Koç zu kaufen.

Die Unterstützung der Hotels für die Gezi-Leute brachte Anhänger wie Kritiker der AKP in Verbindung mit dem Konflikt zwischen dem im Verband Tüsiad organisierten İstanbuler Kapital einerseits und dem anatolischen Kapital andererseits, das eher in den Verbänden Müsiad (AKP-nah) oder Tuskon (Gülen-Gemeinde) organisiert ist. In der älteren Literatur ist von einem Konflikt zwischen dem exportorientierten und dem für den Binnenmarkt produzierenden Kapital die Rede. Doch neuere Exportzahlen bestätigen diesen Befund nicht. Zumindest heute ist der wesentliche Gegensatz zwischen diesen Kapitalfraktionen wohl ein politisch-kultureller.

»Das war eine rein humanitäre Hilfe«, sagte später Mustafa Koç, der personifizierte Inbegriff des İstanbuler Kapitals, der rechtsliberalen, regierungskritischen Zeitung *Hürriyet.* Man solle da nichts reininterpretieren. »Stellen Sie sich vor, Sie betreiben am kritischsten Schauplatz der Auseinandersetzungen ein Hotel«, schrieb an gleicher Stelle der Kolumnist Ahmet Hakan. »Ein großer Teil der Menschen, die die Polizei mit Tränengas zu vertreiben versucht, steht in Todesangst vor Ihrer

Tür und will rein. Und diese Situation wiederholt sich Tag für Tag. Was würden Sie machen? Egal, ob Sie die Demonstranten unterstützen oder wütend auf sie sind, Sie könnten nur eines machen: die Tür öffnen.«

Wohl wahr. Und so artig, wie sich die Demonstranten in den Hotels benahmen, so kratzbürstig wurden sie, wenn man ihnen die Hilfe verweigerte. So verschlossen anfangs am Taksim-Platz Filialen von Starbucks und der türkischen Café-Kette Mado ihre Türen – vermutlich Entscheidungen überforderter Filialleiter. Danach gaben sich beide Ketten umso größere Mühe, den Imageschaden wettzumachen. So befestigte Mado im südtürkischen Mersin, wo Demonstranten die Scheiben einer Filiale eingeschmissen hatten, ein Transparent: »Ihr habt unsere Scheiben zerbrochen, aber nicht unsere Herzen. Damit unsere Kinder in einem besseren Land leben – unsere Türen sind und bleiben offen. Taksim ist überall, Widerstand ist überall.«

Dass die Gezi-Leute, abgesehen von den aus linksradikaler Folklore zerstörten Bankautomaten, fast nur zur Selbstverteidigung Gewalt einsetzen, zeigt sich in den polizeifreien Tagen am Taksim-Platz. Es gibt viele Graffiti, aber keine Übergriffe auf Geschäfte. Verwüstet werden zwei ausgesuchte Läden, darunter die Filiale der Bistro-Kette Saray, die ebenfalls keine Flüchtenden aufgenommen hatte und der Familie des AKP-Oberbürgermeisters Kadir Topbaş gehört.

Doch die Unterstützung durch Unternehmer beschränkte sich nicht auf das Hotelasyl. Bei einer Umfrage des *Economist* gab etwas mehr als die Hälfte von 137 befragten Vorstandsvorsitzenden an, die Demonstranten im Gezi-Park selber besucht zu haben. Dazu aufgefordert, das Verhalten der Regierung auf einer Skala von eins bis zehn zu bewerten, vergaben 51,5 Prozent die schlechteste Note eins, 88,1 Prozent Noten zwischen eins und drei, keiner mehr als sieben. Firmenchefs wie Ayşen Zamanpur, die Gründerin der Modefirma Silk & Cashmere, oder Selami Sarı, Chef der Modefirma Herry, erklärten, dass sie in dem geplanten Einkaufszentrum keine Filialen eröffnen würden. Ähnlich äußerte sich Ümit Boyner, damals Präsidentin des Unternehmerverbands Tüsiad. Ihr Ehemann Cem Boyner, Chef der Boyner-Holding, reihte sich im Viertel Nişantaşı bei den Demonstranten ein, in der Hand ein Schild: »Ich bin auch ein Çapulcu.«

Boyner hatte Mitte der neunziger Jahre eine Partei gegründet, die den Liberalismus nicht nur im wirtschaftsliberalen Sinne interpretieren und eine Lücke im politischen Gefüge der Türkei schließen sollte. Seine Neue Demokratische Bewegung (YDH) war kurzlebig, die heutige Liberal-Demokratische Partei (LDP) landete bei der letzten Parlamentswahl noch hinter allen linken und rechten Kleinparteien mit 15.000 Stimmen auf dem letzten Platz.

»Ich wünschte, es gäbe eine solche Partei, die ich wählen könnte, ohne meine Stimme zu verschenken«, sagt die Unternehmerin Ceren Kumbasar. »Ich bin eine Liberale, ich bin für Bürgerrechte, aber auch für Marktwirtschaft.« Dennoch wählt sie, so wie viele Angehörige der İstanbuler Oberschicht, infolge der Erosion der klassischen Mitte-Rechts-Parteien die CHP. »So wie ich denken viele. Wir passen nicht in das Schema 50:50«, sagt sie. Früher war Kumbasar im Management eines AKP-nahen Konzerns tätig. »Die haben mich entlassen, weil ich Miniröcke trage. Ich stand auf der Liste der ungläubigen Mitarbeiter.« Dabei ist sie durchaus gläubig. »Ich bete und faste. Aber wenn ich will, trinke ich zum Fastenbrechen Rotwein.«

Ceren Kumbasar ist 36 Jahre alt. Eine Selfmade-Frau aus der Mittelschicht. Ihr früh verstorbener Vater wie ihre Mutter waren Steuerberater, sie hat Betriebswirtschaft studiert, mit ihrem damaligen Mann eine Weile in New York gelebt und danach ihre Firma gegründet. Das war 2005, 28 Jahre alt war sie damals. Heute beschäftigt sie rund 50 Mitarbeiter in drei Niederlassungen im Inland und drei weiteren in der arabischen Welt. Zudem ist sie im Vorstand des Vereins Junger Unternehmer und schreibt Kolumnen für die liberale Tageszeitung *Vatan*. Meist über Wirtschaftsthemen, oft über ihre Branche: Immobilien. Ihre Firma Cube plant und verkauft Bauprojekte, das bislang größte hatte ein Volumen von 500 Millionen Euro.

Ceren Kumbasars Branche ist besonders eng mit der Regierung verflochten – und sehr männlich. »Als ich Cube gegründet habe, war das die einzige Firma ihrer Art. Wenn ich nicht jung und weiblich gewesen wäre, hätte Cube heute nicht sechs, sondern 60 Filialen.« Als Folge dessen, dass sie sich in einer männlichen Umgebung behauptet hat, sind fast alle ihrer engsten Freunde Männer. Sie spielt liebend gern Backgammon, betreibt Drachenfliegen und ist ein großer Galatasaray-Fan – recht männliche Vergnügen, wie sie findet. Dabei wirkt Kumbasar – zierliche Figur und Sopranstimme, uniformartige schwarze Bluse mit messingfarbenen Knöpfen, adrett zurückgekämmte lange Haare – betont feminin. »Das ist mein Business-Style«, sagt sie. »Eigentlich ist es mir lieber, wie ich im Gezi-Park war, ohne Make-up und in Turnschuhen.«

An Gezi beteiligt hat sie sich, weil sie nicht Teil einer Gesellschaft sein will, die widerspruchslos alles mit sich machen lässt – und aus Respekt für ihre Branche. »Es gibt viele Bauprojekte, die mich ärgern, weil sie keine Rücksicht auf die Natur oder das kulturelle Erbe nehmen oder die Ärmsten einfach übergehen.« Allerdings glaubt sie nicht, dass sich eine Immobilienblase bildet. Der Bedarf sei groß. »Und wir müssen die Stadt wirklich erdbebensicher machen, weil wir sonst auf eine unvorstellbare Katastrophe zusteuern.«

Anders als eine ihrer beiden Schwestern ist Kumbasar keine Linke. Aber Gezi waren nicht ihre ersten Proteste. Vor zwei Jahren lief sie bei einer Demonstration gegen Internetzensur mit, seit Jahren beteiligt sie sich an den Gedenkmärschen für Hrant Dink. »Gezi war etwas völlig anderes«, sagt sie. »Ich hatte nie zuvor Tränengas abbekommen. Und in Gezi war ich plötzlich mit Linksradikalen zusammen, um die ich früher einen großen Bogen gemacht habe.« Noch etwas war für sie neu: »Ich bin oft mit meinen Kollegen nach der Arbeit in den Park gefahren. Und weil ich ganz in der Nähe gewohnt habe, haben meine Mitarbeiter oft bei mir übernachtet, manchmal zwanzig Leute. Das ist für eine Chefin ein großer Schritt. Denn egal, wie gut Sie sich mit Ihren Mitarbeitern verstehen, es bleibt auf beiden Seiten eine gewisse Distanz.

Aber im Gezi-Park war ich nicht mehr Chefin, sondern bloß Ceren.«

Besonders in Erinnerung geblieben ist ihr, wie sie mit ihrem schneeweißen Mercedes-Jeep Kekse, Wasser und Gasmasken vorbeibrachte. Über die einzige freie Zufahrt konnte sie bis an den Park heranfahren und die Sachen abladen. »Kurz danach habe ich gehört, wie sich zwei junge Männer – ich glaube, linke Aktivisten aus einem ärmeren Viertel – unterhalten haben. ›Vorhin kam eine reiche Frau, die Sachen abgeladen hat und sofort abgehauen ist‹, sagte einer. Der andere antwortete: ›Die sind feige, die Reichen.‹« Zu erkennen gab sich Kumbasar nicht. »Weil ich die jungen Leute nicht beeinflussen wollte. Und sie hatten ja leider recht.«

Anders als viele Linke denkt sie nicht, dass die Unterstützung von Großindustriellen wie Koç und Boyner allein Profitinteressen folgte. Sie glaubt, dass viel mehr Unternehmer Sympathie für die Gezi-Bewegung hatten als jene, die dies öffentlich kundtaten. »Die meisten sind ängstlich. Das ist ein Problem. Aber ich verstehe sie auch. Ich habe durch Gezi vielleicht ein paar Kunden verloren, schlimmstenfalls müsste ich meine Firma schließen. Aber ich trage nur für fünfzig Mitarbeiter Verantwortung. Andere Leute haben 10.000 Mitarbeiter. Sich da politisch aus dem Fenster zu lehnen, könnte zum Suizid werden. Aber vielleicht müssen manche Suizid begehen, damit sich etwas ändert«, sagt sie. Pathetisch klingt sie nicht. Nur traurig.

Und plötzlich politisch

Ende des 19. Jahrhunderts als Viertel eines neuen türkisch-muslimischen Bürgertums entstanden, ist Nişantaşı heute noch eines der nobelsten Viertel der Stadt. Orhan Pamuk ist hier aufgewachsen. In seinem autobiografischen Essay *İstanbul – Erinnerungen an eine Stadt* beschreibt er das Lebensgefühl, das in den fünfziger Jahren in diesem Milieu herrschte; die Wohnzimmer mit den Vitrinen voller Kristallgläser und Porzellantassen, den Paravents, hinter denen sich nichts verbarg, und den Klavieren, auf denen nie jemand spielte, so wie diese Zimmer nicht zum Wohnen benutzt wurden, sondern als Ausstellungsräume dienten, mit denen man potenziellen Besuchern seinen europäischen Lebensstil vorführte. Manchmal ist Nişantaşı noch heute für Absurditäten gut. Etwa, wenn die Bezirksverwaltung zu Silvester eine Hauptstraße mit einem roten Teppich dekoriert und um Mitternacht Kunstschnee fallen lässt, der auf die Büste von Emiliano Zapata fällt, die der Bezirksbürgermeister dort aufstellen ließ.

Wenn man durch Nişantaşı läuft, erkennt man sofort, dass man sich in einer reichen Gegend befindet: die gepflegten Jugendstilhäuser, die Boutiquen und Designerläden, die überteuerten Cafés und die Bars, deren Besucher eher Wein statt Bier trinken. Was sich dem Besucher hingegen nicht erschließt, ist, warum dieses Viertel mit seinen schmalen Bordsteinen und den im Berufsverkehr chronisch verstopften Straßen derart gefragt ist.

»Es gibt nicht viele Gegenden, wo ich mich als allein lebende Frau so wohlfühle«, sagt Semra. »Nişantaşı liegt zentral und trotz der vielen Besucher, die hier in den Cafés sitzen, kennen sich die Bewohner des Viertels und grüßen sich auf der Straße. Die Leute sind nicht so snobistisch wie am Bosporus, hier wohnt eine gebildete, aufgeklärte Schicht. Und ein paar Straßen weiter ist man in einer anderen Wirklichkeit. Auch das gefällt mir.« Semra ist 34 Jahre alt, hat lange, dunkelbraune Locken und trägt eine Brille. Sie wirkt aufgeschlossen, aber etwas streng. Aufgewachsen in einer Kleinhändlerfamilie am Schwarzen Meer, hat sie in İstanbul Betriebswirtschaft studiert und Karriere gemacht. Erst bei einer ausländischen Firma, dann bei einer türkischen Großbank. Investmentbanking, Fachgebiet Devisenhandel. Auch außerhalb der Arbeit trägt sie *business casual*. Außerdem könne man in Nişantaşı prima Schuhe shoppen. Sie sagt *shoppen*, wie sie oft englische Begriffe benutzt, was sie aber für »eine blöde Angewohnheit« hält.

Wie viele İstanbuler überlegt Semra, eine Eigentumswohnung zu kaufen. »Ich würde gern in Nişantaşı bleiben, aber hier sind die Wohnungen extrem teuer«, sagt sie. »Die Gated Communitys finde ich schlimm. Meine Neffen wachsen in so einer Siedlung auf, die in einer heruntergekommenen Gegend liegt. Deshalb schicken ihre Eltern sie auf eine Privatschule. Ich verstehe das zwar, aber so wachsen die Kinder total abgeschottet auf. Bei uns war das anders. Deshalb konnten wir Empathie entwickeln.«

Politisch engagiert hat sich Semra nie. »Ich glaube nicht an Politik, und ich war nie Fan von etwas, ich hatte nicht mal irgendwelche Poster an der Wand«, sagt sie. Seit dem Gezi-Park kann sie verschiedene Sorten von Reizgas unterscheiden und weiß, was dagegen hilft. Während der Besetzung des Parks hat sie viel Zeit dort verbracht. »Tagsüber mit Devisen handeln, abends im Gezi-Park, das war schon schräg.«

Gezi habe ihr die Augen geöffnet, sagt Semra. »Seit ich gesehen habe, wie verzerrt die Massenmedien über die Proteste berichtet haben, frage ich mich: Wie müssen die uns jahrelang belogen haben, über die Ereignisse in den kurdischen Gebieten zum Beispiel?« Doch inzwischen überwiegt bei ihr die Kritik an Gezi: »Das war anfangs ein legitimes Anliegen, es ging um den Park, um die Umwelt und natürlich um eine Regierung, die immer autoritärer wird. Aber man kann doch nicht für die Umwelt sein und zugleich der Umwelt Schaden zufügen.« Sie habe es ja verstanden, dass die Leute mit Mülltonnen Barrikaden gebaut hätten. Aber Bankautomaten zu zerstören und Schaufensterscheiben einzuschmeißen, sei sinnlos und kontraproduktiv. »Da waren Kinder, für die alles ein Real-Life-Computerspiel war. Sogar bei meinen Kollegen und Freunden, also den Männern, hatte ich manchmal das Gefühl, als wäre das für sie nur ein Abenteuer. Geschadet haben auch die Leute, die Gezi instrumentalisiert haben: Linksextremisten, Nationalisten, PKK-Anhänger.«

Aber hatte sie zuvor nicht geschwärmt, dass in Gezi so verschiedene Leute zusammenstanden? »Ja, stimmt«, antwortet Semra. »Eigentlich hat mich vor allem die Gewalt gestört. Und mir gehen diese Linken auf die Nerven, die immer noch von Sozialismus und Revolution träumen.« Das sage sie nicht als Bankerin. »Ich bin ja dafür, wenn man versucht, dem Kapitalismus Grenzen zu setzen. Ich glaube aber nicht, dass Staatswirtschaft für die Menschen besser ist und ein sozialistisches System ihnen größere Freiheiten lässt.« Gleichwohl sei sie gegen Meinungsverbote – egal ob hier oder in Europa. »Auch dort wird die Meinungsfreiheit manchmal eingeschränkt. Zum Beispiel, wenn man es verbietet, den sogenannten Völkermord an den Armeniern zu bestreiten.« Hat sie etwas gegen die Beschränkung der Meinungsfreiheit, oder geht es ihr auch um den Völkermord? »Es gab keinen Völkermord«, sagt Semra. Mit dieser Ansicht steht sie gewiss nicht allein – in Nişantaşı nicht, unter den Demonstranten vom Gezi-Park nicht und in der übrigen Türkei erst recht nicht.

Auf dem Absprung

Bei allem, was die politischen Kräfte in der Türkei unterscheidet, haben sie einen Reflex gemeinsam: den politischen Gegner zu verdächtigen, er stehe im Sold »ausländischer Kräfte«. Und diese sind im Zweifel die Israelis. Bei Gezi war das genauso, findet Eytan Kohen. »Die Regierung hat die Gezi-Leute beschuldigt, Marionetten der Juden zu sein. Und viele Gezi-Leute halten die AKP für eine Marionette Israels.« Dennoch hat er sich an den Protesten beteiligt. Warum eigentlich? Müsste er nicht zur Regierung und zur Opposition gleichermaßen auf Distanz stehen? »Die Säkularen überschreiten bei aller berechtigten Kritik an Israel manchmal die Grenze zum Antisemitismus«, antwortet Eytan. »Und sie verstehen nicht, dass Israel für die Juden in der Diaspora das Land ist, wohin sie im Notfall fliehen können. Aber ich habe bei ihnen nicht das Gefühl, dass sie mich individuell anfeinden, weil ich Jude bin. Das ist bei den Islamisten anders.«

Eytan ist 20 Jahre alt, studiert Betriebswirtschaft und stammt aus einer Unternehmerfamilie. Ein selbst aufgebauter Betrieb in der Dienstleistungsbranche mit einem Dutzend Angestellten. »Es ist nicht so, dass uns die Welt zu Füßen liegen würde«, erläutert Eytan. »Aber uns geht es gut, Gott sei Dank.« Er ist ein adretter, junger Mann in Jeans und Sweatshirt, der Reggae, Queen und Pink Floyd mag, sehr selbstsicher redet und es bedauert, dass die grüne Partei in der Türkei so bedeutungslos ist. Seinen wirklichen Namen will Eytan nicht gedruckt sehen, das Pseudonym hat er selber ausgewählt.

An der Eingangstür der Wohnung seiner Familie in Nişantaşı ist eine Mesusa angebracht, im Wohnzimmer steht eine Menora. »Aber ich habe die noch nie angezündet gesehen«, erzählt Eytan. »Meine Eltern sind keine Atheisten, aber auch nicht besonders religiös. Wir essen nicht koscher, aber wir treffen uns am Sabbat immer mit meinen Tanten und Onkeln. Einige von ihnen sind mit Muslimen verheiratet – also, mit Leuten, die so muslimisch sind wie ich jüdisch.« Und das ist Eytan im religiösen Sinne nicht. »Religion ist für mich so wie die griechische Fußballliga: Es gibt sie, aber ich interessiere mich nicht dafür.«

Nicht in dieser, aber in einer anderen Hinsicht unterscheide er sich von vielen türkischen Juden: »Die meisten sind sehr ängstlich«, sagt Eytan. Wer je mit Repräsentanten der Gemeinde oder Autoren ihrer Zeitschrift *Şalom* gesprochen hat, dürfte dieses Urteil bestätigen. *Off the record* hört man vielleicht Kritik, aber jedes Wort, das zur Veröffentlichung bestimmt ist, wird sorgsam abgewägt. Diese Zurückhaltung zeigte sich auch nach den Äußerungen des stellvertretenden Ministerpräsidenten Beşir Atalay. Hatte Erdoğan noch die »internationale Finanzlobby« bezichtigt, für die Gezi-Proteste verantwortlich zu sein, ging Atalay einen Schritt weiter und beschuldigte die »jüdische Diaspora«. In einer ihrer seltenen Presseerklärungen bekundete daraufhin die Jüdische Gemeinde ihre Sorge, solche Pauschalisierungen könnten zu Anfeindungen gegen jüdische Bürger führen. »Das war völlig nichtssagend«, kritisiert Eytan. Er hätte sich eine deutlichere Reaktion gewünscht. Aber er versteht diese Vorsicht: »Wenn die Gemeinde auf so etwas härter reagieren würde, würde das wieder Reaktionen nach sich ziehen. Und wir sind nur noch ein paar tausend Leute.«

Die Zahl der Juden in der Türkei geht kontinuierlich zurück. Lebten bei der Gründung der Republik knapp 100.000 Juden im Land, waren es zu Beginn dieses Jahrtausends noch 25.000.

Heute leben der Jüdischen Gemeinde zufolge noch 18.000 Juden in İstanbul, 1.500 in İzmir und 500 in einer Handvoll weiterer Städte. »Vor allem die jungen Leute sehen hier für sich keine Zukunft«, erzählt Eytan. »Sie gehen zum Studieren in die USA, nach Europa, Australien oder Israel; spätestens, um dort den Master zu machen. Und viele kehren nicht zurück.« Auch Eytan weiß nicht, wo er künftig leben will. Aber er ist sich sicher, dass in absehbarer Zeit keine Juden mehr in der Türkei leben werden. Bereits heute ist die einstige Muttersprache der meisten türkischen Juden so gut wie ausgestorben, auch in Eytans Familie. Nur noch seine Großeltern sprechen Ladino, das Spanisch der sephardischen Juden. Seine Eltern können es nur sehr schlecht, er selbst gar nicht.

Dabei sei es nicht so, dass man als Jude in der Türkei stets benachteiligt werde. »Wenn ich mich bei einem Großunternehmen bewerben würde, hätte ich bessere Chancen als ein gleich qualifizierter muslimischer Bewerber, weil die Juden als zuverlässig gelten. Aber wenn ich irgendwo meinen Ausweis vorzeigen muss, werde ich gefragt, wie ich zu dem türkischen Pass komme. Oder ich sitze im Taxi, und plötzlich beginnt der Fahrer, über die Juden herzuziehen. Und dann gibt es Geschichten wie die von Yasef Yahya, dem Zahnarzt, der hier ganz in der Nähe erschossen wurde, nur weil er Jude war. Wegen solcher Sachen sagen sich die Leute: ›Ich habe nur ein Leben, warum sollte ich das riskieren?‹«

Grund zur Beunruhigung hatten die türkischen Juden in den vergangenen zehn Jahren immer wieder: die Bombenanschläge auf die Synagogen Neve Şalom in Karaköy und Beth Israel in Şişli vom November 2003, bei denen 27 Menschen ums Leben kamen; der wutentbrannte Auftritt von Erdoğan beim Weltwirtschaftsforum 2009 in Davos; die Erstürmung des »Ship-to-Gaza-Konvois« im Jahr darauf, bei der israelische Soldaten neun türkische Staatsbürger erschossen; die unter anderem von linkskemalistischen Autoren verbreiteten Verschwörungstheorien über Kryptojuden, also nur zum Schein konvertierte Juden, die heimlich das Land beherrschen würden.

»Selbst wenn es um Außenpolitik geht, merken wir die Auswirkungen im Alltag«, erzählt Eytan. Dennoch ist er der AKP nicht feindlich gesinnt. »Meine jüdischen Freunde kritisieren meistens nur die AKP. Aber Demokratieprobleme hat die Türkei nicht erst seit Erdoğan. Und wäre Gezi nicht passiert, hätte ich die AKP allein wegen des Friedensprozesses mit der PKK oder wegen ihrer Gesundheitspolitik wählen können.«

Seine Eltern haben früher für die Mitte-Rechts-Parteien gestimmt und neigen inzwischen zur CHP. Eytan ist da distanzierter. »Es gibt in der Türkei viele, die kemalistischer sind als Mustafa Kemal selber, gerade auch viele Juden.« Darüber diskutiere er mit seinen jüdischen wie mit seinen nichtjüdischen Freunden. »Aber bei meinen jüdischen Freunden habe ich keine Probleme zu sagen, dass zum Beispiel die Kurden immer unterdrückt wurden und es selber entscheiden müssen, ob sie in der Türkei leben wollen oder in einem eigenen Staat. Wir streiten darüber, und irgendwann sagen wir: ›Ach, lassen wir das.‹ Wenn ich mit Nichtjuden über solche Themen rede, bin ich vorsichtiger. Denn dann könnte es schnell heißen: ›Du bist gegen Atatürk, weil du Jude bist.‹« Nur in Gezi sei es anders gewesen. »Auf den Parkforen hatte ich zum ersten Mal das Gefühl, über alles frei reden zu können.«

Aber warum gab es im Gezi-Park junge Leute wie Diren Şen und Norayr Olgar, die nicht nur, aber eben auch als Armenier an den Protesten teilgenommen haben, aber niemanden, der dort seine jüdische Identität betont hätte? »Dafür gab es keinen Grund«, sagt Eytan. »Und was wäre wohl los gewesen, wenn dort jemand mit einem jüdischen Namen festgenommen worden wäre?« Für die Armenier sei die Situation anders. »Für sie hatte der Gezi-Park eine besondere Bedeutung, sie haben mit der türkischen Gesellschaft eine Rechnung offen, und sie können zwar theoretisch nach Armenien, aber das ist für sie nicht so attraktiv. Wir Juden können jederzeit nach Israel. Obwohl ich kein Hebräisch spreche, hatte ich bei meinen Besuchen in Israel eher das Gefühl, anerkannt zu werden, als in dem Land, in dem meine Vorfahren seit Jahrhunderten leben.«

7. Kadıköy: Atatürks neue Enkel

Lice ist überall

Wie viele Menschen starben bei den Gezi-Protesten von Ende
Mai bis Mitte September 2013? Da wären die Demonstranten
Mehmet Ayvalıtaş (20), Abdullah Cömert (22), Ethem Sarısülük
(27), Ali İsmail Korkmaz (19), Ahmet Atakan (23) und Berkin
Elvan (14), um die es noch gehen wird. Außerdem Zeynep
Eryaşar (55), die in İstanbul-Avcılar auf einer Demonstration einen Herzinfarkt erlitt – womöglich infolge einer Panik-
attacke bei einem Polizeiangriff – sowie İrfan Tuna (47), Serdar Kadakal (35) und Selim Önder (88), die alle Herzleiden hatten und an ihren Arbeitsplätzen bzw. Wohnungen tagelang
derart viel Tränengas ausgesetzt waren, dass ihre Herzen ver-
sagten. Der eine arbeitete als Putzmann in Ankara-Kızılay, der
zweite als Tontechniker in Kadıköy, der dritte war ein Musiker,
der in der Nähe des Taksim-Platzes lebte.

Bei drei weiteren ist es eine politische Frage, ob man sie
berücksichtigt: Bei dem von Kriminellen getöteten Hasan Ferit
Gedik (21) etwa. Oder dem Polizisten Mustafa Sarı (27), der in
Adana von einer Brückenbaustelle stürzte, als er mit seiner Einheit Demonstranten verfolgte. Und bei Medeni Yıldırım (18),
der in einem Dorf nahe der südostanatolischen Kreisstadt Lice
Ende Juni bei einem Protest gegen den Bau einer Gendarme-
rie-Kaserne erschossen wurde. Für manche gehört er nicht
dazu, weil die Auseinandersetzungen im kurdischen Teil der
Türkei nichts mit Gezi zu tun hätten, manche Linksnationalis-
ten nennen ihn gar einen »PKK-Terroristen«. Andere hingegen
sehen mehr als nur einen zeitlichen Zusammenhang.

Nach dem Tod von Medeni Yıldırım demonstrieren mehrere tausend Menschen in Kadıköy. Es ist einer der großen
Momente des Bezirks in der Gezi-Zeit. Der erste erfolgt bereits

am 1. Juni, als Tausende von Kadıköy zum Gezi-Park wollen und, weil die Fähr- und Busverbindungen stillgelegt sind, die Bosporus-Brücke zu Fuß überqueren. Bei der Räumung des Parks versuchen sie dieses Husarenstück erneut, doch diesmal werden sie von der Polizei aufgehalten. Im September schließlich, als von Ankara ausgehend die Proteste nochmals aufflackern, wird Kadıköy für einige Tage Schauplatz heftiger Kämpfe.

Die Bosporus-Überquerung gehört zu den aufregendsten Bildern von Gezi. Politisch interessanter aber ist die Solidaritätsdemonstration für Lice. Wenn in einem so strikt kemalistischen Bezirk wie Kadıköy einige tausend Menschen für einen von der Armee getöteten kurdischen Jungen demonstrieren – die Gendarmerie gehört zu den Streitkräften, erfüllt aber auf dem Land Polizeiaufgaben und ist dem Innenministerium unterstellt –, sie dabei »Lice ist überall, Widerstand ist überall« rufen und türkische Fahnen geschwenkt und zugleich Parolen auf Kurdisch gerufen werden, dann hat Gezi, so ist auch ein halbes Jahr danach zu hören, bereits etwas verändert. Auch auf die skeptischen Kurden macht diese Demonstration Eindruck. »Das hat mir Hoffnung gemacht«, sagt Zana Galip, der kurdische Barkeeper aus Taksim.

Noch bemerkenswerter wird diese Demonstration, wenn man erfährt, dass sie unter anderem von jungen Mitgliedern der Republikanischen Volkspartei (CHP) wie Merve Özler organisiert wurde. »Wer weiß, wie viele Medenis ums Leben gekommen sind, und wir haben davon nichts mitbekommen«, sagt sie. »Ich habe zwar schon am 1. Mai Polizeigewalt erlebt, aber die Ausmaße bei Gezi waren etwas anderes. Ich glaube, dadurch konnten wir Empathie für die Leute in den kurdischen Gebieten aufbringen.« Merve ist 21 Jahre alt und studiert Philosophie. Sie hat hüftlange Haare, eine hohe Stirn und wirkt nachdenklich. »Ich sehe viele Dinge anders, als man das von jemandem von der CHP erwarten könnte«, sagt sie. »Ich bin zum Beispiel gegen die Wehrpflicht. Aber ich lehne auch den kurdischen Nationalismus ab.«

Ihr Freund Dorukhan Öktem ist 24, arbeitet bei einem Energieunternehmen, trägt Schnauzer und Dreitagebart und hat etwas Verwegenes. Auch er steht für eine Neuinterpretation des Kemalismus. Er sagt, die CHP müsse sich kritisch mit ihrer Geschichte auseinandersetzen, und trägt zugleich eine Atatürk-Tätowierung auf der Brust. Beide kommen aus linken Mittelschichtsfamilien – Merves Familie stammt aus Hopa im äußersten Nordosten, ihr Vater ist im Importgeschäft, Dorukhans Eltern sind Lehrer und kamen aus Gümüşhane am Schwarzen Meer. Beide sind in Kadıköy aufgewachsen, worauf sie, wie viele hier, stolz sind.

Kadıköy, das antike Chalcedon, ist älter als die Siedlung Byzantion, aus der İstanbul hervorging. Schauplatz des Konzils von 451, wurde Chalcedon hundert Jahre vor Konstantinopel von den Osmanen erobert und wuchs erst in der spätosmanischen Zeit mit İstanbul zusammen. Gewissermaßen ist der anatolische Teil heute noch eine eigene Stadt, mit Kadıköy als Zentrum. Der Bezirk besteht nicht nur aus reichen Vierteln wie Moda oder Göztepe, aber anders als in Beyoğlu gibt es keine wirklich armen Gegenden. Die Bahriye-Straße mit ihren Geschäften, Bars und Restaurants ist die Antwort auf die İstiklal; in Fußweite vom Stierplatz, dem kleinen Taksim, ist das Heimstadion von Fenerbahçe, wenngleich der Club für Kadıköy nicht die gleiche Rolle spielt wie BJK für Beşiktaş. So ist Dorukhan Fan von Galatasaray, Merve von Beşiktaş.

Die Tage von Gezi haben die beiden mit ihren Freunden von der CHP im Park verbracht und dort ihren Jahrestag als Paar gefeiert. Nur einmal mussten sie zurück nach Kadıköy, um am Morgen des 1. Juni den großen Platz an der Fähranlegestelle herzurichten. Parteichef Kemal Kılıçdaroğlu sollte da sprechen, eine lange zuvor geplante Kundgebung. »Das war so absurd«, erzählt Dorukhan. »Wir hatten die ganze Nacht am Taksim-Platz gekämpft. Und dann kommst du zurück, bist völlig fertig und musst eine Bühne aufbauen für eine Kundgebung, von der du weißt, dass sie eh nicht stattfindet. Aber da musst du als Parteijugend durch.«

Dorukhan und seine Freunde behalten Recht, im Laufe des Tages verlegt die CHP ihre Kundgebung zum Taksim-Platz –

praktisch ein Aufruf, sich der dortigen Menschenmenge anzu-schließen. »Gezi war auch ein Aufstand gegen die CHP, weil die Leute mit unserer Oppositionsarbeit unzufrieden waren«, sagt Dorukhan. »Aber wir haben Gezi verstanden. Wir waren von Anfang an dabei, ohne uns mit Parteifahnen aufzudrängen.« Tatsächlich wehten am Taksim-Platz – nicht am Gezi-Park, wo man früh beschloss, alle Organisationszeichen zu entfernen – Banner zahlreicher Klein- und Kleinstparteien, nicht jedoch der CHP. »Das war auch eine strategische Entscheidung: Wir wollten es der Regierung nicht so leicht machen, den Aufstand als Intrige der CHP darzustellen«, sagt Dorukhan. Merve verweist auf einen weiteren, praktischen Beitrag: den der CHP-geführten Kommunalverwaltungen.

So sammelten die Parkbesetzer mit rührender Hingabe ihren Müll bis zu den Zigarettenstummeln auf. Den Abtransport über-nahm die Müllabfuhr des Bezirks Şişli, dessen Bürgermeister Mustafa Sarıgül später als Herausforderer des AKP-Ober-bürgermeisters scheitern sollte. Sarıgül ließ zudem am Gezi-Park mobile Toiletten aufstellen. In Antalya, einer Tourismus-metropole von einer Million Einwohnern, weigerte sich die Stadtverwaltung zeitweilig, die Wasserwerfer mit Wasser zu versorgen, in İzmir blockierten Busfahrer die Zufahrt zum Gün-doğdu-Platz, um ein Vordringen der Polizei zu erschweren – im Vertrauen darauf, keine Sanktionen befürchten zu müssen. (Was zwei İstanbuler Busfahrer trotz der AKP-Verwaltung ebenfalls taten.) »Die CHP muss sich weiter erneuern«, sagt Dorukhan. »Aber ohne die Partei Atatürks wird sich in der Türkei nichts zum Besseren verändern.«

Tanten und Soldaten

Ältere Frauen als *teyze*, Tante, zu bezeichnen, ist im Türkischen nicht despektierlich, sondern eine liebe- und respektvolle An-rede, ebenso wie das männliche Gegenstück *amca*. Nur die »Tante von der CHP« hat einen schlechten Ruf. Dem Klischee zufolge ist sie jenseits der 60, trägt einen Tick zu viel Make-up und sieht sich dazu autorisiert, jeden zu ermahnen, dessen Kleidungsstil oder Umgangsformen sie für unzivilisiert oder unmodern hält. Die Tante von der CHP muss keine pensionierte Lehrerin oder Schulrektorin sein, aber sie verhält sich so, als sei sie die Erzieherin der ganzen Gesellschaft.

Für eine echte CHP-Tante ist Ülkü Koçar noch zu jung. Aber sie kann über dieses Wort lachen. »Diese Frauen sind vielleicht manchmal etwas streng, aber man muss sie nicht fürchten. Sie wissen, dass gerade wir Frauen Atatürk viel verdanken: das Wahlrecht, die Bildung, unsere Freiheit. Sie fürchten um diese Errungenschaften und denken: Im Iran fing auch alles mit dem Kopftuch an.« Koçar ist Vorsitzende des CHP-Frauenverbandes in Kadıköy. Die Frauenabteilungen spielen in allen großen Parteien für die Arbeit an der Basis eine wichtige Rolle; auch die AKP verdankt einen guten Teil ihres Aufstiegs ihren Frauen.

Koçar ist 53 Jahre alt. Rundes, freundliches Gesicht, dunkelblaues Kostüm und – ganz das CHP-Tantenklischee – roter Schal. Sie kam als Kind mit ihrer Familie aus der nordostanatolischen Provinz Kars nach Kadıköy, stieß mit 18 zur CHP, ist Architektin und arbeitet als Immobiliengutachterin. »In dieser Branche geht es um so hohe Summen, mich wundert es nicht, dass der Korruptionsskandal vor allem sie betrifft – und dass sich der Aufstand gegen die AKP an einem Immobiliengeschäft entzündet hat«, sagt sie.

Ülkü Koçar war dabei, als sich der erste stadtpolitische Widerstand regte – hier in Kadıköy, im Konflikt um den Bahnhof Haydarpaşa. Dieser von deutschen Architekten entworfene Bau aus dem Jahr 1908 war einst der Ausgangspunkt der Bagdad-Bahn; ein klassizistisches Gebäude, das majestätisch auf einer künstlichen Halbinsel ins Marmarameer hineinragt, ein Meilenstein der Modernisierung Anatoliens und für Neuankömmlinge lange Zeit das Eingangstor nach İstanbul. Etliche Filme der sechziger und siebziger Jahre variieren diese Szene: Der Mann vom Land, seltener die Frau, steigt in Haydarpaşa aus dem Zug, geht in Richtung Fähranlegestelle, tritt aus dem Gebäude – Kameraschwenk: Meer, Bosporus, İstanbul-Silhouette – und lässt sich – Zoom zurück – überwältigt von dem Ausblick auf die Bahnhofstreppen fallen. Über diese Stufen hat schon Nazım Hikmet, der Begründer der modernen türkischen Literatur, 1941 ein berühmtes Gedicht geschrieben.

Doch im Zuge der Neugestaltung des İstanbuler Schienennetzes, wozu der Ende 2013 fertiggestellte Bosporus-Tunnel sowie der unterirdische Bahnhof Yenikapı gehören, soll der Bahnhof Haydarpaşa geschlossen, verkauft und zu einem Hotel umgebaut werden. Zudem plant die Stadtverwaltung auf dem angrenzenden Hafengelände Bürogebäude, ein Terminal für Kreuzfahrtschiffe und die obligatorische Shopping Mall. Seit 2004 kämpft ein Bürgerbündnis dafür, Haydarpaşa als Bahnhof oder wenigstens als öffentlichen Raum zu erhalten, für ein Stadtmuseum etwa. Sein Name: Haydarpaşa-Solidarität, das Vorbild der Taksim-Solidarität.

Koçar hat sich von Anfang an an diesen Protesten beteiligt. Und natürlich ist sie im Gezi-Park, zum Beispiel als Gouverneur Mutlu die Mütter aufruft, ihre Kinder nach Hause zu holen. Einige hundert Mütter kommen tatsächlich, dem Aufruf #DirenAnne (»Kämpfe, Mutter«) folgend – aber nicht, um ihre Kinder abzuholen, sondern um eine Menschenkette vor der Polizei zu bilden. Koçar, die selber eine 22-jährige Tochter hat, sagt: »Das hat es nie zuvor gegeben. Unsere Eltern wollten, dass wir uns von der Gefahr fernhalten.« Es ist einer dieser Momente, die alle beeindrucken und zugleich mit Humor aufnehmen. »Mich hat eine *teyze* ermahnt, mich nicht auf den Boden zu setzen, damit ich mich nicht erkälte«, erzählt Volkan Hiçyılmaz über den Mütterabend. Er ist 32, Werbefotograf und ein Berg von Mann. »Ich bin dann nach Hause gegangen. Die waren härter als die Polizei.« Ülkü Koçar lacht auch darüber. »Ich habe meine Vorurteile gegen die junge Generation abgelegt, die ich immer für unpolitisch gehalten habe.«

Sie zählt sich nicht zum nationalistischen, sondern zum sozialdemokratischen Parteiflügel. Dennoch gehört sie zu jenem Teil der Gezi-Bewegung, der bei den einzigen Massenprotesten mitwirkte, mit denen die AKP vor Gezi konfrontiert war: den »Republik-Kundgebungen« im Frühjahr 2007, die sich daran entzündeten, dass Erdoğan Staatspräsident werden wollte. Dem kemalistischen Milieu war er stets suspekt. Seinen Beteuerungen, aus der AKP, die sich 2001 von der islamistischen Milli-Görüş-Bewegung abgespalten hatte, eine muslimische Version der europäischen Christdemokratie zu machen, glaubte man nicht. Dafür erinnerte man sich sehr gut an seine früheren Aussagen: »Man kann nicht Muslim und Laizist sein.« Oder: »Die Demokratie ist ein Zug – wenn wir am Ziel sind, springen wir ab.«

Unter einem Meer von Nationalfahnen versammeln sich im April 2007 500.000 Menschen am Atatürk-Mausoleum in Ankara. »Die Türkei ist laizistisch, bleibt laizistisch«, rufen sie. Aber auch: »Weder EU noch Nato, unabhängige Türkei«. Zwei Wochen später sind auf dem Çağlayan-Platz in İstanbul eine Million Menschen, schließlich in İzmir 1,5 Millionen. Darunter sind viele Frauen jedes Alters, die um ihren säkularen Lebensstil fürchten. Maßgeblich organisiert werden diese Kundgebungen vom Verein zur Förderung des Atatürkischen Gedankenguts (ADD), in dem sich etliche pensionierte Offiziere tummeln. Auch die Armee äußert sich. Der Höhepunkt: eine Ende April auf der Webseite des Generalstabs veröffentlichte Erklärung, in der es heißt, die Streitkräfte seien Verteidiger des Laizismus und würden, »wenn notwendig, nicht zögern, eindeutig Position zu beziehen«. Doch es bleibt bei Drohungen. Erdoğan verzichtet zugunsten des als moderater geltenden Außenministers Abdullah Gül. Bei der vorzeitigen Neuwahl des Parlaments im Juli 2007 steigert sich die AKP um furiose 12,2 Prozentpunkte auf 46,6 Prozent. Ein halbes Jahr später beginnen die Verhaftungen gegen die mutmaßliche konspirative Organisation Ergenekon.

Bedauert sie es, dass die Armee damals nicht einschritt oder dass im Jahr darauf vor dem Verfassungsgericht – die letzte große Herausforderung, vor die die alten Eliten die AKP stellten – das Verbotsverfahren gegen die Partei knapp scheiterte? »Das hatten wir schon«, sagt Koçar. »Wenn sich jemand als Opfer präsentieren kann, wird er nur stärker. Und in der Türkei will niemand mehr, dass die Militärs herrschen; ich glaube, auch sie selber nicht. Die Regierung hat die Armee ohnehin unter ihre Kontrolle gebracht.« Aber soll das in einer Demokratie nicht so sein? »Ja, aber nicht, wenn stattdessen ein Polizeistaat geschaffen und das Land in die Scharia geführt wird.« Einen Staatsstreich will Koçar nicht. Aber man merkt ihr die Scheu an, das Militär zu kritisieren. »Den Putsch von 1980 hat die Nato befohlen, unsere Armee war nur ausführendes Organ«, sagt sie dann. Oder: »Wenn das Militär heute so stark wäre wie 2007, wäre die Regierung in Gezi nicht so hart gegen uns vorgegangen.«

Das dürfte ganz nüchtern betrachtet zutreffen. Gemessen an Gezi und eingedenk der damaligen Putschdrohungen fielen die öffentlichen Reaktionen des Ministerpräsidenten auf »Republik-Kundgebungen« geradezu sanft aus. Umso härter reagierte er auf Gezi. Eine seiner Anschuldigungen: Die Gezi-Leute wollten einen Putsch herbeiführen.

Dabei spielte die Hoffnung auf die Armee bei Gezi keine Rolle. Doch ganz verschwunden ist sie nicht. Als Einheiten der Gendarmerie vor dem Divan-Hotel aufziehen, jubeln einige der dort umzingelten Demonstranten, die gerade vor der Tür stehen. »Die größten Soldaten sind unsere Soldaten«, rufen sie. »Seid ihr bescheuert, die kommen doch nicht, um uns zu helfen«, entgegnen andere. Sie behalten Recht. Die Gendarmerie stellt sich nicht schützend vor die Leute, sondern treibt sie mit ihrem Wasserwerfer zurück ins Hotel.

Und wann hat sich Ülkü Koçar wohler gefühlt, 2007 oder 2013? »Gezi war freier, pluralistischer und menschlicher. Und ziviler. Für die Demokratie ist das der bessere Weg.«

Der Schwarm von Gezi

Şafak Pavey ist eine Politikerin, die den Satz »Ich weiß es nicht« sagen kann. Als sie im Herbst 2013 bei einer Talkshow zwei Stunden lang Fragen von Zuschauern und Studiogästen beantwortet, räumt sie einige Male ein, etwas nicht zu wissen. »Das sind wir in der Türkei weder von den Politikern noch den Leuten auf der Straße gewohnt«, wirft der Moderator ein. Er hätte auch ergänzen können: »Und niemand sagt so oft ›Wir wissen das‹ und ›Wir kennen das‹ wie der Ministerpräsident.« Die 37-Jährige lächelt, wie sie beim Reden stets lächelt und dabei ihr Gegenüber mit ihren hellblauen Augen anblickt. »Da, wo jeder alles weiß, ist die Wissenschaft wertlos«, lautet ihre Antwort. »Ich mag keine populistische Politik«, sagt sie auf diesen Auftritt angesprochen. »Vielleicht habe ich das aus Europa mitgebracht.«

Als sie im Jahr 2011 als Abgeordnete für den anatolischen Teil İstanbuls ins Parlament einzieht, ist es für die Tochter der bekannten Journalistin Ayşe Önal eine Rückkehr nach einem halben Leben im Ausland. Mit 18 Jahren ging sie mit ihrem damaligen Mann, einem britischen Musiker, nach Zürich, um Kunst- und Filmwissenschaften zu studieren. Zwei Jahre darauf hatte sie einen schweren Zugunfall, bei dem sie ihr linkes Bein und ihren linken Arm verlor. Danach studierte sie in London Internationale Beziehungen, schrieb als freie Journalistin unter anderem für die türkisch-armenische *Agos* und begann schließlich bei den Vereinten Nationen zu arbeiten, zuerst beim Flüchtlingskommissariat, zuletzt als Abteilungsleiterin beim Hochkommissar für Menschenrechte. Pavey ist eine Weltbürgerin, die neben ihrer Muttersprache sechs Sprachen fließend oder in Grundkenntnissen spricht, die Gebärdensprache beherrscht und zwei Bücher geschrieben hat – eines, in dem sie ihren Unfall verarbeitet hat, ein zweites, in dem sie von ihren Erfahrungen bei ihrer Arbeit für die UN im Iran berichtet.

Eine Frau, die so freundlich wie elegant ist, die sachliche Debatten schätzt, aber auch keck sein kann (»Mein größter Traum als Politikerin ist, einmal Tränengas auf den Innenminister zu sprühen«). Eine Politikerin, die stolz darauf ist, jede Mail von Bürgern zu beantworten und die eingesteht, wenn sie etwas nicht weiß. All das passt nicht in den türkischen Politikbetrieb, in dem der Umgangston ruppig ist, strenge Hierarchien herrschen und das Personal entweder hemdsärmlig oder steif wirkt. Genau darum ist sie in der Gezi-Generation so beliebt. Ähnlich wie beim prokurdischen Abgeordneten Sırrı Süreyya Önder schwärmen für sie auch Leute, die ihre Partei nicht mögen.

Ihre Partei, das ist die CHP von Kemal Kılıçdaroğlu, der seit Mai 2010 den Parteivorsitz innehat. Nach den 15 Jahren unter seinem Vorgänger Deniz Baykal, in denen die CHP immer nationalistischer und elitärer geworden war, versucht er, an die sozialdemokratische Traditionslinie der späten sechziger und siebziger Jahre anzuknüpfen, als sich die alte Staatspartei der städtischen Arbeiterschaft öffnete und zwei Wahlen gewann – mit Werten weit über den 21 bzw. 26 Prozent, bei denen sie 2007 bzw. 2011 landete.

Mit dem etwas onkelhaft wirkenden Kılıçdaroğlu kehrte Ülkü Koçar von der Demokratischen Linkspartei (DSP), wohin sie wegen Baykals autoritärem Führungsstil gewechselt war, zurück zur CHP. »Wir sind endlich wieder links«, sagen Dorukhan und Merve. Und Pavey betont, dass sie erst im Jahr 2011 beitrat. Inzwischen ist sie stellvertretende Parteivorsitzende und eines der prominenten Gesichter der »neuen CHP«. Was die ausmacht? »Wir wollen die Werte Atatürks weiterentwickeln und auf die Höhe der Zeit bringen. Während wir es in der Türkei mit einem Ministerpräsidenten zu tun haben, der glaubt, dass Demokratie nur durch Wahlen definiert wird, redet die Welt über die partizipatorische Demokratie.«

Hat die AKP nichts zur Demokratisierung beigetragen, etwa durch die Zurückdrängung der Armee? »Ja, aber die Putschverfassung von 1982 hat sie nicht geändert. Mit zehn Prozent haben wir immer noch die höchste Hürde der Welt. Und anstatt den verpflichtenden sunnitischen Religionsunterricht abzuschaffen, wird die Bildung weiter ruiniert.« Sie meint die Schulreform von 2012, die unter dem Stichwort »vier plus vier plus vier« bekannt geworden ist. Seither können Eltern ihre Kinder nach der vierten Klasse auf eine religiöse Schule schicken. »Allein in meinem Wahlbezirk wurden 96 Schulen über Nacht zu İmam-Hatip-Schulen erklärt, ohne die Eltern zu fragen«, erzählt sie. »Ich kenne einen Physiklehrer, der seit zwei Jahren im Lehrerzimmer Däumchen dreht. Sein Fach steht zwar auf dem Lehrplan, aber stattdessen wird Religion unterrichtet. Und davon gibt es tausende Beispiele. Ich frage mich:

Was wird das in zehn Jahren für eine Generation sein, die aus diesen Schulen kommt?«

Im Oktober 2013, als nach der weitgehenden Aufhebung des Kopftuchverbots im öffentlichen Dienst vier Abgeordnete der AKP Geschichte schreiben, indem sie mit Kopftuch im Plenarsaal erscheinen, spricht Pavey für die CHP. Sie hält ein Plädoyer für den Säkularismus, der auch der Garant der Glaubensfreiheit sei, sagt, dass das Kopftuch ein Symbol der Religionsfreiheit wie der religiösen Unterdrückung sei und ruft die vier AKP-Kolleginnen dazu auf, sich künftig auch für die Freiheiten anderer einzusetzen.

Das Groteske an der Situation: Pavey verteidigt das Recht dieser Frauen, ein Kopftuch zu tragen, und fühlt sich selber in diesem Moment nicht frei. Denn laut Satzung müssen weibliche Abgeordnete im Rock erscheinen. Pavey trägt im Plenum schon mal T-Shirts mit politischen Botschaften, hat aber das Angebot des Präsidiums abgelehnt, Hosen tragen zu dürfen. »Ich wollte keine Ausnahme für meine Behinderung, ich wollte eine Aufhebung der Rockpflicht«, erläutert sie. Inzwischen ist diese Regelung gestrichen. »Aber ich habe mich nie geschämt, dass meine Prothese zu sehen war«, sagt Pavey. »Die gehört zu meinem Leben.«

Schon oft wurde sie wegen ihrer Behinderung geschmäht, beispielsweise nach einer Aktion im Gezi-Park im Februar 2012, dem ersten öffentlichen Auftritt der Taksim-Solidarität. Ein paar Dutzend Leute – Künstler, Wissenschaftler, Architekten – übernahmen symbolische Patenschaften für die dortigen Bäume. Für größere Aufmerksamkeit als die Aktion selber aber sorgte eine Kolumne in der regierungsnahen Zeitung *Sabah*. Das seien abgehalfterte Künstler, die bloß mal wieder ihren Namen in der Zeitung sehen wollten, schrieb Engin Ardıç. In ihre Mitte hätten sie Pavey genommen, die in diesen Kreisen so beliebt sei, weil sie »sowohl behindert als auch von der CHP ist«. Viele empören sich über diese Schmähung. Pavey antwortet: »Ich bin stolz darauf, sowohl behindert als auch von der CHP zu sein.«

Als ein Jahr später das Grüppchen im Gezi-Park zu einer

Massenbewegung angewachsen ist, ist Pavey mit einer Abgeordnetengruppe bei einer internationalen Konferenz in Peking. Angesichts der Nachrichten beschließt man zurückzukehren. Pavey lässt sich auf Chinesisch »Tiananmen« auf einen Karton schreiben, ergänzt auf Türkisch einen Gruß an den Gezi-Park und bittet ihren Fahrer, auf dem Weg zum Flughafen am Tiananmen-Platz vorbeizufahren. Ein Handyfoto, ein Tweet. Was sie nicht bedenkt: Es ist der Jahrestag des Massakers am Tiananmen-Platz. »Kaum hatte ich mich auf den Platz gestellt, packten mich Polizisten an«, erzählt sie. »Die haben nur Tiananmen gelesen und den türkischen Text nicht verstanden. Das gab einen Riesenärger, am Ende musste sich der Botschafter einschalten.«

Kurz darauf sitzt sie in Jeans und T-Shirt im Gezi-Park. »Gezi war ein Aufstand der Beleidigten«, sagt sie. »Diese Regierung will die Gesellschaft nach ihrem Bild formen. Und alle, die diesem Bild nicht entsprechen, wurden schon von dieser Regierung und vom Ministerpräsidenten persönlich beleidigt: Nichtmuslimische, Aleviten, säkulare Frauen, Homo- und Transsexuelle … Und über die Hälfte der Demonstranten waren Frauen. Das zeigt, dass es in Gezi um gesellschaftliche Freiheiten ging, also um das, worum es in diesem Land seit hundert Jahren oder länger geht: den Konflikt zwischen Tradition und Moderne.«

8. Gazi: Die beinah befreite Zone

Die Barrikadenmädchen

Gazi ist berühmt, weit über die Grenzen der Stadt hinaus. Aber so geläufig der Name des Viertels auch ist, dürften nur die wenigsten İstanbuler genau wissen, wo Gazi liegt, geschweige denn, dass sie jemals dort gewesen wären.

Wenn die in Dutzende legale und illegale Fraktionen zerfallene radikale Linke in der Türkei noch eine Massenbasis hat, dann in solchen, mehrheitlich von Aleviten bewohnten Vierteln der Großstädte. In Küçükarmutlu etwa, einem Armenviertel mit Bosporus-Panorama. Oder im Viertel Mustafa Kemal, das im Sommer 1977 entstand, als maoistische Aktivisten mit Einwanderern aus Anatolien dieses Stück Land besetzten. »Bir Mayıs«, »Erster Mai«, tauften sie die Siedlung in Erinnerung an das Massaker am Taksim-Platz einige Monate zuvor, und noch heute ist das Viertel, das aus diesen Elendsbehausungen hervorging, unter diesem Namen bekannt. Am 2. Juni 2013 starb dort der 20-jährige Mehmet Ayvalıtaş, ein Aktivist der Sozialistischen Solidaritätsplattform (Sodap), der zuletzt als Kellner gearbeitet hatte. Als er mit einigen hundert Leuten die Stadtautobahn blockieren wollte, wurde er von einem Auto erfasst – der erste Tote der Gezi-Proteste.

Das mit über 200.000 Einwohnern größte und berühmteste aufrührerische Viertel ist jedoch Gazi am nordwestlichen Stadtrand. »Wenn du aus Gazi kommst, bist du gebrandmarkt«, erzählt Arzu. »Wenn sich Leute von hier woanders um einen Job bewerben, sagen sie nicht, dass sie aus Gazi kommen.« Aber, so fügt sie hinzu, wer in Gazi aufwachse, lerne, mit den Widrigkeiten des Lebens klarzukommen und sich zu wehren. Arzu ist Jahrgang 1987, wuchs in einer alevitischen Familie in Gazi auf und hat im zentralanatolischen Sivas Kommunalverwaltung studiert. Einer Erwerbsarbeit geht sie nicht nach. »Ich bin Berufsrevolutionärin«, sagt sie lächelnd. Mit ihren rotbraunen Locken und dem farbenfrohen Kostüm wirkt Arzu nicht wie eine dieser Aktivistinnen, die auf der İstiklal-Straße mit verkniffener Miene linke Zeitschriften verkaufen. Doch das mit der Berufsrevolutionärin meint sie ernst.

Als Mitglieder »marginaler Gruppen« hat Erdoğan die Leute vom Gezi-Park oft beschimpft. In Wirklichkeit haben diese Gruppen, die weit davon entfernt sind, solche Menschenmengen mobilisieren zu können, die Proteste weder initiiert noch dominiert. Aber dass es der Polizei nicht gelang, sie im Keim zu ersticken, lag auch an den jungen Militanten aus Vierteln wie Gazi. Leuten wie Arzu, die zur Unterstützung zum Taksim-Platz eilten. »Diren Gezi, Gazi geliyor!«, riefen sie. »Kämpfe, Gezi, Gazi kommt!«

»Das war eine merkwürdige Szenerie«, erzählt Arzu. »Leute mit professionellen Gasmasken, schick gekleidete Frauen, die mit ihren Smartphones Fotos machen. Dafür haben wir denen etwas anderes gezeigt. Ich glaube, alle Barrikaden am Tarlabaşı-Boulevard haben Leute aus Gazi gebaut.« Nachdem sich die Lage am Taksim-Platz beruhigt, demonstrieren die Bewohner von Gazi in ihrem Viertel weiter. In der Nacht, als der Gezi-Park geräumt wird, machen sich 10.000 bis 20.000 Menschen auf den Weg zum Taksim-Platz. Zwanzig Kilometer sind es von hier. Sie laufen über die Stadtautobahn und werden erst in Okmeydanı, fünf Kilometer von Taksim entfernt, von der Polizei gestoppt. Es wird einer der heftigsten Kämpfe der Nacht.

»Vor Gezi gab es eine gegenseitige Geringschätzung: Die jungen Leute aus den reichen Vierteln haben uns belächelt, weil sie uns für arme Träumer hielten. Und ich habe auf diese Leute herabgeschaut, weil ich dachte, sie könnten nicht kämpfen. Das denke ich nicht mehr. Und ich glaube, dass auch diese Leute ihre Meinung über uns geändert haben. Zumindest in meiner Generation sind wir einander nicht mehr so fremd.«

Oft ist Arzu nicht in Taksim. Wenn, dann meist nur zu Demonstrationen oder Veranstaltungen. Doch sie erinnert sich gut an ihren ersten Besuch: »Ich war 15 oder 16 und bin mit einer Freundin von Şişli nach Taksim gelaufen. Ich weiß noch, wie fremd mir das alles vorkam: die vielen Menschen, die Kirchen – ich hatte noch nie eine Kirche gesehen –, ein Brunnen, aus dem Wasser sprudelte … Und alle Leute schienen so glücklich zu sein. Ganz anders als bei uns.« Ähnlich erging es ihrer Freundin Alev. Sie ist Jahrgang 1991, studiert Volkswirtschaft, trägt Lederbändchen an Hals und Armen und ein Nasenpiercing. »Die Leute in Taksim sind anders«, findet sie. »Wie sie reden, sich bewegen, sogar die Art, wie sie ihre Zigaretten halten.« Aber, springt Arzu ein, »wenn du dich politisch organisierst, gibt dir das Selbstvertrauen. Ich fühle mich in Taksim nicht mehr unterlegen.« Dort auszugehen, können sie sich aber nur selten leisten, erzählt Alev. »Wir sind in Gazi, in Vereinen, Cafés oder im Sommer draußen am Alibeyköy-Stausee. Wer Gazi nicht kennt, wird sich vielleicht wundern, aber hier gibt es ein Leben.«

Tatsächlich ist Gazi kein Slum mehr wie noch vor zwanzig Jahren. Zwar gibt es an den Rändern neuere Gecekondus, also illegal errichtete Behausungen, die wie ein anatolisches Dorf anmuten. Das Zentrum von Gazi aber dominieren die typischen türkischen Wohngebäude. Viele alte Bewohner haben es zu einem bescheidenen Wohlstand gebracht, und sei es, indem sie ihr Grundstück einem Bauherrn überließen. So sind in den vergangenen dreißig Jahren viele Arbeiterviertel gewachsen: Der Eigentümer eines – oft genug zunächst illegal bebauten – Grundstücks überlässt das Areal einem Bauherrn, der schnell und billig ein mehrstöckiges Gebäude hochzieht. Der Investor trägt die Kosten; die neu geschaffenen Wohn- und Geschäftsräume – selbst in einfachen Wohngegenden sind oft Läden untergebracht – werden zwischen ihm und dem Grundstückseigentümer aufgeteilt.

Auf den ersten Blick unterscheidet sich das Zentrum von Gazi nicht von anderen Arbeitervierteln. Der einzige Unterschied, der sofort auffällt: Es gibt kaum eine Wand, die nicht mit politischen Plakaten beklebt oder nicht mit Parolen oder den Kürzeln linksradikaler Organisationen bemalt wäre. Hier gibt es keine Trupps, die die Wände übertünchen. Auch die Polizei rückt in Gazi nur selten aus, und dann nur schwer bewaffnet und in Kompaniestärke.

»Der Staat hat hier nichts zu sagen«, sagt Yeşim stolz. »Hier kann man auch nach 22 Uhr an jedem Kiosk Alkohol kaufen und in Cafés rauchen. Und niemand geht zur Polizei, wenn er ein Problem hat. Die Leute wenden sich stattdessen an die politischen Gruppen.« Yeşim ist 37 Jahre alt und stammt weder aus einer alevitischen Familie, noch ist sie in Gazi aufgewachsen. Sie kam Mitte der Neunziger aus Kadıköy, weil die politische Atmosphäre sie reizte. »Anfangs dachte ich wirklich, dass Gazi eine befreite Zone ist. Aber im Kapitalismus gibt es keine befreiten Zonen, auch diese Menschen müssen ihr Brot verdienen.« Yeşim, die einen Universitätsabschluss und als Journalistin gearbeitet hat, kümmert sich derzeit nur um ihre siebenjährige Tochter und um Politik. Ihr Mann ist berufstätig, sie kommen über die Runden.

Ist eine Gesellschaft ohne staatliche Ordnung kein Rückfall in die Barbarei? »In Gazi steht der Staat nicht für Zivilisation, für uns gelten alle Rechte nur auf dem Papier«, antwortet Yeşim. »Vor ein paar Tagen kam eine Frau zu uns, weil sie ständig von ihrem Mann geschlagen wurde. Wir haben versucht, zwischen den Ehepartnern zu vermitteln. Das machen wir immer so. Aber wenn nichts mehr zu retten ist, unterstützen wir die Frauen, ein neues Leben aufzubauen, und helfen notfalls nach, damit ihre Männer sie in Ruhe lassen. Die Polizei würde nur ein Protokoll aufnehmen und die Frauen wieder wegschicken.« Erst auf Nachfrage räumt Yeşim ein, dass der Staat auch in Gazi nicht ganz abwesend ist. »Aber die Stadtverwaltung tut hier nur das Notwendigste«, sagt sie. »Unser Müll wird selten abgeholt, unsere Straßen sind viel schlechter als in jedem armen AKP-Viertel, obwohl wir genauso Steuern zahlen.«

Dafür kämpfen die politischen Organisationen gegen das, was auch Arzu, Alev und Yeşim »Verwahrlosung« nennen: Drogenhandel, Prostitution, Kriminalität. Sie sind davon überzeugt, dass der Staat die kriminellen Banden duldet oder gar unterstützt, um den Widerstandsgeist des Viertels zu brechen. Davon lassen sie sich auch nicht durch den Hinweis auf die gelegentlichen Razzien gegen Drogenbanden beirren. »Alles nur Show«, sagt Yeşim verächtlich.

Was Gazi außerdem von anderen Istanbuler Kleine-Leute-Vierteln unterscheidet: Hier gibt es Cafés und Bars, in denen Alkohol ausgeschenkt wird und wo sich meist junge Männer und Frauen zusammen vergnügen. Und in Gazi hat so ziemlich jede linke Organisation eigene Vereinsräume und Treffpunkte, die illegalen wie die legalen. So auch die SYKP, der Alev und Arzu angehören. Die »Partei der Sozialistischen Neugründung« entstand als Zusammenschluss mehrerer kleiner linker Gruppen und ist ihrerseits Bestandteil der neuen Demokratischen Partei der Völker (HDP), der Sırrı Süreyya Önder angehört. Einer der Co-Vorsitzenden der HDP, der Abgeordnete Ertuğrul Kürkçü, steht der SYKP nahe.

Die im Sommer 2013 gegründete SYKP ist der jüngste Versuch, die türkische Linke zu einen. Sie darf sich rühmen, die Forderung der Gezi-Proteste auf die knappste Formulierung gebracht zu haben: »Halt die Klappe, Tayyip«, stand auf einem riesigen Transparent am Atatürk-Kulturzentrum, unterzeichnet mit dem Parteilogo, einem fünfzackigen Stern in den Farben rot, grün und lila.

»Für mich sind alle drei Farben unseres Logos wichtig: Rot steht für Sozialismus, lila für Feminismus und grün für Ökologie«, erzählt Alev. Und darum sei es im Gezi-Park gegangen: die Privatisierung kommunalen Eigentums, den Abriss einer Grünanlage und um die staatlichen Einmischungen ins Privatleben. »Kein Politiker hat mir vorzuschreiben, wie ich mich anziehe, mit wem ich zusammen lebe, mit wem ich schlafe und ob und wie viele Kinder ich auf die Welt bringe«, sagt Alev bestimmt. Die beiden anderen nicken. Was sagen sie dazu, dass Frauen aus reichen Stadtteilen dieselbe Kritik an der Regierung formulieren? »Ja, manche Dinge betreffen alle Frauen«, antwortet Yeşim. Jedoch gebe es auch in dieser Hinsicht Klassenunterschiede. »Eine Frau aus dem Bürgertum kann nach der zehnten Schwangerschaftswoche problemlos in einer Privatklinik eine Abtreibung vornehmen lassen. Für eine Arbeiterin bedeuten diese Kosten ein Vermögen.« Falsch ist dieser Hinweis nicht. Und doch klingt es, als kämpfe sie um ihr Weltbild, in dem stets Kapitalismus und Imperialismus für alles Böse stehen.

Und kann sich sonst jemand in diese Dinge einmischen, ihre Partei etwa? »Nein, niemand«, sagt Alev trotzig. »Es gibt Organisationen, die sich in die Liebesbeziehungen ihrer Mitglieder einmischen oder ihren Aktivistinnen Make-up verbieten. Aber einer solchen Organisation würde ich niemals beitreten.« Alev und Arzu betonen immer wieder, wie wichtig ihnen ihre persönliche Freiheit ist. Dazu gehört, dass sie nicht mehr bei ihren Eltern wohnen – keine Selbstverständlichkeit in der Türkei, wo junge Leute traditionell ihr Elternhaus erst verlassen, wenn sie heiraten oder zum Studieren oder Arbeiten in eine andere Stadt ziehen. Die beiden leben mit zwei weiteren Freunden in einer Wohngemeinschaft. »Es war ein harter Kampf mit meiner Familie, bis sie akzeptiert hat, dass ich ausziehe«, erzählt Arzu. »Aber sie würden es nicht akzeptieren, wenn sie wüssten, dass ich mit Männern zusammenwohne.«

Und wie viel Freiheit erlaubt ihnen Gazi? »Man muss schon darauf achten, was man anzieht«, antwortet Alev. »Im Minirock wirst du schief angeguckt.« Woran das liegt? Zum einen seien in den vergangenen zwanzig Jahren viele arme sunnitische Kurden hergezogen, ergänzt Yeşim. Seither habe die PKK hier viele Sympathisanten, zugleich sei die Atmosphäre konservativer geworden. Zudem stünden die Aleviten unter Assimilierungsdruck. »Bei Bestattungsfeiern im alevitischen Cem-Haus sitzen Männer und Frauen getrennt. Das gab es früher nicht.« Schließlich seien die Linken konservativer als früher. »Das ist die Folge eines weltweiten Glaubwürdigkeitsverlusts«, sagt Yeşim. »Um die Menschen zu erreichen, passen wir uns ihren kulturellen Normen an. Wir diskutieren zwar ständig, wie viel Anpassung nötig ist, aber klar ist: Wenn ich in Gazi Politik machen will, kann ich nicht mit Spaghettiträgern rumlaufen. Auch für Schwule und Lesben ist Gazi alles andere als eine befreite Zone.« Stolz klingt sie jetzt nicht mehr.

Könnte es sein, dass einer dieser selbsternannten Ordnungshüter plötzlich vor ihrer Tür steht, weil er ihre WG unanständig findet? Schließlich stürmen Linksradikale immer wieder Wohnungen, weil sie glauben, dass dort Prostitution betrieben wird. »So konservativ, eine gemischte Wohngemeinschaft für unanständig zu halten, ist keine revolutionäre Gruppe«, wehrt Arzu ab. Und wenn doch? »Das würden die sich nicht trauen. Denn die sind zwar organisiert. Aber wir sind es auch.«

Aufstand und Anstand

Bald zwanzig Jahre ist es her, dass Gazi zum ersten Mal von sich reden machte. Am Abend des 12. März 1995 schießen unbekannte Täter aus einem entführten Taxi auf die Gäste mehrerer Cafés. Ein alevitischer Geistlicher stirbt, zwei Dutzend Menschen werden verletzt. Im Laufe des Abends versammelt sich eine Menschenmenge vor der Polizeistation, irgendwann eskaliert die Lage. Barrikaden werden errichtet, Steine fliegen, die Polizei schießt mit scharfer Munition, es gibt viele Verletzte und zwei Tote. Am nächsten Tag dauern die Auseinandersetzungen an, wieder werden Menschen erschossen. Auch im Viertel »Erster Mai« gehen Menschen auf die Straße, auch dort eröffnet die Polizei das Feuer. Schließlich greift die Armee ein. Insgesamt 18 Menschen kommen bei den Unruhen von Gazi ums Leben, viele von ihnen wurden, wie die Autopsieberichte zeigen, mit einem einzigen gezielten Schuss hingerichtet.

Zwei der beteiligten Polizisten werden später zu milden Haftstrafen verurteilt. Wer das Feuer aus dem Taxi eröffnete und den Fahrer tötete, wird nie ermittelt. Der Verdacht: Der »tiefe Staat«, die Konterguerilla, verfolgte mit Gazi – und dem Pogrom von Sivas zwei Jahre zuvor – eine Strategie der Spannung. Man wollte die Aleviten einschüchtern und zugleich ihre Loyalität sichern. Wenn die alevitische Minderheit, so könnte die Überlegung gelautet haben, einen Konflikt mit den Sunniten fürchtet, wird sie den Laizismus verteidigen. Der Garant des Laizismus aber ist die Armee. Tatsächlich jubelte im März 1995 ein Teil der Demonstranten, als Soldaten im Viertel aufmarschierten. Und so stark die linksradikalen Gruppen in Gazi und ähnlichen Vierteln sind, unterstützt doch der größte Teil der Aleviten die CHP, selbst in Gazi.

Nach den Unruhen wurde am Rand des Viertels ein neues Polizeirevier errichtet. Ein festungsartiges Gebäude mit hohen Mauern und Stacheldraht, vor dem auf ungefähr 25 Metern Höhe eine türkische Fahne weht. Nur wenige Fahnenmasten in İstanbul sind höher. Ein paar hundert Meter weiter, vorbei an einer Wiese mit weidenden Kühen, liegt der Friedhof von Gazi. Etliche Gräber sind mit roten Fahnen geschmückt. Am Horizont sieht man die Wolkenkratzer des Geschäftsviertels Maslak. Eine andere Welt.

Auf diesem Friedhof begraben ist Dursun Karataş, der 2008 im niederländischen Exil verstorbene Chef der Revolutionären Volksbefreiungspartei/-front. Die DHKP-C gilt auch außerhalb der Türkei als terroristische Vereinigung. In den 35 Jahren ihres Bestehens hat sie zahlreiche Anschläge auf Politiker, Unternehmer und Polizisten verübt, in den letzten Jahren auch in Form von Selbstmordattentaten, darunter 2012 auf die Polizeistation von Gazi. »Das ist kein normales Polizeirevier, sondern ein Folterzentrum«, hieß es im Bekennerschreiben.

Die »Krieger« der DHKP-C leben in der Illegalität. Aber es gibt die ihr nahestehende Volksfront. Auf den Straßen von Gazi sieht man deren Aktivisten manchmal, wenn sie in roten Synthetikwesten mit der gelben Aufschrift Halk Cephesi (Volksfront) die Zeitschrift *Yürüyüş* verkaufen; ein Blatt, in dem die Artikel zwar ohne Autorennamen, nicht aber ohne Ausrufezeichen in den Überschriften auskommen. Oğuz ist so ein Verkäufer. Ob wir uns unterhalten können? »Gerne«, sagt er. »Aber ich brauche dafür eine Erlaubnis.«

Ein paar Tage später, an einem verregneten Novembernachmittag, an dem Wasserfluten durch die Straßen des Viertels strömen und Gazi wieder sehr arm wirkt, sitzt eine Handvoll Männer in den Vereinsräumen der Volksfront. Ein paar Holztische, billige Plastikstühle, Neonlicht. An den Wänden hängen Fotos derer, die 1995 in Gazi getötet wurden sowie Bilder von Kämpfern der DHKP-C, die bei Schießereien, Selbstmordanschlägen oder Hungerstreiks ums Leben kamen. Der letzte Hungerstreik, das »Todesfasten«, begann im Herbst 2000 aus Protest gegen die geplante Verlegung der politischen Gefangenen in Hochsicherheitsgefängnisse und setzte sich nach der Erstürmung von zwanzig Haftanstalten im Dezember desselben Jahres fort. Zeitweilig waren über 1.000 Häftlinge im »Todesfasten«. Bis Anfang 2007 bildete die DHKP-C, von der Öffentlichkeit kaum noch beachtet, immer wieder neue »Todesfasten-Gruppen«. 117 Menschen hungern sich zu Tode, werden bei der Erstürmung der Gefängnisse getötet oder verbrennen sich aus Protest selbst, rund 600 erleiden bleibende gesundheitliche Schäden. Doch mehr als eine geringfügige Lockerung der Haftbedingungen erreicht man nicht. Der Verlust der quasi selbstverwalteten Großraumzellen mit 20 bis 100 Insassen, die den ML-Gruppen als Kommandozentralen und Schulungszentren gedient hatten, wiegt schwer, ebenso der Verlust so vieler Kader. Davon haben sich diese Gruppen bis heute nicht erholt.

Etliche der Fotos in den Vereinsräumen zeigen Frauen. Seit Karataşs Tod soll die DHKP-C von dessen früherer Lebensgefährtin geleitet werden. Doch diese Runde ist rein männlich. Der älteste, Hasan, ein Mittdreißiger mit rundlicher Figur und kräftigem Schnauzer, hat Menemen zubereitet, Tomatenomelett, das alle aus einer großen Pfanne essen.

Oğuz ist 22 Jahre alt, stammt aus einer kurdisch-sunnitischen Familie und hat zuletzt in einer Teestube gejobbt. Mazlum ist 19, kommt aus einer kurdisch-alevitischen Familie und studiert Gesundheitspflege. Ersin ist 26, ohne Schulabschluss und arbeitslos. Er stammt aus einer alevitisch-türkischen Familie, ein Bruder saß wegen Mitgliedschaft in der DHKP-C zehn Jahre im Gefängnis. Sie alle sind in Gazi aufgewachsen und leben hier bei ihren Familien. Und dann sitzt da noch Hasan, der Koch, der in Wirklichkeit anders heißt, aber weder seinen Namen verraten noch sonst etwas von sich erzählen will und sich als Aufpasser erweist.

Im Frühjahr 2013 haben sie in Taksim und in Gazi demonstriert und manchmal im Gezi-Park geschlafen. Bei den Schlachten mit der Polizei haben sie, wie sie sagen, die »Avantgarde« gebildet. »Als wir dort ankamen, tobten bereits die Kämpfe«, erzählt Oğuz. »Da waren viele aus der Elite, Männer mit Ohrringen, Frauen in schicken Kleidern.« Am Anfang hätten sich viele gewundert, wer diese Typen mit den roten Halstüchern seien, ergänzt Ersin aufgeregt. »Aber dann haben alle gerufen: ›Wo sind die mit den roten Halstüchern? Wir brauchen die an den Barrikaden!‹«, sagt er strahlend.

Alles, um den Gezi-Park zu retten? »Naja«, sagt Oğuz verschmitzt. »Bei uns kümmert sich keiner groß um irgendwelche Bäume. Für uns war es mehr ein Gerechtigkeitsgefühl: Die Polizei geht mit Gewalt gegen Menschen vor, das Volk wehrt sich. In so einer Situation ist unser Platz an der Seite des Volkes.« Ob diese Angehörigen der Elite auch zum Volk gehören? »Natürlich«, ruft Oğuz. »Wir werden die Revolution mit dem ganzen Volk machen, auch mit der Bourgeoisie.« Sofort fällt ihm Hasan ins Wort: »Mit dem Kleinbürgertum«, korrigiert er. Die kleinen Ladenbesitzer und Handwerker gehörten zum Volk. Jene Großkonzerne hingegen, die die Proteste unterstützten, hätten dies nur aus Profitinteresse getan. »Aber es wäre falsch gewesen, uns deswegen rauszuhalten. Jeder Aufstand gegen das faschistische AKP-Regime bringt uns der Revolution näher.«

An die Revolution glauben sie hier fest. »Die Revolution wird kommen, weil wir die Machtfrage stellen«, meint Mazlum. Gezi hätte seinen Glauben bestärkt, ergänzt Oğuz. »Davor war ich frustriert. Ich dachte: Mit diesem Volk kann man nichts anfangen. Aber jetzt habe ich gesehen: Es geht. Man muss es nur machen.« Auch Hasan hat etwas beizufügen: »Dass auf den Kapitalismus die sozialistische Revolution folgen wird, ist eine wissenschaftliche Erkenntnis«, sagt er. Welche Wissenschaft das herausgefunden hat? »Der dialektische Materialismus. Wir kämpfen, um diesen Prozess zu beschleunigen.«

Zeit für eine Zigarette. Es heißt, die DHKP-C habe nach der Krebserkrankung ihres Anführers ihren Mitgliedern und Sympathisanten das Rauchen verboten. Also nur ein Gerücht? »Das war so«, bestätigt Mazlum. »Als der Befehl kam, haben sofort alle ihre Zigarettenpackungen zerknüllt, egal, wie viel sie vorher geraucht haben.« Andere türkische Linke mag ein solcher Gehorsam belustigen oder beängstigen, Mazlum ist darauf stolz. In den Vereinsräumen gelte das Verbot weiterhin, ansonsten werde es nicht mehr so strikt gehandhabt. Einen Vorteil hat die Zigarettenpause im Regen: Es gibt keine Aufsicht.

»Stimmt es, dass die Amerikaner etwas erfunden haben, um über das Internet das Unterbewusstsein zu manipulieren?«, fragt Ersin. »Quatsch«, fährt ihn Mazlum an. Ihm ist die Frage peinlich. »Überschätz die Amerikaner nicht, die sind nicht unangreifbar, wie Alışan Şanlı gezeigt hat.« Dieser »Krieger« der DHKP-C sprengte sich im Februar 2013 vor der US-Botschaft in Ankara in die Luft, riss einen Wachmann mit in den Tod und verletzte eine Journalistin schwer. Was sie von einer solchen Tat halten? »Revolutionäre Opferbereitschaft«, sagt Mazlum feierlich. An der moralischen Legitimität solcher Aktionen zweifeln sie ebenso wenig wie am politischen Sinn. Würden sie sich selbst opfern? »Wir sind noch nicht soweit«, meint Oğuz. Und ging es im Gezi-Park auch um Opferbereitschaft? »Gezi war anders«, sagt er und strahlt. »Der Humor war toll. Das wird die Rhetorik der Linken verändern.« Auch die Rhetorik der Volksfront? »Nein, bei uns ist der Humor nicht so ausgeprägt.«

Zurück im Vereinsraum. Jemand bringt Flugblätter, es geht um eine Gedenkveranstaltung für Hasan Ferit Gedik. Der 21-jährige Aktivist der Volksfront wurde im September 2013 in Gülsuyu, einem alevitischen Armenviertel im asiatischen Teil der Stadt, von Drogenbanden erschossen. Auch er ist in Gazi begraben. Für Aufmerksamkeit sorgte seine Beerdigung, weil maskierte Kämpfer der DHKP-C an der Spitze des Trauerzuges mit Pistolen und Schnellfeuerwaffen Salven in die Luft abgaben. »Das war eine Machtdemonstration«, sagt ein schmächtiger, grauhaariger Mann um die fünfzig, der sich an den Tisch gesetzt hat. Dass viele der 10.000 Teilnehmer wegen dieser »Machtdemonstration« den Trauerzug verließen, will er nicht gelten lassen: »Das Volk lief hinter den Milizen«, behauptet er.

»Für ein Leben in Würde und Ehre – zusammen gegen Verwahrlosung«, steht auf dem Flugblatt. Was meinen sie mit Verwahrlosung? »Der Staat schleust Drogen, Prostitution und Glücksspiel in Viertel wie Gazi ein, um die Widerstandskraft zu zersetzen. So, wie es die Amerikaner in den Vierteln der Schwarzen gemacht haben; so, wie der Imperialismus immer versucht, das Klassenbewusstsein und die Traditionen des Volkes zu zerstören«, führt der Grauhaarige aus, der jetzt der Wortführer ist. Welche Traditionen er meint? Zwangsheiraten und Ehrenmorde? »Nein, wir verteidigen nur die fortschritt-lichen Traditionen. Aber wir glauben nicht, dass Freiheit gleich-bedeutend ist mit sexueller Freizügigkeit. Das ist eine imperia-listische Ideologie, die zum Individualismus führt und Fami-lien zerstört.« So grußlos, wie er gekommen war, so wortlos verschwindet er plötzlich. Hasan übernimmt wieder das Wort.

Ob Homosexualität auch eine Form von Verwahrlosung ist? »Homosexualität ist eine Krankheit«, sagt Hasan. »Wer gene-tisch so veranlagt ist, soll das ausleben. Aber die meisten Ho-mosexuellen wurden verführt. Darum lehnen wir Propaganda für Homosexualität ab.« Die anderen schweigen. Die Zelte der schwul-lesbischen Aktivisten im Gezi-Park hat keiner von ih-nen besucht. Unter türkischen Linken, insbesondere unter älte-ren, gibt es gewiss Leute mit so homophoben Ansichten. Doch die Volksfront ist die einzige Organisation, die derlei offiziell vertritt. Für sie ist es ein Ausdruck von Verwahrlosung, dass in-zwischen sogar Gruppen, die sich auf Stalin und Mao berufen, sich für die Rechte von Homosexuellen einsetzen.

Und Verwahrlosung ist in den Augen der Volksfront vieles: Profifußball, Mode, Popmusik. »Wir sind nicht die Schickeria-kinder aus den Fernsehserien, wir sind die Gazi-Kinder aus den Fernsehnachrichten«, sagt Ersin grinsend. »Wir setzen der ver-wahrlosten Kultur die Volkskultur und die revolutionäre Kultur entgegen«, sagt Mazlum. Auch die Musikbars, die es inzwi-schen in Gazi zuhauf gebe, seien eine Form von Verwahrlosung, erläutert Hasan. »In einem Viertel, in dem die meisten Men-schen vom Mindestlohn leben, ist das Geld, das sie für Alko-hol ausgeben, den Familien vom Munde geklaut. Wenn du dei-ne Zeit an solchen Orten vertreibst, wirst du dem Volk nichts nutzen.« Vom Vokabular einmal abgesehen, klingt es so, als empöre sich ein Sittenwächter der AKP. »Nein«, widerspricht Hasan. »Wir Revolutionäre trinken keinen Alkohol, um einen klaren Kopf zu behalten. Aber wir haben nichts dagegen, wenn die Leute zu Hause unter Freunden und Verwandten mal ein Glas Rakı trinken.« Er merkt nicht, dass er noch beim Versuch, sich von der AKP abzugrenzen, so klingt wie Erdoğan. »Geh und trink zu Hause«, hatte der einmal gesagt.

Der Vergleich mit der AKP hat Hasan geärgert: »Die AKP tut so, als sei sie islamisch, doch in Wahrheit treibt sie die Verwahrlosung voran«, sagt er. Im Übrigen sei das Geschlechterverhältnis bei ihnen anders geregelt. »Wir trennen Männer und Frauen nicht«, sagt er. »Wir tanzen unseren Halay zusammen. Wir sind aber gegen falsche Beziehungen zwischen Männern und Frauen und gegen eine übertriebene Freizügigkeit. Darum gibt es bei uns Kleidervorschriften für Männer und Frauen. Zum Beispiel dürfen Frauen keine Röcke tragen, die bis hier gehen.« Er steht auf und deutet auf seine Knöchel. »Aber wir erlauben auch keine Miniröcke. So lang müssen die Röcke sein«, sagt er und zieht mit der Handfläche eine Grenze unterhalb des Knies. Sein Verein, der weiblichen Mitgliedern zentimetergenaue Vorschriften über Rocklängen macht, heißt übrigens Gazi Özgürlükler Derneği, Gazi Verein für Freiheiten.

Später erzählt Oğuz unter vier Augen, dass er sich erst kürzlich von seiner Freundin getrennt habe. »Wir sind ja keine Roboter«, sagt er. »Aber manche Sachen laufen bei uns anders. Und ich würde auch mal gern in Beşiktaş Rakı trinken und gut essen. Aber das kann ich mir nicht leisten.«

ML-Pop für die Revolution

Grup Yorum sind ein Phänomen. Seit 27 Jahren auf der Bühne, 22 Alben, fünf Millionen verkaufte Tonträger. Im Sommer 2010 feierte die Band in Begleitung des İstanbuler Sinfonieorchesters und weiterer Gastmusiker im İnönü-Stadion vor 50.000 Gästen ihr 25-jähriges Jubiläum, zwei Jahre später spielte sie auf dem Bakırköy-Platz vor einer noch weit größeren Menge. Kaum eine große linke Kundgebung findet ohne sie statt, natürlich waren sie im Gezi-Park und sollten dort spielen, wozu es aber nicht mehr kam. Das ist die eine Aufzählung. Die andere lautet: Dutzende Konzerte wurden verboten, gegen die etwa 40 Musikerinnen und Musiker, die die Band durchlaufen haben, wurden knapp 500 Verfahren eröffnet, alle Mitglieder wurden mehrmals festgenommen oder inhaftiert. Der häufigste Vorwurf: Unterstützung der DHKP-C.

Die von Folkmusikern wie Zülfü Livaneli oder Ruhi Su – der mit dem Stück über den 1. Mai 1977 – und der lateinamerikanischen Nueva Canción beeinflusste Band experimentierte im Laufe der Jahre mit klassischer Musik, Rock oder Hip-Hop. Aber politisch wurde sie enger. Viele, die anerkennen, dass Yorum dazu beigetragen hat, das Schweigen der Junta-Ära zu brechen, kritisieren, dass die Band die Grenze von politischer Musik zur Propaganda überschritten habe. Tatsächlich ist nicht zu übersehen, dass sich Yorum mit der Zeit ideologisch der DHKP-C angenähert hat. Dies zeigen einige Albumcover oder getöteten Mitgliedern der DHKP-C gewidmete Lieder.

Doch Yorum hat mehr Fans als die DHKP-C Sympathisanten. »Zu unseren Konzerten kommen Menschen jeden Alters und aus allen sozialen Schichten«, erzählt Caner Bozkurt. »Natürlich sind das nicht alles revolutionäre Aktivisten. Aber es gibt in der Türkei sehr viele Menschen, die sich links fühlen, egal, ob sie sich früher einmal politisch engagiert haben oder nicht.« Und Sultan Kavdır ergänzt: »Für manche ist es schon eine politische Aktion, ein Konzert von Yorum zu besuchen.«

Caner ist 30 Jahre alt, spielt Gitarre und Bağlama, die türkische Laute, und gehört seit sechs Jahren dazu. Sultan singt und spielt Kaval, eine Flöte. Mit ihren 19 Jahren ist sie das jüngste Mitglied. Die Band besteht derzeit aus 13 Leuten, alle Instrumente sind doppelt besetzt, nur selten treten alle auf einmal auf. Überhaupt legt man großen Wert auf das Kollektiv, man arbeitet zusammen an Kompositionen und Texten und unterzeichnet alles gemeinsam, was aber schon zu Konflikten mit ehemaligen Bandmitgliedern geführt hat, die Teilhabe an den Tantiemen forderten. Insbesondere in den neunziger Jahren war Yorum (der Name bedeutet »Kommentar«) stilbildend für andere

Bands. Zur »Yorum-Familie« gehören eine Zeitschrift und ein Kulturzentrum, wo sich das Studio und ein Café befinden, außerdem eine Theater- und eine Tanzgruppe sowie ein Chor, aus dem einige Bandmitglieder hervorgegangen sind.

Das İdil-Kulturzentrum – benannt nach der Musikerin Ayçe İdil Erkmen, einem Mitglied der DHKP-C, das 1996 im Gefängnis bei einem »Todesfasten« ums Leben kam – liegt in Okmeydanı. Das Viertel gehört zum Bezirk Şişli, doch soziokulturell ähnelt es Gazi. Im hiesigen Krankenhaus lag der 14-jährige Berkin Elvan, der am Tag nach der Räumung des Gezi-Parks von einer Tränengaspatrone verwundet wurde und am 11. März 2014 starb, abgemagert auf 14 Kilogramm.

Caner Bozkurt wurde zuletzt Anfang 2013 bei einer Razzia im İdil-Kulturzentrum festgenommen. »Die haben jeden mitgenommen, der in diesem Moment hier war«, erzählt er. »Und die Polizei hat nichts gesucht, sondern nur die Einrichtung verwüstet. Die Computer mit den Aufnahmen für unser neues Album wurden beschlagnahmt. Wir mussten alles von vorn beginnen.« Das Album Halkın Elleri (Die Hände des Volkes) erscheint Ende 2013 und ist voll mit der gewohnten Revolutionslyrik, aber ohne einen spezifischen Song zu Gezi. Den liefern andere. Die Rockband Duman etwa, die bereits am 31. Mai ihr Stück Eyvallah (»Danke für dein Pfeffer, für dein Gas«) auf Youtube veröffentlicht. Die Konfrontation mit der Staatsmacht mag für andere Künstler eine neue Erfahrung sein, für Yorum ist sie Routine. Auch Sultan Kavdır wurde schon festgenommen, bei einer Pressekonferenz vor einem Krankenhaus, wo eine nach einem Anschlag auf eine Polizeistation verwundete »Kämpferin« der DHKP-C lag und die Vermutung im Raum stand, sie würde gefoltert.

Aber wie stehen die Yorum-Mitglieder politisch zur DHKP-C? »Wir sind marxistisch-leninistische Musiker«, sagt Caner. »Aber diese Organisation kämpft bewaffnet, wir machen Musik – das ist der Unterschied.« Yorum glaubt fest an die sozialistische Revolution. »Wir kämpfen gegen die Ungerechtigkeiten, das Elend und gegen die Massaker des US-Imperialismus im Nahen Osten«, sagt Sultan. Man kann das für naiv halten oder für phrasenhaft. »Wer das sagt, hat die Hoffnung verloren«, entgegnet sie.

Ihre Musik sehen sie als Beitrag zum politischen Kampf. Und kämpferisch wirken sie auch bei ihren Auftritten. Mal tragen die Yorum-Leute weiße Hemden, mal olivgrüne Westen, aber fast immer sind sie uniform gekleidet. »Das ist unsere Bühnenperformance, mit der wir Ernsthaftigkeit und Entschlossenheit transportieren wollen«, sagt Caner. »Aber manchmal werden wir kritisiert, dass wir auf der Bühne zu militärisch wirken würden. So ein Image wollen wir nicht. Revolutionäre Musik zu machen heißt ja nicht, miesepetrig herumzulaufen.«

Und was macht »revolutionäre Musik« aus? »Sie stellt sich der verwahrlosten Musik entgegen«, sagt Sultan. »Der Arabesk-Musik, die die Leute resignieren lässt. Oder der Popmusik, deren Botschaft lautet: Es gibt nur dich.« Das heiße aber nicht, dass sie diese Musiker ignorieren würden, erläutert Caner. »Selbst wenn der Inhalt nicht unseren Vorstellungen entspricht, interessiert es uns als Künstler, was andere machen.« Also kommt es auf die Texte an? »Ja, aber das ist nicht alles«, antwortet Caner. »Es sind die Musik, die Melodie und der Rhythmus, die die Menschen berühren. Aber der Musikgeschmack ändert sich. Und damit entwickeln wir uns musikalisch weiter. Nur die Texte, die ändern sich nicht.«

9. Fatih: Die Grenzgänger

Fastenbrechen auf der İstiklal

Manchmal verdichten sich gesellschaftliche Umwälzungen in einem einzigen Foto. Die Gezi-Proteste haben mehrere solcher Dokumente hervorgebracht. Dazu gehört das bereits erwähnte Fahnen-Foto. Und dazu gehört folgendes Bild von der İstiklal-Straße: Menschen sitzen auf dem Boden vor einer improvisierten Tafel. Das Straßenpflaster ist mit Zeitungen abgedeckt, die meist jungen Leute teilen ihre mitgebrachten Speisen. Am Ende der Tafel steht ein Wasserwerfer, Polizisten in Kampfmontur bilden eine Absperrung. Es ist der 9. Juli 2013, der erste Tag des Fastenmonats Ramadan. Längst nicht alle, die an diesem Fastenbrechen teilnehmen, haben gefastet, viele sind ungläubig. Die Polizei aber, die sich bedrohlich vor dieser friedlichen Menschenmenge aufbaut, handelt im Auftrag einer islamischen Regierung. Hinter der Polizeikette auf dem Taksim-Platz gibt es ein weiteres Fastenbrechen. Organisiert von der Stadtverwaltung, servieren Kellner an weiß gedeckten Tischen ein üppiges Abendmahl. Es wirkt, als wolle die AKP die Rückeroberung des Gezi-Parks feiern. Der Einladung der Stadt sind tausend Menschen gefolgt, vor dem Wasserwerfer sitzen zehnmal so viele, die Tafel reicht von der Absperrung am Taksim-Platz bis hinunter zum Galatasaray-Gymnasium.

»Wir haben an diesem Tag erlebt, was wir zuvor im Gezi-Park gesehen haben«, erzählt Sedat Doğan. »Selbst für Menschen, die nicht an Allah und seinen Gesandten Mohammed glauben, haben in diesem Land islamische Traditionen einen Wert.« Sedat ist Mitglied der Gruppe Antikapitalistische Muslime, die dieses Fastenbrechen organisiert hat. Dieses Wort will er jedoch nicht gelten lassen: »Wir sind ein paar hundert Leute, das hätten wir gar nicht organisieren können. Wir haben

nur dazu aufgerufen. Dass so viele kamen, hat sogar uns überrascht.«

Das Fastenbrechen, das während des Ramadans in den Parkforen fortgesetzt wurde, war nicht der einzige Beitrag der Antikapitalistischen Muslime zur Gezi-Bewegung. Zusammen mit
der Gruppe Revolutionäre Muslime – die wesentliche Mei-
nungsverschiedenheit betrifft den Kemalismus – bildeten sie
die exotischste Fraktion des Gezi-Parks. So, wie Polizisten
»Allah, Allah« rufend auf Demonstranten zustürmten, stellten
sie sich ihnen »Allahu akbar« schreiend entgegen. Als Mitglieder der Antikapitalistischen Muslime auf Plastikplanen am Taksim-Platz zum Freitagsgebet niederknieten, bildeten hunderte
atheistischer junger Leute eine Menschenkette um sie. Und als
sie im Gezi-Park die Kandil-Nacht feierten, tranken selbst die
trinkfreudigsten Parkbesetzer Ayran und witzelten: »Nicht,
dass die Gezi-Geschichte ein Trick von Tayyip ist, um die
letzten Abtrünnigen auf Linie zu bringen.« Doch in Wahrheit
waren fast alle Demonstranten stolz darauf, dass sich ihnen
gläubige Muslime angeschlossen hatten.

»Die politischen Präferenzen sortieren sich in der Türkei entlang kultureller Kriterien«, erläutert Sedat. »Wer gläubig ist,
wählt die AKP, wer einen säkularen Lebensstil pflegt, wählt die
CHP und so weiter. Diese Ordnung haben wir durcheinander-
gebracht.« Entsprechend groß ist das Medieninteresse. »Wären
wir in Gezi nicht dabei gewesen, die Regierung hätte noch stärker versucht, die Demonstranten als Religionsfeinde hinzustel-
len«, ergänzt Sedats Freund Murat İçöz. An Gezi formuliert er
eine andere Kritik: »Die AKP sichert ihre Loyalität über wirt-
schaftliche Abhängigkeiten. Aber es gibt konservative, arme
Menschen, die nicht von dieser Regierung abhängig sind. Die
konnten wir nicht erreichen. Wir alle nicht. Nicht mal meine
eigene Mutter konnte ich überzeugen.«

Murat ist 26 Jahre alt und studiert Kommunikationswissen-
schaft. Sein verstorbener Vater war Funktionär der Milli-Görüş-
Bewegung in Deutschland, Murat kam in Mainz auf die Welt.
Er war fünf Jahre alt, als sein Vater ihn und seine älteren
Geschwister heim ins nordwestanatolische Sakarya schickte,

138

damit sie »nicht zwischen zwei Kulturen zerrissen werden«. Sedat ist 33 und kommt aus einer strenggläubigen, albanischstämmigen Familie. Er hat eine İmam-Hatip-Schule besucht, ein religiöses Gymnasium, Politikwissenschaft studiert und arbeitete zuletzt als Grafiker.

Murat wirkt sanft: rundes Gesicht, leise Stimme, freundlicher Ton. Der schlanke Sedat hingegen redet mit der Strenge eines Agitators. Beide haben lange Haare, wilde Vollbärte und tragen Jeans. Man könnte sie eher für Rocker halten als für Leute, für die ein gottgefälliges Leben zu führen das Wichtigste ist. Doch so großen Wert sie darauf legen, nicht engstirnig zu sein, so beleidigt reagieren sie, wenn man sie als »gemäßigt« bezeichnet. »Wir kämpfen für die Freiheit des Einzelnen und die Rechte aller Ausgegrenzten und Unterdrückten, der Armenier, Kurden, Aleviten, Arbeiter«, sagt Sedat. »Aber das leiten wir nicht aus der Aufklärung ab. Im Zentrum unseres politischen Denkens steht der Koran, stehen die kollektivistischen Werte der Propheten seit Abraham.«

Ihre Gruppe formierte sich vor einigen Jahren um den Verlag des Autors İhsan Eliaçık. Anfang 2013 gründeten Sedat und seine Freunde den »Verein zur Bekämpfung des Kapitalismus«. In einem Dutzend weiterer Städte gibt es Niederlassungen. Schon der Vereinsname zeigt, dass sie sich in eine bestimmte Tradition stellen und sich zugleich von dieser abgrenzen: »Verein zur Bekämpfung des Kommunismus« hieß eine Organisation der sechziger Jahre, die eine Keimzelle der Grauen Wölfe wie des türkischen Islamismus bildete und deren Anhänger für den »Blutsonntag« 1969 am Taksim-Platz verantwortlich waren. Zu den Mitgliedern dieses Vereins gehören der spätere Prediger Fethullah Gülen und der spätere Staatspräsident Abdullah Gül.

Noch ein Detail aus dem Briefkopf verdeutlicht die Tradition, in die sich die Gruppe stellt: Die – schmucklos eingerichteten – Vereinsräume befinden sich im Bezirk Fatih. »Fatih ist das Zentrum des politischen Islams in der Türkei. Deswegen müssen wir hier sein.« Der Bezirk Fatih umfasst das historische Konstantinopel. Das eigentliche Fatih war die Gegend, in der sich die Türken zuerst niederließen, wovon die zahlreichen Moscheen und Kapellen zeugen. Ein Restaurant, das Alkohol ausschenkt, sucht man entlang der Hauptgeschäftsstraße von Fatih vergebens, die meisten Schaufensterpuppen in den teils sehr teuren Boutiquen tragen Kopftücher.

Zu Fatih gehört das Viertel Çarşamba, das fest im Griff der fundamentalistischen İsmailağa-Gemeinde ist. Unverschleierte Frauen sind hier äußerst selten, selbst Frauen und Mädchen mit einfachen Kopftüchern sieht man weniger als welche im schwarzen Tschador, viele Männer tragen Turban und islamische Gewänder. Bis vor einigen Jahren riefen die Muezzine ohne Mikrofon zum Gebet, und noch heute weigern sich die Frisöre aus religiösen Gründen, Männern eine Glattrasur zu verpassen. Und man wählt geschlossen die AKP. Kurz: Man kann sich über vieles in Çarşamba wundern – auch darüber, dass niemand beim Betreten des Viertels einen Reisepass verlangt. Denn wie ein Teil der Türkei wirkt Çarşamba nicht.

»Das ist Teheran«, lacht Murat. Wohl fühlt er sich in Çarşamba nicht. Aber in Taksim auch nicht. »Das Gute ist, dass du in Taksim rumlaufen kannst, wie du willst, in Shorts oder mit Turban. Aber außer ab und zu ins Kino gehe ich da nicht hin, diese alkoholisierten Runden sind nichts für mich.« Murat wohnt in Fatih, Sedat im benachbarten Bayrampaşa.

Erstmals öffentlich in Erscheinung traten die Antikapitalistischen Muslime 2012, als sie sich mit einem eigenen Block an der 1.-Mai-Kundgebung am Taksim-Platz beteiligten. Warum sich eine solche Strömung erst so spät gebildet hat? »Es hätte historische Vorbilder gegeben, auf die man sich hätte berufen können«, antwortet Sedat. »Aber unter Sultan Abdülhamid II. wurde der politische Islam in der Türkei zu einer Ideologie zur Rettung des Imperiums. Danach konzentrierten sich alle Anstrengungen darauf, die Staatsmacht von den Jungtürken beziehungsweise den Kemalisten zurückzuerobern. Darum legte man Wert auf die Entstehung einer muslimischen Bourgeoisie, die der säkularen İstanbuler Bourgeoisie den Rang ablaufen sollte. So entstand eine staatsfixierte und wachstumsgläubige Denkschule. Sofern eine Kritik am Kapitalismus formuliert wurde, dann nur am Finanzkapitalismus, nicht am gesamten kapitalistischen Gesellschaftsmodell. Im Kalten Krieg kamen dann noch Antikommunismus und Nationalismus hinzu.« Dieser Denkschule entstamme die Führung der AKP.

So ganz neu sei seine Gruppe dennoch nicht, erzählt Sedat. Schon in den neunziger Jahren hätten sie auf den İmam-Hatip-Schulen über die Eigentumsfrage diskutiert. Doch der »sanfte Putsch« vom 28. Februar 1997, mit dem Necmettin Erbakan, der langjährige Anführer der türkischen Islamisten, aus der Regierung gedrängt wurde, habe diese Diskussionen abgebrochen.

Anfang des Jahrtausends geht Sedat ins westtürkische Manisa, wo er zuerst in einem Wohnheim der Gülen-Gemeinde unterkommt. Bald fliegt er aus politischen Gründen raus und zieht mit zwei Kommilitonen zusammen. Einer der beiden steht der kurdischen Bewegung nahe, der andere hat wegen Mitgliedschaft in der DHKP-C im Gefängnis gesessen. Nach seiner Rückkehr ist Sedat Dauergast in der Fankurve von Fenerbahçe. »Wir sind alle Grenzgänger«, sagt er. »Wir haben alle unser Milieu verlassen und andere Welten erkundet.« »Aber«, ergänzt Murat, »damit wir als Gruppe zusammenfinden konnten, musste erst eine Partei wie die AKP an die Regierung kommen. Denn was ist eine angeblich islamische Regierung wert, wenn fast die Hälfte aller versicherungspflichtig Beschäftigten für den Mindestlohn arbeitet?« Der beträgt im Jahr 2013 umgerechnet knapp 300 Euro.

Die AKP halten Murat und Sedat für eine kapitalistische Partei, die nur die Interessen der neuen, türkisch-sunnitischen Bourgeoisie vertrete. Zugleich führe die AKP die autoritäre Herrschaft der Kemalisten fort, nur eben mit einem islamischen Anstrich, was Murat anhand der Universitäten illustriert: Die AKP habe das Kopftuch erlaubt, wolle aber nun unterbinden, dass Studenten und Studentinnen in gemischten Wohngemeinschaften leben. »Das ist dieselbe Bevormundung«, findet Murat. Ob Erdoğan nicht damit Recht hat, dass solche Wohngemeinschaften islamischen Werten widersprechen? Sedat ergreift das Wort und erklärt, warum der Islam staatliche Einmischungen in Privatwohnungen untersage und Ehebruch zwar unter Strafe stelle, aber die Hürden für die Beweisführung derart hoch lege, dass es praktisch unmöglich sei, jemanden wegen illegitimer sexueller Kontakte zu bestrafen.

Würden sie selbst mit Frauen in einer Wohngemeinschaft leben? »Nein«, antwortet Sedat. »Natürlich habe ich im Alltag mit Frauen zu tun, ich war drei Jahre lang mit meiner jetzigen Ehefrau liiert, was unsere Eltern auch wussten. Aber nach meinem moralischen Empfinden sollten Frauen und Männer, die nicht miteinander verheiratet sind, ab einer gewissen Stunde getrennte Wege gehen.« Aber dies sei seine persönliche Entscheidung. »Mich hat im Gezi-Park nicht gestört, dass dort Männer und Frauen zusammen im Zelt geschlafen haben. Bei uns gab es getrennte Zelte. Und das hat auch niemanden gestört.«

Allah ist anarchistisch

Die Keimzelle der Antikapitalistischen Muslime ist eine Adresse im Zentrum von Fatih: das İnşa-Kulturhaus. Auf drei Stockwerken eines schmalen Geschäftshauses sitzen hier der Buchverlag, der die Schriften İhsan Eliaçıks verlegt, und die Redaktion des Nachrichtenportals *Adil Medya*. An mehreren Stellen hängt ein Hochglanzplakat mit Zitaten. Das Spektrum reicht von Jesus und Mohammed zu Marx, Bakunin und Nietzsche, abgebildet sind außerdem Malcolm X, Charlie Chaplin und der iranische Revolutionstheoretiker Ali Schariati. Die einzige Frau ist Ulrike Meinhof. »Ich bin lieber wütend als traurig«, steht unter ihrem Bild.

»Dieses Zitat mag ich sehr«, sagt Eylem Sezgin. »Denn wer wütend ist, versucht etwas zu ändern.« Eylem arbeitet in der Redaktion des Internetportals *Adil Medya*. Sie ist 24 Jahre alt, kommt aus der südtürkischen Stadt Adana und macht ihren Master in Philosophie. Mit ihren langen, dunkelbraunen Haaren und dem olivgrünen Parka erinnert sie selbst an die junge Ulrike Meinhof. Was sie zu den Antikapitalistischen Muslimen treibt? »Mir gefallen die Ansichten von İhsan Hoca«, sagt sie. »Und ich bin muslimisch, vor allem aber bin ich gläubig.

Aber ich bin auch Anarchistin, Frau, Kurdin, Antiimperialistin und Antinationalistin. Für mich gehört das zusammen. Ich denke, dass der Prophet Mohammed ein Anarchist war. Auch wenn das vielleicht absurd klingt – ich denke sogar, dass Allah anarchistisch ist.«

Eylem sitzt im Café in der obersten Etage des Kulturhauses, von dem man einen schönen Ausblick auf die Fatih-Moschee hat. Hatten die neuen Herrscher nach der Eroberung der Stadt zunächst die meisten Kirchen der Stadt zu Moscheen umgewandelt, war dies die erste Moschee, die Sultan Fatih, der Eroberer, erbauen ließ. Als im Zuge der Türkisierungspolitik der arabische Gebetsruf abgeschafft wurde, war diese Moschee 1932 die erste, in der der Muezzin auf Türkisch zum Gebet rief. Gegenüber ist eine Boutique der Modefirma Jaade. Auf einem haushohen Werbeplakat wirbt ein Model mit blauem Kleid, goldenem Kopftuch und roten High Heels für die Winterkollektion. 650 Lira kostet dieses Kleid, 150 Lira das Kopftuch, zusammen umgerechnet 300 Euro, das entspricht dem Netto-Mindestlohn. »Das sind Läden der muslimischen Bourgeoisie, auch wenn sie allmählich in die abgeschotteten Siedlungen am Stadtrand zieht«, erzählt Eylem.

Sind das nun Weiße oder Schwarze Türken? »Diese Begriffe eignen sich nicht mehr, die türkische Gesellschaft zu beschreiben«, antwortet sie. »Natürlich gibt es noch die Weißen Türken, die ihren Machtverlust beweinen, die haben wir auch im Gezi-Park gesehen. Aber unter der AKP ist eine konservative Bourgeoisie entstanden. Leute, die sich Moscheen mit VIP-Bereichen bauen und verschleierte Frauen, die mit ihren 1.000-Dollar-Handys syrische Flüchtlingskinder fotografieren.«

Dann bittet İhsan Eliaçık in sein Büro. Eliaçık ist 52 Jahre alt. Grauer Vollbart, Glatze, Holzfällerhemd, rundliche Figur. Ursprünglich stammt er aus dem zentralanatolischen Kayseri, was man ihm auch anhört. Er hat Theologie studiert, sein Studium aber ohne Abschluss abgebrochen. Seit Gezi gehört er zu den am meisten gefragten Denkern des Landes; im Sommer sprach er auf etlichen Parkforen und ist oft im Fernsehen zu sehen. »Als 1995 mein drittes Buch *Der revolutionäre Islam* herauskam, hat sich dafür niemand groß interessiert«, erzählt er. »Die Zeit war noch nicht reif.« Seine Zeit kam erst mit der AKP-Regierung, als sich junge Leute um seinen Verlag sammelten. Der Verlag wuchs, man gründete erst das Nachrichtenportal, dann das Kulturhaus. Schließlich entstanden daraus neue Gruppen, die teils aus politischen Gründen, teils aus Kritik an Eliaçıks Stil inzwischen eigene Wege gehen.

»Erdoğan behauptet zwar, dass er eine fromme Generation erziehen will, aber eigentlich will er eine gehorsame Generation«, sagt Eliaçık. »Der Islam, der an den Schulen und Universitäten gelehrt wird, ist auf Auswendiglernen angelegt; Opium für das Volk. Der revolutionäre Islam hingegen, der ans Gewissen appelliert und dazu anregt, die Dinge infrage zu stellen, wird nicht gelehrt. Darum wundert es mich nicht, dass sich kluge junge Leute vom Islam abwenden. Oder sie kommen zu uns. Wir sind die letzte Haltestelle des Islam. Nach uns kommt der Atheismus.« Aber sie seien auch die erste Haltestelle für Leute, die aus dem »anderen Viertel« stammten und anfingen, sich für den Islam zu interessieren. »Manche bleiben bei uns, andere ziehen weiter, hin zu fundamentalistischen Gemeinschaften. Denen möge Allah helfen.«

An den Wänden seines Büros hängen Aquarelle, auf einem Regal steht eine Kuckucksuhr, in die sein Name eingraviert ist, auf dem Schreibtisch stapeln sich Bücher. Oben liegt der Titel eines französischen Autors: *Marx und Jesus.* »Ich interessiere mich sehr für die lateinamerikanische Theologie der Befreiung«, erläutert Eliaçık. Die Differenzen zwischen Sozialismus und Islam sind für ihn nicht groß: »Wenn mir ein Atheist sagt: ›Ich glaube nicht an Allah, ich glaube an Gerechtigkeit, Freiheit, Recht, Gleichheit und Liebe‹, dann antworte ich: ›Du weißt es vielleicht nicht, aber du glaubst an Allah. Denn deine Worte sind die Namen und die Eigenschaften Allahs. Du bist nicht gegen Allah, du bist gegen den Allah der Mullahs.‹« Und ist er für die Scharia? »Wenn Sie damit die eben genannten Werte meinen – warum sollte sich der Staat nicht daran orientieren? Aber vier Frauen zu heiraten oder Dieben die

Hände abzuhacken – nein, das gehört nicht zu den universellen Werten der Religion.«

Ende der siebziger Jahre war Eliaçık in der Jugendorganisation der Milli-Görüş-Bewegung tätig, wurde nach dem Putsch inhaftiert und verbrachte ein Jahr im Militärgefängnis von Ankara. Nach der Intervention der Militärs 1997 wurde er erneut inhaftiert, nun klagt Erdoğan gegen ihn und verlangt umgerechnet 20.000 Euro Schmerzensgeld. Eliaçık hatte dem Ministerpräsidenten vorgeworfen, willentlich zu lügen, etwa mit der in den Gezi-Tagen ständig wiederholten Anschuldigung, Demonstranten hätten in einer Moschee Bier getrunken. Auch der Muezzin und der Imam der Dolmabahçe-Moschee, in die einige hundert Demonstranten vor der Polizei geflüchtet waren, hatten dieser Behauptung widersprochen. Inzwischen sind beide strafversetzt.

Diese Propaganda habe auch darum fruchten können, weil in den muslimischen Gesellschaften rituelle Handlungen und Äußerlichkeiten überbewertet würden, findet Eliaçık. »Von einem Kopftuch ist im Koran keine Rede, Alkohol wird zwar verboten, aber nicht unter Strafe gestellt. Letztlich sind das Nebensächlichkeiten. Doch der Koran gebietet, dass niemand mehr besitzen soll, als er für seine Bedürfnisse benötigt. Darüber schweigt die herrschende Auslegung. Und Mord ist eine Todsünde. Eigentlich müssten die Verantwortlichen Albträume haben wegen der jungen Menschen, die bei den Gezi-Protesten getötet wurden.«

Überhaupt würden sich die AKP-Leute immer noch wie die Unterdrückten gebärden, wo sie längst die Unterdrücker seien. Darum hat sich Eliaçık den Gezi-Protesten angeschlossen. Aber hat es für einen Kritiker des kemalistischen Regimes keinen symbolischen Wert, dass die Topçu-Kaserne wiederaufgebaut werden sollte? »Diese Regierung baut keine drei Kilometer Straße, wenn sie keinen Profit wittert«, schimpft er. »Da sollte ein Park, den arme Leute nutzen, für ein Einkaufszentrum abgerissen werden. Die Kaserne war nur die Fassade. Das drückt den Charakter der AKP gut aus: außen islamisch-konservativ, innen kapitalistisch.«

Hände weg von meinem Kopftuch

Fatih ist nicht das einzige historische Viertel mit einer starken islamischen Identität. Ähnlich ist zum Beispiel Üsküdar am asiatischen Ufer des Bosporus; ein Viertel voller Moscheen und Kapellen, dessen Wahrzeichen aber die Selimiye-Kaserne ist, die wie die Topçu-Kaserne unter Sultan Selim III. errichtet wurde. Ein paar Kilometer vom Zentrum Üsküdars entfernt liegt Altunizade, die erste Ausfahrt von der Bosporus-Brücke. Ende der achtziger Jahre noch eine beschauliche Gegend, dominieren heute moderne Bürogebäude das Bild. Eines davon ist Sitz der Şehir-Universität. Auf dem kleinen Campus mit gepflegtem Rasen und Springbrunnen plauschen Studenten und Studentinnen, viele davon mit Kopftuch. Kein Zufall. Nach dem Willen des Trägers, einer von der Ülker-Gruppe und anderen Konzernen des »islamischen Kapitals« gesponserten Stiftung, soll diese 2010 eröffnete Hochschule zu privaten Eliteuniversitäten wie Koç, Sabancı oder Bilkent aufschließen. Nur eben ein bisschen islamischer.

Filiz Işıker fühlt sich hier wohl. Die 32-Jährige ist Stipendiatin der Universität und macht ihren Master in Soziologie. Sie lebt in Fatih, wuchs aber in einer türkisch-arabischen Familie in Mardin an der Grenze zu Syrien auf. Sie trägt eine randlose Brille und ein rot-braun gemustertes Kopftuch, dazu ein weites Oberteil und Jeans. Sie wirkt etwas reserviert. Ungleich temperamentvoller ist ihre zehn Jahre jüngere Freundin Zişan Tokaç. Sie wurde in İstanbul geboren und hat gerade ein Masterstudium in Umwelttechnik begonnen, allerdings an der Technischen Universität, die zur Handvoll staatlicher Hochschulen gehört, die in Rankings noch vor den besten privaten rangieren. Zişan ist Mitglied der Revolutionären Sozialistischen Arbeiterpartei (DSİP), einer trotzkistischen Gruppe mit einigen Intellektuellen, aber ohne Arbeiter. Sie lacht und gestikuliert viel, wenn sie spricht. Anders als Sedat und Murat von den Antikapitalistischen Muslimen, zitieren Zişan und Filiz nicht ständig den Koran. Aber fremden Männern reichen sie nicht die Hand. »Ich bitte um Verständnis«, sagt Zişan freundlich und erklärt auf Nachfrage: »Mein Glaube gebietet eine gewisse Distanz zwischen den Geschlechtern.«

Anfang 2013 gründeten sie mit anderen Frauen die »Muslimische Initiative gegen Gewalt an Frauen«. »Wir halten es für notwendig, eine islamische Kritik an patriarchaler Gewalt zu entwickeln«, erläutert Filiz. Im muslimischen Milieu gebe es kaum Sensibilität dafür. Aber steht im Koran nicht, dass die Frauen »die Äcker ihrer Männer« seien und diese ihre Frauen schlagen dürfen, wenn diese Gehorsam verweigern? »Es gibt eine Minderheit von Kommentatoren, die davon ausgeht, dass ›schlagen‹ nicht die richtige Übersetzung ist, oder die es ablehnt, mit diesem Vers Gewalt zu legitimieren«, meint Filiz. »Neben dem Koran gibt es ja noch die Überlieferungen des Propheten«, springt Zişan ein. Und sie seien zwar die bislang einzige zivilgesellschaftliche Vereinigung ihrer Art, jedoch gebe es Theologen und Autoren, die mit einer muslimischen Begründung Gewalt gegen Frauen ablehnten.

Und hat die Regierung in dieser Hinsicht nicht einiges verbessert, etwa das Strafmaß für Ehrenmorde erhöht? »Das reicht nicht«, findet Zişan. »Die Familienpolitik der AKP ist auf den Schutz der Familie ausgerichtet. Aber sie fragt nicht groß, was für eine Art von Familie geschützt werden soll. Darum wird das Thema Gewalt kaum angesprochen.« Eine Folge der Islamisierung sei die wachsende Zahl an Frauenmorden – 842 wurden in den ersten neun Monaten 2013 gezählt – jedoch nicht. Die Mordrate hätte auch damit zu tun, dass die Frauen unabhängiger geworden seien und sich öfter scheiden ließen, sagt Filiz, die Soziologin. »Und Studien zeigen, dass auch atheistische Männer Gewalt ausüben. Patriarchale Gewalt ist ein globales Problem. Muslimische Männer versuchen nur oft, ihre Taten mit dem Islam zu legitimieren.«

Ähnlich wie die Antikapitalistischen Muslime macht die »Muslimische Initiative gegen Gewalt an Frauen« erstmals während Gezi von sich reden. In diesen Tagen kursiert die Nachricht, dass in der Nähe des Taksim-Platzes eine Frau mit Kopftuch angegriffen worden sei. Zişan, Filiz und ihre Mitstreiterinnen organisieren eine Demonstration – gegen Gewalt gegen Frauen, gegen sexistische Parolen und Schmähungen, gegen Polizeigewalt. »Wir beteiligen uns als muslimische Frauen am Widerstand«, schreiben sie in ihrer Erklärung. Auch säkulare Feministinnen laufen mit. »Hände weg von meinem Kopftuch«, lautet ihr Hashtag.

Ein paar Tage danach erscheint in der regierungsnahen Zeitung *Star* ein Interview, in dem eine anonyme Kopftuchträgerin von Einzelheiten des vermeintlichen Übergriffs berichtet. Erst habe eine Frau sie angepöbelt, dann hätten »70 bis 100 Männer« sie bewusstlos geschlagen und sogar ihr sechs Monate altes Baby attackiert. Als sie wieder zu Bewusstsein gekommen sei, habe sie nach Urin gerochen. Erdoğan und die loyalen Medien werden im Folgenden immer wieder auf diese Geschichte von ihrer »gedemütigten Schwester« zu sprechen kommen. Diese stellt sich als Zehra Develioğlu heraus, die Schwiegertochter eines AKP-Bezirksbürgermeisters, deren Name erstmals bei ihrer Hochzeit in den Medien aufgetaucht war – als sich der Trauzeuge Recep Tayyip Erdoğan vom Brautpaar »mindestens drei Kinder« wünschte. Doch von Anfang an gibt es Zweifel, ob diese Geschichte stimmt. Das mutmaßliche Opfer verstrickt sich in Widersprüche und trotz der vielen Überwachungskameras an der Fähranlegestelle von Kabataş, wo sich der Übergriff zugetragen haben soll, finden sich lange Zeit keine entsprechenden Aufnahmen. Die werden Anfang 2014 dem privaten Fernsehsender Kanal D zugespielt. Darauf ist zu sehen, wie Develioğlu am fraglichen Tag aus der Fähre kommt und sich an den Straßenrand stellt. Dann kommt eine Gruppe von 10 bis 15 Leuten vorbei und bleibt kurz bei ihr stehen. Womöglich findet ein Wortgefecht statt. Ein Handgemenge aber ist nicht zu erkennen, auch das Verhalten der übrigen Passanten und des Wachpersonals lässt nicht darauf schließen, dass sich irgendetwas Nennenswertes abspielt. Nach dreißig Sekunden geht die Gruppe weiter. Sonst passiert nichts, kurz darauf wird das vermeintliche Gewaltopfer von ihrem Mann mit dem Auto abgeholt. Der Übergriff auf die »Schwester« erweist sich als Propagandalüge.

Dennoch meint Zişan nicht, dass sie sich mit ihrer Demonstration geirrt hätten. »Selbst wenn sich dieser Vorfall nicht so zugetragen hat, wie es diese Frau erzählt, weiß ich von anderen Frauen, die in den Gezi-Tagen auf der Straße angegriffen oder beleidigt wurden,« sagt sie. Das sei ihr auch schon vor Gezi passiert, ergänzt Filiz. Doch insgesamt, so räumen beide ein, habe sich ihre Lage in den vergangenen Jahren deutlich verbessert.

Mit dem »Demokratisierungspaket« vom Herbst 2013 wurden die letzten Beschränkungen aufgehoben, nur für Polizistinnen, Soldatinnen und Richterinnen gilt das Kopftuchverbot noch. Haben sie Verständnis dafür, wenn stattdessen nicht verhüllte Frauen befürchten, dass jetzt Druck auf sie ausgeübt wird und sie benachteiligt werden? »Ich verstehe, dass sie durch die Sprache der Regierung verunsichert sind«, sagt Zişan. »Es gibt eine starke Betonung des sunnitischen Islam«, meint Filiz. Dass der sunnitische Religionsunterricht an staatlichen Schulen Pflichtfach ist, hält sie für »absurd«, verweist aber sofort darauf, wer diese Bestimmung in Verfassungsrang gehoben hat: nämlich die Putschisten von 1980.

Mit dem letzten Putsch, also der Intervention von 1997, hat es auch zu tun, dass Zişan und Filiz trotz des Altersunterschieds etwa gleich weit in ihrer Ausbildung sind. Ein Jahr nach dem Sturz des islamistischen Ministerpräsidenten Erbakan beginnt Filiz in Kayseri Biologie zu studieren. Jetzt wird das einige Jahre zuvor aufgehobene Kopftuchverbot wieder eingeführt. »Ich konnte das nicht verstehen: Draußen mit Kopftuch, an der Universität ohne, was sollte das?«, erzählt Filiz. Es wird ein langer Kampf. »Den Studentinnen wurde am Eingang an den Haaren gezogen, um zu prüfen, ob sie Perücken tragen. Selbst die waren jetzt verboten. Nach und nach gaben die Studentinnen auf oder kehrten heim. An meiner Fakultät war ich irgendwann die letzte. Dann kehrte ich zurück nach Mardin. Ich war fertig.« Doch ihre Familie – der Vater ist Unternehmer, die Mutter Hausfrau, Filiz schildert sie als »fromm, aber nicht sehr traditionalistisch« – steht hinter ihr. Filiz besucht Kurse. Englisch, Textildruck, irgendwas, um die Zeit zu vertreiben. Erst 2006 nimmt sie nochmals an der Aufnahmeprüfung teil, weil die İstanbuler Privatuniversität Bilge inzwischen Frauen in Schals toleriert.

Solche Probleme hatte Zişan nicht. Die Uni-Geschichte, die sie vielleicht mal ihren Kindern erzählen wird, ist eine andere. Kurz nach der Räumung des Gezi-Parks hat sie ihre Bachelorfeier, wo sie mit zwei Kommilitonen auf der Bühne selbstgemalte Plakate hochhält. »Rechenschaft verlangen«, steht auf ihrem Plakat, »Das Volk hat jetzt mindestens drei Umwelttechniker gegen die Plünderung der Natur« auf einem anderen. Ein Handyvideo zeigt die entsetzten Gesichter der Professoren, aber auch den frenetischen Jubel vieler Eltern. Auch Zişans jüngerer Bruder ist begeistert. Nur ihre Eltern, ein wohlhabendes Ärztepaar, sind es nicht. »Wir streiten immer, wenn wir über Politik reden. Meine Eltern sind religiös, aber sie haben beim letzten Mal die MHP gewählt – furchtbar.«

Einige Wochen darauf, nach dem Putsch in Ägypten, ist Zişan erneut auf der Straße. In diesen Tagen demonstrieren fast nur die Anhänger der AKP, das »R4bia«-Zeichen mit den ausgestreckten vier Fingern wird zigfach zum Profilbild auf Twitter und Facebook. »Beide Seiten haben Erdoğan und Mursi gleichgesetzt«, sagt Zişan. »Und weil die Linke nichts zu dem Massaker in Ägypten gesagt oder den Putsch sogar verteidigt hat, haben die Muslime endgültig geglaubt, dass die Gezi-Leute unaufrichtig sind und einen Putsch wollen. Aber es gab auch ein paar Leute, die mit gesundem Menschenverstand zwischen beiden Blöcken standen. Wir zum Beispiel.«

10. Internet: Eine Plage namens Twitter

Pinguine und andere Medien

Die BBC-Dokumentation *Penguins – Spy in the Huddle* hat in der Türkei Mediengeschichte geschrieben – in jener Nacht, in der CNN International live von den Kämpfen am Taksim-Platz berichtete, auf CNN Türk aber die Pinguine über den Bildschirm stolzierten. Kein Wunder, dass sich danach der alte Songtitel von Gil Scott-Heron als Graffito an zahlreichen Wänden fand: *Revolution will not be televised*, manchmal verbunden mit Zusätzen wie: *It will be retweeted*. Der Sender mit dem renommierten Namen blamierte sich bis auf die Knochen, während die Pinguine erst zum Symbol für Zensur und Selbstzensur und dann zum Symbol des Widerstands wurden.

»Das war ein schöner Film«, sagt Mete Sohtaoğlu. Er gehört zu den wohl wenigen Menschen in der Türkei, die diese Dokumentation wirklich kennen, schließlich ist der 40-Jährige Programmredakteur bei CNN Türk. »Ja, wir haben anfangs etwas gebraucht, um unser Programm umzustellen«, sagt er. »Aber die Doğan-Medien zum Symbol für Selbstzensur zu machen, ist Unsinn. Die Live-Bilder, die Halk TV gesendet hat, kamen von der Doğan-Nachrichtenagentur. Und wir haben danach unsere Berichterstattung intensiviert.«

Pınar Öğünç* widerspricht diesem Befund nicht. Doch sie hat eine weitere Erklärung dafür, warum CNN Türk und einige andere Medien sich zur Korrektur veranlasst sahen: der Protest vor der NTV-Zentrale im Geschäftsviertel Maslak. »Das war in der Türkei das erste Mal, dass Menschen ihr Informa-

---

* Unter allen, die in diesem Buch zu Wort kommen, ist Pınar Öğünç eine der wenigen, die ich nicht erst im Zusammenhang mit Gezi kennengelernt habe, und die einzige, mit der ich eng befreundet bin.

tionsrecht einforderten. 2.000 bis 3.000 Angestellte aus den umliegenden Banken und Firmen, die sich über Twitter organisiert hatten und in der Mittagspause dort versammelten. Sie zwangen den Sender dazu, live von ihrer Protestaktion zu berichten.« Tags darauf entschuldigte sich der Journalist und Vorstandsvorsitzende der Doğuş-Mediengruppe, Cem Aydın, vor den rund 300 Mitarbeitern von NTV.

Solche punktuellen Erschütterungen machen die Bedeutung von Gezi aus, findet Öğünç. Sie ist 38 Jahre alt und arbeitet als Kolumnistin und Reporterin bei der linksliberalen Tageszeitung *Radikal*. Das Blatt gehört zur Doğan-Gruppe, ebenso wie CNN Türk, der Fernsehsender Kanal D oder die konservativ-liberale Tageszeitung *Hürriyet*. Hatte sich Konzernchef Aydın Doğan vor einigen Jahren nach einer wegen angeblicher Steuerschulden verhängten Rekordstrafe von 400 Millionen Euro mit der Regierung arrangiert, nimmt die *Hürriyet* seit den Gezi-Protesten wieder eine deutlich oppositionelle Haltung ein.

Was aber macht oppositionellen Journalismus aus? »In der Türkei reicht es, einfach nur das zu berichten, was passiert«, sagt Öğünç. Auch Onur Erem meint, dass sich die klare Unterscheidung zwischen oppositionellen und loyalen Medien, die es in der Türkei gibt, nicht erst aus der Kommentierung und Aufmachung ergebe: »Bei Demonstrationen steht ein Teil der Journalisten hinter den Polizeireihen. Der andere Teil verfolgt das Geschehen aus der Perspektive der Demonstranten. Und die Polizei behandelt inzwischen jeden, der ihr gegenübersteht, als Feind.« Der 25-Jährige ist Reporter der linken Tageszeitung *Birgün*, die der linksgrünen ÖDP nahe steht. Im Zuge der Gezi-Proteste wird er einmal von Polizisten geschlagen.

So wie Erem und rund hundert andere Journalisten trifft es auch Ahmet Şık. Er ist 43 Jahre alt und einer der bekanntesten investigativen Journalisten des Landes. 1995 berichtete er als Reporter der linkskemalistischen Tageszeitung *Cumhuriyet* als einer der wenigen Journalisten kritisch über das Vorgehen der Polizei in Gazi. 16 Jahre darauf, im März 2011, wurden er, sein Kollege Nedim Şener sowie neun Mitarbeiter der

Internetzeitung *Oda TV* mit dem Vorwurf verhaftet, selber für die Konterguerilla tätig zu sein.

Da hatten Şık und Şener gerade die Recherchen für ihr Buch *Die Armee des Imams* beendet, in dem sie sich mit dem Einfluss der Bewegung des islamischen Predigers Fethullah Gülen auf die Sicherheitskräfte beschäftigten. Die Staatsanwaltschaft beschlagnahmte das Manuskript und bewirkte ein Veröffentlichungsverbot, dennoch gelangte das Manuskript bald darauf ins Internet. Der zuständige Staatsanwalt war Zekeriya Öz, Chefankläger im Ergenekon-Prozess, dessen Vorgehen Ministerpräsident Erdoğan damals stets mit dem Hinweis auf die Unabhängigkeit der Justiz verteidigte – derselbe Zekeriya Öz, der Ende 2013 die Korruptionsermittlungen gegen 70 Persönlichkeiten aus dem unmittelbaren Umfeld der AKP-Regierung führte und von Erdoğan nun als Vertreter des »parallelen Staates« verfemt wurde. »Der Vorwurf ist ja nicht falsch«, sagt Şık. »Aber so, wie das Ergenekon-Verfahren eine Operation der AKP und der Gülen-Bewegung war, um die Kontrolle über die Konterguerilla zu erlangen, geht es im Machtkampf zwischen der AKP und der Gülen-Bewegung wieder darum und nicht etwa um die Auflösung dieser Strukturen.«

Şık und Şener wurden nach einem Jahr Haft entlassen, das Verfahren im sogenannten Oda-TV-Prozess dauert an. Im Ergenekon-Hauptverfahren wurden im Sommer 2013 27 Journalisten zusammen mit ehemaligen Militäroffizieren, Politikern und Universitätsprofessoren zu teils sehr hohen Haftstrafen verurteilt. »Dort waren sowohl Unschuldige angeklagt als auch Leute, bei denen ich davon überzeugt bin, dass sie Blut an den Händen haben. Aber niemand wurde wegen der Taten verurteilt, die er wirklich begangen hat«, meint Şık.

Das Ergenekon-Verfahren hat dazu beigetragen, dass die Türkei in der Rangliste der Pressefreiheit inzwischen auf dem 154. von 179 Plätzen steht. 63 Journalisten waren Anfang 2014 in türkischen Gefängnissen – mehr als irgendwo sonst auf der Welt. Der zweite Großprozess, bei dem Journalisten angeklagt sind, ist das Verfahren gegen die KCK, der Union der Gemeinschaften Kurdistans, den politischen Arm der PKK. Zwischen

7.000 und 8.000 Personen sitzen im Zusammenhang mit diversen KCK-Verfahren in Untersuchungshaft oder wurden bereits verurteilt. Noch anhängig sind Verfahren gegen 46 Journalisten, von denen zuletzt 19 inhaftiert waren.

Eine dieser Angeklagten ist Arzu Demir. Die 38-Jährige arbeitet für die kleine linke Nachrichtenagentur Etha. Einige Tage nach der Räumung des Gezi-Parks wurden ihr Büro und ihre Wohnung durchsucht. »Wir wurden in unserer Wohnung 18 Stunden lang gefangen gehalten und einer erniedrigenden Prozedur unterzogen.« Bekanntschaft mit der Polizei hat sie schon mehrfach gemacht. 1996 wurde sie in einem Polizeirevier mit Elektroschocks an den Brüsten misshandelt. Sedat Selim Ay, einer der beteiligten Polizisten, sei heute stellvertretender Leiter der İstanbuler Antiterror-Einheit, berichtet sie. »Die AKP spricht von einer ›fortgeschrittenen Demokratie‹. Aber was wir erleben, erinnert an diese Zeit.«

Dass staatliche Einschüchterungsversuche quasi auf dem kurzen Dienstweg erfolgen können, hat Pınar Öğünç Kollege İsmail Saymaz nach den Gezi-Protesten erlebt. Der 33-jährige Reporter der *Radikal* hatte Überwachungsvideos veröffentlicht, die zeigen, wie der jugendliche Demonstrant Ali İsmail Korkmaz im Juni 2013 in Eskişehir von Polizisten und Zivilisten zusammengeschlagen wurde. Daraufhin erhielt er eine E-Mail von Gouverneur Güngör Azim Tuna. »İsmail, mein Sohn, du gibst schon wieder keine Ruhe«, beginnt die Mail, die in wüsten Beschimpfungen und kaum verhüllten Drohungen endet.

Eine ganz andere Form von Gängelung hat Ayşe Yılmaz erlebt, eine erfahrene Journalistin, die weder ihren wirklichen Namen noch den ihres vormaligen Arbeitgebers veröffentlicht sehen möchte. »Während der Besetzung des Gezi-Parks war ich jeden Tag dort«, erzählt sie. »Aber in meiner Redaktion wollte man keine Beiträge von mir. Am Ende durfte ich nicht einmal mehr Vorschläge in der Konferenz machen.«

Ayşe Yılmaz ist eine von etwa 200 teils prominenten Journalisten, die der Journalistengewerkschaft zufolge im Zusammenhang mit Gezi entlassen wurden oder gekündigt haben. Die meisten Mitarbeiter verlor der Sender NTV, inklusive des Vorstandsvorsitzenden Cem Aydın. Zugleich kündigte die britische BBC die Zusammenarbeit auf.

Vom journalistischen Ethos einmal abgesehen – ist so eine Politik nicht geschäftsschädigend? »Natürlich, aber das ist den Großkonzernen egal«, sagt Erkan Aslan, vormals Programmredakteur bei NTV. »Diese Konzerne verdienen ihr Geld woanders, auf dem Bau, in der Automobilbranche, und sind wegen dieser Geschäfte von der Regierung abhängig.«

Sein früherer Arbeitgeber gehört zur Doğuş-Gruppe, die am Galataport-Projekt und am Bau mehrerer U-Bahn-Linien beteiligt ist. Die Zeitung *Sabah* und der Fernsehsender atv sind Teil der Çalık-Gruppe, die Tarlabaşı abreißt, und die Demirören-Gruppe besitzt nicht nur die Tageszeitungen *Milliyet* und *Vatan*, sondern auch Einkaufszentren und Energiefirmen.

»Gezi hat einen Bruch ausgelöst«, erzählt der 27-jährige Aslan. »Bis dahin hatten sich alle damit abgefunden, dass bei uns bestimmte Meldungen oder Themen nicht vorkamen. Da braucht niemand deine tägliche Arbeit zu kontrollieren. Wenn du im Geschäft bist, dann weißt du bald, was geht und was nicht.« Auch darum hätten sich so viele NTV-Mitarbeiter als Bürger den Gezi-Protesten angeschlossen.

Zwar gibt es in der Türkei neben den Massenmedien eine unübersichtliche Zahl oppositioneller Medien – gedruckte wie elektronische, teils oppositionellen Gruppen nahestehend, teils professionell-journalistisch, aber stets mit geringem Budget. Doch als effektivstes Instrument gegen die Medienkonzentration haben sich die sozialen Medien erwiesen. Schon vor Gezi war Twitter viel verbreiteter als beispielsweise in Deutschland, danach stieg die Zahl der User noch einmal sprunghaft an. Pınar Öğünç ist davon überzeugt, dass es Twitter zu verdanken ist, dass zumindest ein Teil der Medien sich bemüht, den Verlust ihrer Glaubwürdigkeit wieder wettzumachen. »An jenem Abend kursierten Screenshots des Programms von CNN International und CNN Türk: hier die Kämpfe am Taksim-Platz, dort die Pinguine. Das hat den Skandal sichtbar gemacht. Für viele wurde das Schweigen der Massenmedien zu einem der wichtigsten Gründe, weshalb sie sich überhaupt den Protesten anschlossen.«

Wie wichtig gerade Twitter während des Aufstands war, zeigt eine Analyse von Ali Rıza Babaoğlan, dem Leiter des türkischen Dienstes des Business-Netzwerks LinkedIn: Demnach wurden zwischen dem 29. Mai und dem 3. Juni bei 1,6 Millionen verschiedenen Tweets der Hashtag #DirenGeziParkı verwendet, 400.000 davon enthielten Fotos oder Videos. 5,6 Millionen Mal wurde der Hashtag #DirenGeziParkı insgesamt verschickt, dazu 1,6 Millionen Mal der Hashtag #OccupyGezi und eine Million Mal der Hashtag #DirenAnkara – außerdem eine unbekannte Menge von Tweets zum Thema mit anderen oder ohne Hashtags.

So überrascht es nicht, dass der Zorn des Ministerpräsidenten auch Twitter traf. In dem Interview, das er am Abend des 2. Juni, keine 24 Stunden nach den Pinguinen, dem Fernsehsender Habertürk gab und bei dem er zum Gegenangriff auf die Gezi-Bewegung ausholte – das Wort *çapulcu* fiel hier ebenso zum ersten Mal wie der Hinweis auf die 50 Prozent der Bevölkerung, die er nur schwer zurückhalten könne –, schimpfte er über »eine Plage namens Twitter«.

Allerdings war Twitter fast ebenso sehr eine Quelle der Desinformation – und zwar von beiden Seiten. Hieß es hier, Demonstranten hätten in der Moschee Alkohol getrunken oder jemand hätte aus Mexiko eine Großbestellung Pizza aufgegeben und im Gezi-Park verteilen lassen, wurde dort vermeldet, dass Polizisten in Scharen den Dienst quittiert hätten, oder behauptet, die Polizei habe »Orangengas« benutzt, also das aus dem Vietnamkrieg bekannte Entlaubungsmittel Agent Orange.

Es ist also nicht so, dass Twitter der Opposition allein gehören würde. Auch die Gegenseite hat den Kurznachrichtendienst für sich entdeckt, wobei aus den Reihen der AKP niemand so umtriebig ist wie Melih Gökçek, der Oberbürgermeister von Ankara. Mit Beginn des Gezi-Aufstands hat er seinen ohnehin hohen Ausstoß noch einmal vergrößert und brachte es zuweilen auf über hundert eigenhändig und fast ausschließlich in Großbuchstaben verfasste Tweets am Tag. Er startet Kampagnen, um seine Hashtags unter den Trending Topics zu platzieren, er ist streitlustig, oft aggressiv – und schickt gerne anderen Usern seine Rechtsanwälte an den Hals, wenn er sich selber attackiert sieht.

Ein paar Wochen nach Gezi erklärte er die BBC-Journalistin Selin Girit zur »Vaterlandsverräterin« und rief seine damals 700.000 Follower dazu auf, ihren »demokratischen Protest« kundzutun. Wie der aussah, schildert die 36-jährige Girit, die zwischen London und İstanbul pendelt, so: »Ich bekam tausende Tweets mit Beschimpfungen, Vergewaltigungs- und Todesdrohungen.« Kurz zuvor hatte schon Ministerpräsident Erdoğan sie persönlich angegriffen. Zwar erhielten viele kritische Journalisten und vor allem Journalistinnen derartige Zuschriften, aber außer dem Schauspieler Mehmet Ali Alabora wurde niemand derart zum Angriffsziel wie Girit. Woran das lag? »Ich arbeite für ein ausländisches Medium, ich bin türkischstämmig, und ich bin eine Frau«, vermutet sie. Dennoch denkt sie nicht im Groll an Gezi: »Vor Beginn dieser Kampagne hatte ich im Gezi-Park eine sehr schöne Zeit. Und ich habe das Gefühl, einen guten Job gemacht zu haben.«

Auf andere Weise durch Gezi berühmt wurde die Journalistin Makbule Cengiz und mit ihr der rührend amateurhafte Fernsehsender Halk TV. Während bei CNN Türk jene Doku lief, sendete Halk TV live von den Auseinandersetzungen. Einen eigenen Übertragungswagen hatte der Sender damals noch nicht, man übernahm den Livestream der Doğan-Nachrichtenagentur, dazu berichtete die 25-jährige Berufsanfängerin Cengiz per Telefon vom Geschehen. Die eigenen Bilder, die ihr Kameramann aufnahm, mussten per Boten zum Sender. »Aber die Leute mochten uns, gerade wegen unserer Amateurhaftigkeit, unserer Fehler und unserer schrägen Werbung. Sie fanden es sympathisch, dass ich mich manchmal in der Aufregung verhaspelte oder in der Live-Sendung die Polizei dazu aufforderte, ein Kabel zurückzubringen, das sie mir weggenommen hatten. Vielleicht war das die Berichterstattung, die dem Geist von Gezi am nächsten kam.«

Die roten Hacker

Die Hackergruppe RedHack ist eine feste Größe in der türkischen Netzszene und gehört, wie die Ultras von Çarşı, zu den Stars der Gezi-Bewegung. Doch RedHack hat eine klare politische Linie: Mit ihren maskierten Auftritten erinnert sie an die mexikanischen Zapatisten, ihre Symbolik mit Hammer und Sichel wirkt ein wenig *old school.* »Das ist nur ein Symbol dafür, dass wir auf Seiten der Arbeitenden stehen«, erklärt jemand von RedHack. »Das heißt nicht, dass wir in allem so denken wie frühere Generationen von Sozialisten. Aber das Ideal eines Systems, das den Menschen in den Mittelpunkt stellt, ändert sich nicht.« Dies steht in einem per Chat geführten Interview, das über die bekannten Internetadressen der Gruppe zustande gekommen ist. Nur zu der Person, die dies schreibt, lässt sich nichts weiter sagen. »Wir reden nicht über a/s/l«, lehnt sie die Bitte ab, ein paar vage Angaben über sich zu machen. Also nicht über »age/sex/location«.

Diese Person bekommt hier den Namen Umutcan. Möglicherweise sind die meisten Aktivisten von RedHack männlich, so wie die meisten Computernerds. Doch in Videos der Gruppe sprechen immer wieder Frauen. Außerdem, so erklärt Umutcan, bestehe RedHack nicht nur aus Computerspezialisten: »Manche sind Fachleute für andere technische Dinge, andere kümmern sich um Kontakte oder Öffentlichkeitsarbeit.« Über sich beantwortet Umutcan nur eine Frage: Ob die Menschen in seiner (ihrer) nächsten Umgebung von seiner (ihrer) Tätigkeit wissen: »Nein, das wissen nur meine Genossen. Und die sehen mich nicht.« Denn RedHack steht unter Fahndungsdruck. Mehrfach wurden Leute wegen angeblicher Mitgliedschaft in der Gruppe festgenommen, etwa im November 2013 der bereits erwähnte Fernsehschauspieler Barış Atay und 13 weitere Personen. Zuvor saßen zwei Studenten und eine Studentin der Universität Mersin neun Monate in Untersuchungshaft, ehe sie letztlich freigesprochen wurden.

Den Zorn des Staates auf sich gezogen hat RedHack mit einer Fülle von Aktionen. Mal setzten die Aktivisten eine Erklärung zum Thema Gewalt gegen Frauen auf die Seite des Familienministeriums, ein andermal griffen sie die Webseiten von Lebensmittelfirmen an, die verdorbene Milch an Schulen geliefert hatten. In den letzten Jahren gingen die Hacker oft über das Lahmlegen oder Manipulieren von Webseiten hinaus. So drangen sie im Februar 2012 in das Computersystem der Polizei Ankaras ein, um offenzulegen, wie weit die Polizeistrategie gediehen ist, Bürger zu Denunzianten zu machen. »Unsere Aktion ist eine Antwort auf den Imperialismus und dessen ›grüne Armee‹, die dieses Land in ein Gefängnis verwandelt haben«, hieß es im Bekennerschreiben, das bei RedHack oft nur aus 140 Zeichen besteht. Diesmal ließen sie es sich aber nicht nehmen, der Polizei noch eins mitzugeben: Diese schütze, so erklärte RedHack, sogar sensible Daten mit Passwörtern wie »123456« und benutze größtenteils geklaute Software.

Weitere Hacks der Gruppe richteten sich gegen Datenbanken des Innenministeriums, des Hochschulrates oder der Armee. Welche Aktion die größte Wirkung hatte? »Der Hack gegen das Außenministerium«, meint Umutcan. »Davon fühlten sich auch andere Staaten getroffen.« Viel von diesem Hack hat die Gruppe bislang jedoch nicht veröffentlicht, weshalb manche glauben, sie würde bloß prahlen, im Besitz wichtiger Dokumente zu sein. »Wir haben eine Flut von Daten«, antwortet Umutcan. »Aber uns geht es nicht darum, Chaos zu verbreiten. Wir veröffentlichen die richtigen Dokumente zur richtigen Zeit.«

RedHack besteht seit 1997 und ist somit älter als die internationale Hackergruppe Anonymous, die sich etwa 2004 bildete. Aber während Anonymous jedem offen steht, definiert sich RedHack politisch klarer – wenngleich nicht so eng, als sei man eine Partei. »Uns verbindet der Wunsch nach Gerechtigkeit, Freiheit und Gleichheit«, sagt Umutcan. »Wir fragen uns und sagen uns zwar nicht gegenseitig, mit welcher Partei oder Organisation wir sympathisieren. Aber wenn man miteinander zu tun hat, merkt man das. Es gibt unter uns Sozialisten, Anarchisten, revolutionäre Muslime.« Mit Anonymous hat RedHack auch schon zusammengearbeitet, beim Hack gegen den israelischen Geheimdienst im März 2013 etwa, als sie die Namen von 35.000 Mitarbeitern des Mossad veröffentlichten. »Aber so, wie Anonymous organisiert ist, muss man bei ihnen sehr vorsichtig sein«, meint Umutcan. »Man könnte es auch mit der Polizei zu tun haben, weil Anonymous aus einer Vielzahl von Menschen besteht.« Und wie schützen sie sich selber vor Unterwanderung? »Unsere Struktur ist *sophisticated* und schwer zugänglich. Und wir achten darauf, nicht viel voneinander preiszugeben. Manche Genossen arbeiten seit 16 Jahren zusammen und kennen nicht einmal das Geschlecht des Anderen. Wir sind aber traurig wegen der Menschen, die als RedHack-Mitglieder verfolgt werden, obwohl sie nichts mit uns zu tun haben.«

Nicht mit Verfolgung rechnen müssen hingegen die Aktivisten der nationalistischen Hackergruppe Ayyıldız Tim (»Team Halbmond«), die mehrfach Seiten der PKK, linksradikaler Organisationen oder, je nach politischer Konjunktur, Einrichtungen fremder Staaten hackten, dafür in regierungsnahen Massenmedien gefeiert wurden und nach Gezi unter anderem die Seiten des oppositionellen Senders Halk TV angriffen.

Mit Ayyıldız hat sich RedHack einige Male beharkt. Aber RedHack geht es um mehr. »Wir sind jetzt auf Level Zwei und haben noch einen langen Weg bis Level Zehn vor uns«, heißt es in dem Anfang 2013 veröffentlichten Film *RED!*, einer Mischung aus Dokumentation und Propagandavideo. »Unser größter Hack wird der sein, zusammen mit dem Volk auf die Straße zu strömen.« War Gezi ein solcher Moment? »Gezi war ein Augenzwinkern der Revolution«, antwortet Umutcan. Die Leute von RedHack waren bei den Gezi-Protesten selbst auf der Straße, berichtet Umutcan. Zudem veröffentlichte die Gruppe die Handynummern aller türkischen Abgeordneten sowie der Führung der İstanbuler Polizei, damit sich Bürger über das Vorgehen der Sicherheitskräfte beschweren können. Und ein maskierter Sprecher gab dem Sender Halk TV ein viel beachtetes Interview – eine fast zweieinhalbstündige Abrechnung mit der AKP-Regierung, die zeigte, dass RedHack auch die große Oper beherrscht.

Im Wesentlichen aber sind die Hacker in den Tagen von Gezi damit beschäftigt, über Twitter Informationen an ihre 700.000 Follower weiterzuleiten und so zu einer Koordination der Proteste beizutragen. Eine dieser Meldungen lautet: Die Polizei setze »Orangengas« ein, was im Folgenden oft mit Agent Orange identifiziert wird. »Wir haben weitergegeben, was wir von verschiedenen Quellen und Ärzten vor Ort erfahren haben«, verteidigt sich Umutcan. Und sicher seien chemische Stoffe verwendet worden, mit denen man nicht gegen Menschen vorgehen dürfe, darunter eben dieses orangefarbene Gas mit der besonders verheerenden Wirkung. Dass überhaupt die sozialen Netzwerke zur Hauptnachrichtenquelle wurden, sei das Verschulden anderer. Die türkischen Medien seien ihrer Pflicht nicht nachgekommen. »Dass sich die Regierung vor aller Welt blamiert hat, ist vor allem Twitter zu verdanken.«

Und noch auf andere Weise tut sich RedHack bei Gezi hervor: Um sich schützend vor alle zu stellen, denen wegen ihrer Tweets Verfolgung droht, erklärt die Gruppe, sie habe die fraglichen Accounts geknackt und im Namen der User die Tweets verschickt. An die Adresse der Regierung heißt es: »Wir laden die AKP dazu ein, sich mit uns anstatt mit den jungen Leuten zu beschäftigen.« So reden Guerillakämpfer. Sehen sie sich als solche? »Nein, so ambitioniert sind wir nicht«, antwortet Umutcan. »Aber der Begriff Netzguerilla ist wohl nicht übertrieben. Letztlich wollen wir die Welt verändern. Und Revolutionen kommen nicht mit Schokolade. Die einen nehmen, wenn der Moment gekommen ist, die Waffe, die anderen tragen Wasser und andere kümmern sich um die Technik.«

Das Wissen des Universums

Ekşi Sözlük (»Das saure Lexikon«) ist eine der beliebtesten Internetseiten der Türkei. Ein Lexikon, das alle Themen enthält, über die auch Wikipedia Auskunft erteilt oder erteilen könnte. Und noch viele mehr: »Leute, die 2014 eine Armbanduhr tragen«, »Atheisten, die beim Sex ›Oh mein Gott‹ sagen«

oder »Der Umweltminister, der sich über Umweltschmutz beschwert«. Anders als bei Wikipedia werden die Artikel nicht ständig überarbeitet, sondern, wie im Thread eines Onlineforums, von verschiedenen Usern fortlaufend ergänzt. Dazu zeigt eine Spalte an, welcher Artikel aktuelle Einträge enthält und zu welchen Artikeln am jeweiligen Tag die meisten Einträge verfasst wurden. Der wichtigste Unterschied zu Wikipedia: Es gibt keinen Anspruch auf Wahrheit. Einige Beiträge sind nach Stil und Inhalt klassisch-enzyklopädisch, andere subjektiv und bewertend, und einige beginnen sogar mit dem Satz »Soweit ich weiß…«. Zugleich ist Ekşi ein Archiv der Zeitgeschichte: ein Fußballspiel, ein Zitat, eine Nachricht, die jemand für bemerkenswert hält – relevant ist, was ein User relevant findet. Im Internet ist Platz, jedenfalls bei Ekşi.

Das Lexikalische ist vor allem die sprachliche Form, die (meistens) für knappe Beiträge sorgt und (meistens) einen Rahmen herstellt. So definiert jemand die kurdische PKK wie folgt: »Organisation, der sich jeder anschließen kann, der Leute töten will.« Gleich darunter steht die Replik: »Organisation, der sich niemand anschließen muss, nur weil er Leute töten will, da er sich ebenso der Polizei anschließen kann.«

Im Januar 2014 hatte Ekşi knapp 21,4 Millionen Beiträge zu 3,1 Millionen Themen, inklusive der verwaisten Seiten. Dazu gibt es 400.000 registrierte User, Mehrfachmitgliedschaften sind erlaubt, doch muss man sich jedes Mal einer Aufnahmeprozedur unterziehen. Etwa 93.000 »Grünschnäbel« stehen derzeit auf der Warteliste. Und weil Google Türkei die Seite so bevorzugt behandelt, kennt jeder türkische Internet-User Ekşi. »Unser Google-Ranking ist so gut, weil Ekşi so alt ist«, erläutert Sedat Kapanoğlu. Ekşi ist eines der ältesten heute noch aktiven sozialen Netzwerke der Welt.

Anfang 1999, also noch vor Wikipedia (2001), Myspace (2003), Facebook (2004) oder Twitter (2006), gründet Sedat Kapanoğlu Ekşi Sözlük. Es ist ein Hobby und zunächst Teil der Satireseite Sourtimes, die er mit seiner damaligen Freundin betreibt. Kapanoğlu ist da 22 Jahre alt und studiert in seiner nordwestanatolischen Geburtsstadt Eskişehir Volkswirtschaft.

In Computer vernarrt ist er seit seiner Kindheit. Schon mit zehn Jahren übt er sich mit einem älteren Bruder in der Computersprache BASIC, später schenken ihm seine Eltern einen Computer, einen Amstrad CPC464, Arbeitsspeicher 64 Kilobyte RAM. »Ich habe darauf gespielt und programmiert«, erzählt Kapanoğlu. »Mich hat es fasziniert, einem Computer Befehle zu erteilen, der damit etwas Neues erschafft.« 1996 sind in einer von der Zeitschrift *PC World Turkey* erstellten Top Ten der in der Türkei geschriebenen Programme sechs von Kapanoğlu. »Nicht, dass die so besonders gut waren«, sagt er. »Es gab damals nicht so viele Programmierer in der Türkei.« Ungefähr in dieser Zeit lernt er HiTNet kennen, das erste Mailboxnetz der Türkei. Eines Tages schickt ihm ein Freund auf diesem Weg die elektronische Fassung von Douglas Adams' Roman *Per Anhalter durch die Galaxis*. Kapanoğlu findet hier die Inspiration für Ekşi Sözlük: ein anarchisches Nachschlagewerk, das unterhält, informiert und cool ist. »Die heilige Quelle des Wissens«, lautet das Motto der Seite.

Bald nach der Gründung des Lexikons zieht Kapanoğlu nach İstanbul und beginnt ein Informatikstudium, das er aber nicht beendet. Er hat etwas Anderes: Ein Angebot von Microsoft. Während er nun in Seattle arbeitet, wächst Ekşi aus seinem Mantel heraus, ein Rechtsanwalt steigt als Teilhaber ein, und die Seite beginnt allmählich, durch Werbung Geld zu erwirtschaften. Als er mit Ekşi ungefähr so viel verdient wie bei Microsoft, kehrt Kapanoğlu nach fünf Jahren in den USA zurück nach İstanbul.

Der Erfolg ist so groß, dass sich bald Nachahmer finden, die sich ebenfalls etablieren, ohne dem Original den Rang streitig machen zu können: Uludağ und İTÜ Sözlük, die von Studenten der Universität Bursa bzw. der TU İstanbul gegründet werden, und in denen es ein bisschen sachlicher zugeht, zuletzt İnci Sözlük, wo die Autoren merklich jünger sind und zuweilen ein pubertärer Tonfall herrscht. Im Ausland entsteht allerdings nur ein Klon – in Aserbeidschan, dessen Amtssprache dem Türkeitürkisch eng verwandt ist. »Auf mich kamen immer wieder Leute zu, die in Frankreich oder in Rumänien etwas Ähnliches machen wollten«, erzählt Kapanoğlu. »Aber das hat sich nirgends durchgesetzt.« Warum er mit Ekşi in der Türkei so einen Nerv getroffen hat? »Bei Ekşi Sözlük kann jeder schreiben, was er will. Das versteht man vielleicht im Ausland nicht, in den USA hat es jedenfalls niemand verstanden, wenn ich versucht habe zu erklären, warum ein Lexikon so populär ist.«

Am ehesten ähnele das Konzept den Online-Foren. »Aber da kann ein Admin alles löschen, was ihm nicht passt. Das gibt es bei uns so nicht. Es liegt nicht an mir zu entscheiden, ob etwas falsch oder richtig ist«, sagt Kapanoğlu. »Das reguliert sich von selbst. Und manches bleibt nebeneinander stehen, so wie die Wahrheiten mancher Menschen verschieden sind.«

Auf der Arbeit trägt Kapanoğlu Jeans und T-Shirt, seine Mitarbeiter – die meisten sind Frauen – tragen *business casual*. Die Mittagspause verbringt man zusammen im Konferenzraum, die Köchin hat für alle gekocht, das Team schaut gemeinsam eine Kochsendung. Untypisch für ein Internet-Unternehmen hingegen: Seine Mitarbeiterinnen und Mitarbeiter siezen die beiden Chefs. Die Firma sitzt im zehnten Stock eines bewachten Büroturms im Geschäftsviertel Levent. »Reine Vorsorge«, sagt Kapanoğlu – schließlich hatten islamistische Webseiten in der Vergangenheit mehrfach Kampagnen gegen ihn gestartet.

Auch mit der Justiz hatte Ekşi schon Ärger, mal wegen Blasphemie, mal wegen Drogenverherrlichung. Im Sommer 2011 geriet Kapanoğlu selber in die Kritik der Netzcommunity, weil seine Firma die IP-Adressen von Usern, gegen die wegen Blasphemie ermittelt wurde, an die Polizei weitergegeben hatte. »Die Leute haben recht, wenn sie sich darüber aufregen«, sagt Kapanoğlu. »Aber wenn du die IP-Adressen nicht mitteilst, machst du dich strafbar. Twitter und Facebook machen das nicht, aber an die kommt der türkische Staat nicht ran.«

Gibt es in der Türkei wirklich keine Internetfreiheit? Es gibt doch oppositionelle Seiten oder Foren wie Ekşi. »Ich bin in einer Gesellschaft aufgewachsen, in der nach dem Putsch alle eingeschüchtert waren«, sagt Kapanoğlu. »Heute gibt es mehr Freiheit, auch dank des Internets. Aber du stößt an Grenzen. Du willst auf eine Internetseite und stellst fest, dass die gesperrt ist. Du schreibst einen Tweet und wirst dafür festgenommen, wie Leute in İzmir nach den Gezi-Protesten. Aber es gibt keine 95-prozentige Meinungsfreiheit. Entweder haben wir Meinungsfreiheit oder wir haben keine.«

Gesperrt sind in der Türkei Seiten der PKK oder von RedHack, das schwule Datingportal Gayromeo, das Dokumentenaustauschportal Scribd, der Webseitendienst Google Sites und pornographische Seiten. Zeitweilig blockiert waren die Blog-Plattform Wordpress oder die Videoportale DailyMotion, Vimeo und, von 2008 bis 2010, Youtube. Jeder, der sich beleidigt fühlt oder seine Privatsphäre verletzt sieht, kann bei jedem beliebigen Gericht eine Sperre beantragen. Dem Blog Engelliweb zufolge waren Ende 2013 über 10.000 Seiten betroffen.

Damit nicht genug, legte die AKP-Regierung im Frühjahr 2011 einen Gesetzentwurf zur weiteren Internetzensur vor: 138 Wörter sollten als Bestandteile von Internetadressen verboten werden, darunter türkische Wörter wie *etek* (Rock) oder *itiraf* (Geständnis), aber auch englische wie *gay* oder *hot*. Dazu wollte man rund 70 Seiten dauerhaft abschalten, von Ekşi Sözlük über die Seite des schwul-lesbischen Vereins Pembe Hayat aus Ankara bis zur Homepage eines Dessousvertriebes. Vor allem aber sollte jeder Benutzer dazu verpflichtet werden, eines von vier Paketen mit Internetfiltern zu buchen.

Die Folge: Ein Sturm der Empörung, der sich unter dem Motto »Hände weg von meinem Internet« formiert, erst im Netz, wo sich unter anderem 600.000 Menschen zu einer Facebook-Gruppe zusammenschließen, dann auf der Straße. Tausende demonstrieren in İstanbul und in weiteren Städten, auch die EU und die OSZE legen Einspruch ein, schließlich wird das Gesetz entschärft: die Verbotsliste für die Länderkennung »tr« bleibt, doch die Filter werden nur auf freiwilliger Basis eingeführt, das pauschale Verbot von Webseiten entfällt.

Sedat Kapanoğlu ist einer der Initiatoren dieser Kampagne. »In Taksim waren 50.000 Leute, die bis dahin größte Demonstration für Internetfreiheit in der Welt – zu einem Thema, für das sich die türkische Opposition damals kaum interessierte.

Für viele aus der Internetgeneration war diese Demonstration das erste Mal, dass sie auf der Straße waren«, sagt er. »Ich glaube, es ging nicht nur um die Freiheit des Internets, sondern allgemein um Freiheit. Auch da waren schon Fußballfans und LGBT-Leute dabei. Diese Kampagne gehört für mich zur Vorgeschichte des Gezi-Parks.«

Als zwei Jahre später der Gezi-Aufstand beginnt, wird Ekşi zur Informationsquelle. Der lexikalische Stil ist jetzt passé. Kapanoğlu mischt sich unter die Demonstranten, seine Freundin ist noch aktiver. »Dieser Despotismus, diese Gewalt gegen ein paar Menschen, die in einem Park Zelte aufgeschlagen hatten, hat mich wahnsinnig gemacht«, sagt er.

Etwas anderes wundert ihn aber nicht: »Worüber alle so überrascht waren, das kennen wir seit Jahren aus Ekşi. Wir kennen den Humor der jungen Generation. Und bei Ekşi gibt es Leute mit allen möglichen politischen Ansichten – Kemalisten, Liberale, Sozialisten, Anhänger der AKP, der MHP und der PKK. Es wird manchmal ausfallend, es gibt Reibereien, aber grundsätzlich gibt es eine Form, an die sich alle halten und innerhalb der sie ihre Argumente austauschen. Facebook besteht aus Freundes- und Bekanntenkreisen. Ekşi gehört allen und niemandem. Und Ekşi hat bewiesen, dass die unterschiedlichsten Menschen sich einen Ort teilen können – so wie sich die unterschiedlichsten Menschen den Gezi-Park geteilt haben.« Vielleicht ist Ekşi inzwischen einer der wenigen öffentlichen Orte, wo sich nicht nur Leute aus verschiedenen oppositionellen Milieus begegnen, sondern auch Kritiker *und* Anhänger der AKP. Vielleicht wird das eines Tages dazu dienen, die gegenwärtige Polarisierung der Gesellschaft zu überwinden.

Im Moment freilich stehen die Zeichen auf Konfrontation. Anfang 2014, als gegen vierzig Ekşi-Autoren, darunter auch Kapanoğlu selbst, ein neuer Prozess wegen Blasphemie beginnt, beschließt das Parlament ein neues Zensurgesetz – eine Reaktion auf Gezi und auf die Korruptionsermittlungen. Die Telekommunikationsbehörde darf nun ohne richterliches Urteil Webseiten sperren. Provider müssen die Daten von Nutzern zwei Jahre lang speichern.

Und rechtlich ist es nun möglich, Teile einer Seite zu sperren – eine Zensur, die man nicht sofort bemerkt, weil beispielsweise Youtube erreichbar bleibt und nur ein bestimmtes Video blockiert ist.

Schon bald kommt dieses Gesetz zur Anwendung: Ein paar Tage vor der Kommunalwahl werden Twitter und Youtube gesperrt. Man will die Verbreitung von Gesprächsmitschnitten unterbinden, die mutmaßlich von Mitgliedern der Gülen-Gemeinde auf Youtube veröffentlicht werden und den Ministerpräsidenten und weitere führende AKP-Politiker schwer belasten. In diesen Aufnahmen, deren Echtheit Erdoğan bestreitet, geht es größtenteils um Korruption, aber auch um Überlegungen, einen Kriegsgrund gegen Syrien zu inszenieren.

Die Twitter-Sperre erregt die Gemüter, viele fühlen sich an Länder wie den Iran oder Pakistan erinnert. Die praktischen Auswirkungen hingegen sind gering. Noch in der ersten Nacht landet der Hashtag #TwitterBlockedInTurkey auf Platz eins der weltweiten Trending Topics; in den folgenden Tagen gibt es kaum ein Land, in dem so viel getwittert wird wie in der Türkei. Dort weiß inzwischen jedes Kind – vielleicht nicht jeder Erwachsene –, mit welchen drei Klicks man Internetsperren umgehen kann. Und das tun nicht nur Oppositionelle. Auch AKP-Anhänger umgehen die Sperre, um auf Twitter eine Kampagne zur Sperre von Twitter zu starten.

Erdoğan verlangt, dass Twitter ein Büro im Land eröffnet und sich nach türkischem Recht haftbar macht. Kurz nach der Wahl hebt das Verfassungsgericht die Sperre auf. Auch danach versucht die Regierung, Druck auf die großen Internetkonzerne auszuüben, damit sie bestimmte Inhalte entfernen oder einzelne Konten sperren, was ihr in einigen Fällen auch gelingt. An dieser Episode zeigen sich einmal mehr die Bedeutung wie die Grenzen der sozialen Medien. Im Fernsehen wird über die Enthüllungen geredet, aber man traut sich nicht, die Aufnahmen zu senden. Die sind nur im Internet verfügbar. Millionen überwiegend älterer Menschen bekommen sie nie zu Ohren.

The revolution will not be retweeted, hätte Gil Scott-Heron vielleicht eingewendet. *The revolution will be live.*

11. Ankara: Kurz vor der Revolution

Eine Moschee zu viel

3,6 Millionen Menschen, so teilte die Polizei im November 2013 mit, haben von Ende Mai bis Mitte September an den Gezi-Protesten teilgenommen; in 80 von 81 Provinzen wurde demonstriert. Nahm die Gezi-Bewegung diese Nachricht mit Stolz auf, sorgte eine andere Zahl aus derselben Statistik für große Empörung: Dass es sich nämlich bei 78 Prozent aller im Zusammenhang mit Gezi festgenommenen rund 5.500 Personen um Aleviten gehandelt habe. »Das ist eine Lüge«, sagt Menekşe Dülgür. »Sie wollen uns denunzieren und den politischen Widerstand auf einen Konflikt zwischen Konfessionen reduzieren.«

Zumindest bleibt es rätselhaft, wie die Behörden diesen Wert ermittelt haben. Denn anders als bei Angehörigen christlicher Minderheiten ist die konfessionelle Zugehörigkeit der Aleviten nicht im Personalausweis vermerkt, auch der Wohnort oder das Familienbuch lassen nur in manchen Fällen halbwegs sichere Annahmen zu, schließlich gibt es nur wenige Gegenden in Anatolien und nur einige Viertel in den Großstädten mit einer relativ homogenen alevitischen Bevölkerung. Unklar ist auch, wie viele Aleviten insgesamt im Land leben. Eine Studie aus dem Jahr 2012 kommt auf 12,5 Millionen, also 15 Prozent der Gesamtbevölkerung, dazu noch mal so viele assimilierte Aleviten oder deren Nachkommen. »Der Assimilierungsdruck ist mit dieser Regierung viel stärker geworden«, sagt Dülgür.

Vom einstigen Blond ihrer Haare ist nur noch ein Schimmer übrig, sie trägt eine randlose Brille und hat feine Gesichtszüge. Menekşe Dülgür ist 49 Jahre alt, hat als Angestellte in der privaten Wirtschaft gearbeitet und ist pensioniert – bis vor einigen Jahren konnten in der Türkei Frauen nach 20 und Männer nach

25 Beitragsjahren in Rente gehen. Im Gegensatz zu vielen Gleichaltrigen, die weiterarbeiten, weil ihre Rente nicht ausreicht, ist sie nicht mehr berufstätig. Dafür engagiert sie sich im Kulturverein Pir Sultan Abdal, mit rund 80 Zweigstellen eine der größten alevitischen Vereinigungen und benannt nach einem hingerichteten Dichter und Barden des 16. Jahrhunderts. »Pir Sultan Abdal ist ein Symbol des Freiheitskampfes der Aleviten«, sagt Mustafa Demirtaş, der Ortsvorsitzende im Viertel Tuzluçayır.

Demirtaş ist 62 Jahre alt und Steuerberater. Ein großer, stämmiger Mann mit grauen Koteletten und dichtem Schnauzer. Er trägt einen dunkelblauen Anzug und eine dunkelblaue Krawatte, dazu ein taubenblaues Hemd. Obwohl es an diesem für Ankara ungewöhnlich milden Januarabend keinen besonderen Anlass gibt, wirken beide feierlich – als wollten sie mit ihrem förmlichen Auftreten der ärmlichen Umgebung trotzen.

Die Räume ihres Vereins sind in einem Gecekondu. Von der Decke hängt eine nackte Glühbirne, wer ein bisschen größer ist, muss beim Eintreten den Kopf einziehen. Als diese Baracke in den siebziger Jahren errichtet wurde, war die Straße noch nicht asphaltiert. Mit dem Asphalt wuchs die Straße nach oben. Die übrigen Gebäude wuchsen mit, weil ihre Besitzer in den vergangenen Jahren mithilfe von Bauherren ihre alten Gecekondular zu Wohnhäusern umwandelten. Nur die Besitzer dieses Gecekondus nicht, so dass man von der Straße aufs Dach des Vereinshauses hinunterblickt, was die Szenerie noch ärmlicher wirken lässt.

Tuzluçayır, Teil des Bezirks Mamak, ist das Gazi von Ankara. Der Anteil der alevitischen Bevölkerung ist hier (sowie in einigen angrenzenden Vierteln) sogar höher, fast alle sind türkische Aleviten und stammen aus den zentralanatolischen Provinzen Sivas und Çorum. »Klein-Moskau« hieß Tuzluçayır vor dem Putsch, noch heute sind die linken Gruppen ähnlich einflussreich wie in Gazi, und natürlich wählt man fast geschlossen die CHP. Aber Tuzluçayır wirkt noch etwas ärmer. Die Straßen sind voller Schlaglöcher und schummrig, nur rund um den schlicht »Kreuzung« genannten Hauptplatz sind ein paar

Geschäfte. Dafür ist Tuzluçayır näher am Zentrum als Gazi, acht Kilometer sind es bis zum Kızılay-Platz.

Ein weiterer Unterschied: Hier leben kaum Kurden, wie in Ankara der Anteil der kurdischen Bevölkerung insgesamt relativ gering ist. Dennoch hat Tuzluçayır für die kurdische Bewegung eine besondere Bedeutung: 1974 versammelten sich hier um einen damals 25-jährigen Politologiestudenten eine Handvoll linker Studenten größtenteils kurdischer Abstammung, um den Aufbau einer Organisation zu beschließen. Dieser Student hieß Abdullah Öcalan, es war die Geburtsstunde der PKK, die vier Jahre später offiziell gegründet wurde.

Am 1. Juni 2013 sind viele Leute aus Tuzluçayır dabei, als die Demonstranten sich bis zum Kızılay-Platz vorkämpfen, diesen einnehmen und die Polizei bis an den Rand des angrenzenden Güven-Parks drängen. »Normalerweise ist es schwer, auf den Platz zu kommen«, erzählt Çetin, ein 19-jähriger Schüler. »Aber an diesem Tag waren da so viele Leute wie noch nie, vorne die politischen Gruppen und Fans von Gençlerbirliği und Ankaragücü, hinter uns das Volk.« Während der Kämpfe am Güven-Park wird Ethem Sarısülük von einem Polizisten aus nächster Nähe erschossen. Er war 27 Jahre alt, arbeitete als Schlosser, war im Menschenrechtsverein und stand dem illegalen, jedoch nicht terroristischen Bund Revolutionärer Kommunisten der Türkei (TİKB) nahe. Und er stammte, so wie die übrigen fünf unmittelbar bei den Gezi-Protesten getöteten Demonstranten, aus der alevitischen Bevölkerung. Ein Zufall?

»Nein«, rufen Dülgür und Demirataş vom Kulturverein im Chor. Aber stand Ethem nicht in einer Gruppe von Leuten? Hätte es nicht auch einen anderen treffen können? Und wenn es in jedem Fall einen Aleviten getroffen hätte, bestätigt dies nicht die Polizeistatistik? »Vielleicht hatte man diese Jungs ja registriert«, sagt Dülgür. Allzu überzeugt klingt sie aber nicht. »Bei den Protesten waren viele Aleviten dabei«, greift Demirtaş ein. »Und vielleicht sind unsere Jugendlichen auch ein bisschen kämpferischer. Aber, ja, etwas Zufall wird dabei gewesen sein.«

Die Situation nach den Schüssen schildert Çetin so: »Wir haben das mitbekommen, das hat meine Wut nur gesteigert.«

Vorstellen kann man sich das bei ihm schwer. Çetin, der in Wirklichkeit anders heißt, ist ein schmächtiger junger Mann, höflich und ein bisschen schüchtern. Er ist im Verein Halkevleri aktiv, einer Organisation, die sich ebenso auf die einstige kemalistische Bildungseinrichtung namens Volkshäuser beruft wie auf die Devrimci Yol der siebziger Jahre.

»Nachdem sich die Polizei an den Rand des Güven-Parks zurückzog, hätte ich am liebsten weitergemacht«, erzählt er im Ankaraner Dialekt. »Denn gleich hinter dem Park sind der Amtssitz des Ministerpräsidenten, die anderen Ministerien und ein paar hundert Meter weiter das Parlament. Ich dachte: Wir machen jetzt wirklich Revolution. Aber dann gab es ein Treffen im Park. Die Älteren aus den politischen Gruppen haben gesagt: ›Wir gehen nicht weiter, von hier an stehen nicht nur Polizisten vor uns, sondern auch die Gendarmerie. Wir werden nicht mit Steinen gegen Maschinengewehre kämpfen.‹« Das sei eben der Unterschied zu İstanbul: »Vom Taksim-Platz kann sich die Polizei zurückziehen. Aber das hier ist Çankaya, das Regierungsviertel. Darum hat sich die Polizei gesammelt und nach ein paar Stunden den Kızılay-Platz zurückerobert.«

Kızılay ist das Taksim von Ankara, auch wenn die historische Entsprechung eine andere ist: der Ulus-Platz im gleichnamigen Viertel weiter nördlich mit dem Reiterstandbild Atatürks. Doch in der jüngeren Vergangenheit hat sich die Gegend rund um den Kızılay-Platz – eigentlich nur eine größere Straßenkreuzung mit angrenzendem Park – zum Geschäfts- und Vergnügungszentrum der Hauptstadt entwickelt. Dort kommt es in den ersten Juniwochen Abend für Abend zu schweren Straßenschlachten.

In deren Verlauf wird Çetin mit einer kleinen Gruppe in einer Seitenstraße von Polizisten überwältigt. »Die haben auf alle eingeschlagen, auf der Straße und später im Auto. Aber mich haben sie am übelsten zugerichtet.« Seine Nase wird gebrochen. Sie bleibt krumm, eine Erinnerung fürs Leben. Und warum gerade ihn? »Ich hatte die Fahne mit dem Emblem der Volkshäuser in der Hand«, sagt er. Stört die Fahne eigentlich nicht im Straßenkampf? »Und wie. Aber die muss sein. Die Leute müssen doch sehen, wer da kämpft.«

Ein bisschen Gezi-Gefühl in Ankara gibt es auch – im Kuğulu-Park, 2500 Meter den Atatürk-Boulevard entlang in Richtung Süden, einem kleinen, kitschig ausgeleuchteten Park im noblen Viertel Kavaklıdere, nach welchem einer der besten türkischen Weine benannt ist. Auch hier kommt es manchmal zu Auseinandersetzungen mit der Polizei. Mal räumt sie den Park, ein andermal bietet sie den Leuten an, bleiben zu können, sofern sie die Zelte abräumen. Davon genervt, ständig ihre Zelte zu verlieren, greifen einige zu Robin-Hood-Techniken: Bei Ärger ziehen sie die Zelte mit Stricken hoch in die Bäume.

Jüngere und politisch organisierte Bewohner von Tuzluçayır ziehen in dieser Zeit jeden Tag gemeinsam zum Kızılay-Platz, während sich die Älteren auf der Kreuzung in der Mitte ihres Viertels versammeln. Bis zu 20.000 Leute sollen es anfangs sein, wie Augenzeugen berichten. Ähnlich ist es in Dikmen, dem zweiten, aber wohlhabenderen alevitischen Viertel Ankaras. Dort greift die Polizei einige Male ein, in Tuzluçayır bleibt es friedlich. Die abendlichen Versammlungen gehen weiter, als am Kızılay-Platz Ruhe einkehrt. Man baut eine Bühne auf, es gibt Musik, schließlich bildet sich ein Parkforum. Kurz: Tuzluçayır bleibt in Bewegung – und steigt wieder auf die Barrikaden. Jetzt dringt die Polizei ins Viertel ein, das Mitte September tagelang unter Tränengas liegt. Bis zum Ende des Jahres toben immer wieder Straßenschlachten.

Der Grund: ein gemeinsames Gotteshaus, das eine Stiftung der Gülen-Bewegung gemeinsam mit der Cem-Stiftung des alevitischen Geistlichen İzzettin Doğan plant. Eine Moschee, daneben ein Cem-Haus – so heißen die Häuser, in denen die religiösen Zeremonien der Aleviten stattfinden. Ist das nicht ein Beitrag zur Verständigung? »Das ist ein Projekt zur Assimilierung der Aleviten«, antwortet Demirtaş. Es sei eine Kampfansage, ausgerechnet in Tuzluçayır ein solches Gebäude zu errichten. »Wir haben nichts gegen eine Moschee im Viertel, es gibt hier drei. Aber dieses Projekt hat mit Verständigung nichts zu tun. Der Staat will sich seine eigenen

Aleviten schaffen und hat mit İzzettin Doğan einen willigen Helfer gefunden.«

Doğan ist inzwischen eine Randfigur innerhalb der Aleviten. Doch so einig sich die übrigen Stiftungen, Vereine und Bruderschaften in der Ablehnung dieses Projekts sind, so heterogen sind sie sonst. Neben rituellen und theologischen Differenzen unterscheiden sie sich in zwei Fragen. Die eine lautet: Ist das Alevitentum eine eigene Religion oder ein Teil des Islams? Für beides gibt es Fürsprecher, wie auch in der Forschung beide Ansichten vertreten werden. Mustafa Demirtaş will diese Frage nicht mit Ja oder Nein beantworten. »Das Alevitentum wurde vom Islam beeinflusst, aber auch vom Christentum und Schamanismus der frühen Türken«, sagt er. Vor allem sei das Alevitentum eine Lebenseinstellung, eine Kultur und nicht, wie der Ministerpräsident meint, nur die Liebe zum Kalifen Ali. In diesem Fall, so hatte Erdoğan mal in einem Interview gesagt, sei er »voll und ganz Alevit«, wobei er an gleicher Stelle meinte, die Cem-Häuser seien keine Gotteshäuser, sondern Kulturzentren.

Was alle Strömungen des Alevitentums eint und sie vom sunnitischen Islam unterscheidet, ist, dass sie die Gottesliebe und die Liebe zu Gott vor die Gottesfurcht stellen. Rituale und Zeremonien spielen für sie keine so große Rolle. Das wiederum ist wohl ein wichtiger Grund, weshalb bei ihnen die Frauen eher gleichberechtigt sind und sie mit der säkularen Gesellschaft besser zurechtkommen. Çetin, der junge Mann aus Tuzluçayır, nennt sich gar Alevit und Atheist. »So denken viele unserer jungen Leute«, sagt Demirtaş. Er selber ist gläubig, hat aber zuletzt vor einem Jahr an einer religiösen Zeremonie, einem Cem, teilgenommen. Bei einem Cem sind Männer und Frauen zusammen. Nur junge Menschen trifft man kaum, die aktive Religionsausübung ist bei den Aleviten eher Sache der Älteren.

Die andere Streitfrage betrifft Atatürk. Die größte Vereinigung, die Alevitischen Kulturvereine, sind stärker kemalistisch, Demirtaşs Pir-Sultan-Abdal-Vereine eher sozialistisch. »Schon zu Beginn der Republik wurden die Aleviten ausgegrenzt und ihre Einrichtungen geschlossen. Aber danach wurde alles schlimmer«, sagt er, während ein Mittfünfziger, der sich inzwischen dazugesetzt hat, einwendet: »Atatürk hat uns von der religiösen Diktatur befreit. Der einzige Schutz, den wir haben, ist die laizistische Republik.«

»Ich zahle mit meinen Steuern die Löhne der Imame, aber der Staat zahlt nicht mal den Strom unserer Cem-Häuser«, sagt Demirtaş. »Es gibt keinen alevitischen Minister, keinen Gouverneur, wir werden nicht als Bürger dieses Landes behandelt.« Er fordert: Die Cem-Häuser sollen als Gebetsstätten anerkannt und der sunnitische Religionsunterricht als Pflichtfach abgeschafft werden. »Und wir wollen ein Museum, das an diese Menschen erinnert«, ergänzt Dülgür, auf die Fotos deutend, die hinter ihr an der Wand hängen: Porträts der 35 Menschen, die im Juli 1993 im zentralanatolischen Sivas ums Leben kamen.

Damals belagert ein islamistischer Mob stundenlang das Madımak-Hotel, in dem die Teilnehmer eines alevitischen Kulturfestivals untergebracht sind. Besonders groß ist der Hass auf einen der Anwesenden: den Schriftsteller Aziz Nesin. Er hatte in der von ihm herausgegebenen Zeitung *Aydınlık* Passagen aus Salman Rushdies Roman *Die Satanischen Verse* abgedruckt. Die Polizei ist vor Ort, greift aber nicht ein. Die Belagerten wenden sich telefonisch an Minister der SHP (damals Ersatz für die CHP), die an einer Regierung der konservativen DYP beteiligt ist. Bewirken können auch die nichts. Angestachelt wird der Mob unter anderem von Bürgermeister Temel Karamollaoğlu von der islamistischen Wohlfahrtspartei, der auch Erdoğan, Gül und die meisten späteren AKP-Politiker angehören. Schließlich wird das Hotel in Brand gesetzt. Unter den Toten sind Künstler und Intellektuelle – etwa der Literaturkritiker Azim Bezirci, dessen Bronzefigur im Abbasağa-Park in Beşiktaş steht –, aber auch junge Mitglieder einer Tanzgruppe aus Ankara-Dikmen. Mehr noch als die Vorfälle in Gazi zwei Jahre darauf ist für die Aleviten das Pogrom von Sivas das größte Trauma ihrer jüngeren Geschichte.

Wiederholt hat die AKP-Regierung Initiativen zur »Aleviten-Frage« angekündigt, ohne dass etwas Greifbares passiert wäre.

Das »Demokratisierungspaket« vom Herbst 2013 enthält dazu nur die Benennung einer Universität nach dem alevitischen Mystiker Hacı Bektaş. Dafür erregt eine andere Namensgebung die Wut der Aleviten: Die neue Bosporus-Brücke soll Yavuz-Selim-Brücke heißen, nach Selim I., der im frühen 16. Jahrhundert als erster osmanischer Herrscher den Titel Kalif annahm und die Aleviten verfolgen ließ. »Das ist für uns ein verfluchter Name«, sagt Demirtaş. Verkündet wird der Name der Brücke von Staatspräsident Abdullah Gül bei der Grundsteinlegung. Es ist Mittwoch, der 29. Mai 2013, der Jahrestag der Eroberung Konstantinopels. Wenige Stunden zuvor hatte die Polizei die schlafenden Demonstranten im Gezi-Park brutal vertrieben. Sie werden zurückkommen. Und mit ihnen die Aleviten – wie viel Prozent auch immer sie am Ende ausmachen.

Geisterbeschwörung im Uniwald

Melih Gökçek ist nicht nur Großtwitterer, er ist auch Oberbürgermeister der 4,6 Millionen Einwohner zählenden türkischen Hauptstadt. Durch gigantomanische Infrastrukturprojekte ist er bislang nicht aufgefallen, dafür zeigen das private Kapital wie der Zentralstaat nicht genug Interesse für Ankara. Auch den Ausbau des U-Bahn-Netzes, der jahrelang nicht vorankam, hat Gökçek am Ende auf den Zentralstaat abgewälzt. So kann er sich neben dem Twittern seinen ganz eigenen Projekten widmen: Der Installation von 52 Turmuhren etwa, mit denen er Ankara zur Stadt mit den meisten Turmuhren der Welt machen will. Ebenfalls bereits gebaut werden die fünf Stadttore an den Zufahrtsstraßen, ein Stilmix aus seldschukischer Architektur, Barock und Legoland. Noch nicht begonnen, aber formal beschlossen ist der Bau eines »Vandalismus-Museums«, wo Stadtbusse, Reklametafeln und andere während der Gezi-Proteste zerstörte Dinge ausgestellt werden sollen. Schon jetzt kann man die beschädigten Busse – die Polizei benutzt bei Großeinsätzen stets Stadtbusse – auf einem Parkplatz besichtigen.

Kapriolen wie diese haben Gökçek, der bereits seit 1994 im

Amt ist, den Beinamen »Surrealist aus Ankara« eingebracht. Özgün Kızılay – er heißt tatsächlich wie der Platz im Stadtzentrum – kann sich darüber köstlich amüsieren. »Aber Gökçek hat auch eine extrem aggressive Seite«, sagt er. Im Sinn hat er dabei zum Beispiel das Transparent, das der Oberbürgermeister nach dem Abflauen der Gezi-Proteste im Güven-Park aufstellen ließ, also dort, wo Ethem Sarısülük erschossen worden war: »Verehrte türkische Polizei, Ankara ist stolz auf euch.« Überall sonst sei es bei Gezi weniger um die AKP als um die Person Recep Tayyip Erdoğan gegangen, ergänzt Özgüns Freund Sercan Çınar. »Bei uns ging es fast genauso um die Person Gökçek.«

Özgün ist 22 Jahre alt, schlank mit halblangen Haaren und Zahnspange. Sercan ist ein Jahr älter, groß gewachsen und von leicht rundlicher Figur. Er trägt Vollbart, seine langen Locken sind zum Zopf gebunden. Beide sind in Ankara aufgewachsen, beide leben aus Geldgründen bei ihren Eltern. Özgün studiert Volkswirtschaft, Sercan Politikwissenschaft, beide an der Technischen Universität des Mittleren Ostens (ODTÜ), die auf einem weitläufigen bewaldeten Gelände am westlichen Rand von Ankara liegt. Mit ihren 26.500 Studenten ist die ODTÜ eine der größten und renommiertesten Universitäten des Landes.

Özgün und Sercan sind in der »Studentengesellschaft« der Fakultät tätig, in deren großem, holzgetäfeltem Raum sie die vorlesungsfreien Zeiten verbringen. An den Wänden hängen politische Plakate, die Aschenbecher sind überfüllt, und das Sofa ist abgenutzt, aber bequem. Ist die ODTÜ so freiheitlich wie ihr Ruf? »Sie ist besser als die meisten türkischen Universitäten«, sagt Sercan. »Aber je mehr Druck wir ausüben, desto mehr Freiheiten genießen wir.« Er hatte selbst einmal Ärger, nach den Tumulten beim Besuch des Ministerpräsidenten Ende 2012, als er für eine Woche suspendiert wurde.

»Man sollte nicht ungerecht werden«, meint hingegen Necmi Erdoğan, der als Dozent im Fach Soziologie arbeitet. Schließlich sei es der Regierung bislang nicht gelungen, die ODTÜ unter ihre Kontrolle zu bringen, wie dies insbesondere bei den kleineren Universitäten in der Provinz der Fall sei. »Das Rektorat gestattet der Polizei nicht, den Campus zu betreten.

Die Universitätsleitung müsse zwar, wenn der Gouverneur dies verlange, disziplinarische Untersuchungen gegen Studenten einleiten, »aber besonderen Eifer zeigt sie dabei nicht«.

Die ODTÜ wurde in den fünfziger Jahren mit US-amerikanischer Hilfe gegründet und entwickelte sich Ende der Sechziger zu einem Zentrum der Studentenbewegung. »Beide Traditionslinien, die amerikanisch-liberale wie die sozialistische, sind heute noch präsent«, sagt Necmi Erdoğan. »Aber die ODTÜ ist keine linke Bastion, das gilt für das Lehrpersonal und für die Studenten.« Er ist 48 Jahre alt, hat in Lancaster promoviert und betrachtet sich als marxistischen Wissenschaftler, wobei er es eher mit Gramsci als mit der Kritischen Theorie hält.

Die Autonomie der Universität sieht er noch durch etwas anderes bedroht: »Die neoliberale Politik unterwirft die Universitäten einem Wettbewerb untereinander. Die Folge ist, dass wir in der Türkei heute mehr Universitäten haben, es aber eine klare Hierarchie gibt.« Im Jahr 2013 waren es 179 Universitäten, davon 108 staatliche und 71 private. 2002, zum Antritt der AKP-Regierung, waren es insgesamt 80; 1991, vor dem ersten Schub an Neugründungen, gerade einmal 35. Gab es im Bildungsjahr 2002/03 insgesamt noch 1,9 Millionen Studenten, waren es zehn Jahre darauf 4,9 Millionen, davon 2,2 Millionen Frauen.

Die Hierarchie zwischen den Universitäten sei nicht bloß eine Sache des Images, meint Necmi Erdoğan. »Ich sehe die Bewerbungen von Leuten, die von einer dieser neuen Provinzuniversitäten kommen und bei uns ein Masterstudium machen wollen. Meistens ist ihre Qualifikation deutlich schlechter.« Doch die Auslese beginne früher. »Als ich Anfang der achtziger Jahre an der ODTÜ studiert habe, gab es Kommilitonen aus armen Familien. Die gibt es so gut wie nicht mehr. Um an einer solchen Universität zu studieren, muss man ein gutes Gymnasium und davor eine gute Mittelstufe besucht und Privatunterricht an einer guten Nachhilfeschule genommen haben. All das müssen die Eltern bezahlen können.« Diese Klassengesellschaft setze sich nach dem Abschluss fort. »Der akademische Titel ist keine Karrieregarantie mehr«, sagt Necmi Erdoğan. Er spricht über sein Fachgebiet. Im Jahr 2007 legte er eine Feldstudie zum Thema Armut vor, vor zwei Jahren war er Mitverfasser des Buches *»Haben wir umsonst studiert?«*

Im Sommer 2013, pünktlich zu Gezi, erreichte die Zahl der arbeitslosen Akademiker einen Rekordwert: 540.000 von 2,5 Millionen Erwerbslosen. Zudem waren dem Forschungsinstitut Tedav zufolge 1,1 Millionen Universitätsabsolventen unterhalb ihrer Qualifikation beschäftigt. »Ich bin davon überzeugt, dass die Prekarisierung der Mittelschicht bei den Gezi-Protesten eine wichtige Rolle gespielt hat«, sagt Necmi Erdoğan.

Sercan sieht das genauso. Seine Mutter ist pensionierte Beamtin, sein Vater war Bankangestellter und könnte ebenfalls in Rente sein, arbeitet aber weiter, um Sercans Studium und das seiner Schwester zu bezahlen. »Die Leute haben studiert und auf eine Karriere gehofft und arbeiten für 1.000 oder 2.000 Lira«, sagt Sercan. »Sie fühlen sich verraten. Zugleich sind sie mit der Welt vernetzt und beherrschen das Internet. Das gehört zu den Gemeinsamkeiten aller Proteste in den letzten Jahren, beim Arabischen Frühling 2011, in Griechenland oder Spanien.« Ob er weitere Gemeinsamkeiten sieht? »Gezi hat von der Occupy-Bewegung den Hashtag #OccupyGezi geborgt und die Idee des Protestcamps«, sagt er. Und überall gehe es um die Grenzen des Kapitalismus und direkte Demokratie. »Aber für das, was der Aufbruch von Gezi für die politische Kultur der Türkei darstellt, gibt es woanders keine Entsprechung.«

Warum? »Gezi war eine Art zweites 68«, meint Sercan. In der Türkei sei die historische 68er-Bewegung weniger freiheitlich und stärker an den traditionellen Marxismus des frühen 20. Jahrhunderts gebunden gewesen und hätte sich nicht mit gesellschaftlichen Themen wie Sexualität beschäftigt. Das habe Gezi nachgeholt. Also alles richtig gemacht? »Natürlich nicht, das würde nicht zum Geist von Gezi passen«, antwortet Sercan. Beide lachen. »Im Ernst: Ich glaube, unser größter Fehler war, dass wir Erdoğans Teilung von 50:50 akzeptiert haben. Bei ihm war das ein strategischer Zug, um seine Anhänger zu reorganisieren. Aber von uns war es strategisch und inhaltlich falsch zu sagen: ›Gut, dann sind wir halt die anderen 50 Prozent.‹ Wir hauen ihm zwar sein Wort von der ›fortgeschrittenen Demokratie‹ um die Ohren, aber es war die AKP, die die Forderung nach Demokratie in den Mittelpunkt des politischen Diskurses gerückt hat, wir fordern das nur ein. Und das betrifft ja nicht nur uns. Manche Sachen wie die Krise der *White Collar* betrifft andere vielleicht mehr als uns ODTÜ-Studenten.«

Aber die sind in den Tagen von Gezi besonders aktiv. Drei Monate später kündigt Melih Gökçek an, ein drei Hektar großes Waldstück, das der ODTÜ gehört, für eine Verbindungsstraße zu roden. Die Idee zu dieser Straße ist ebenso alt wie ihr Nutzen umstritten. Der Universität gehören insgesamt 3.043 Hektar Wald. Doch diese drei Hektar werden zum symbolischen Objekt einer Fehde, die älter ist als Gezi. So drohte Gökçek schon fünf Jahre zuvor, 80 Prozent der ODTÜ-Gebäude abzureißen, weil diese illegal errichtet worden seien, und verhängte dann eine Geldstrafe – vielleicht eine Rache dafür, dass Wissenschaftler der ODTÜ zuvor einen zu hohen Arsengehalt im Leitungswasser der Hauptstadt entdeckt hatten.

Ende August 2013 geht Gökçek vs. ODTÜ also in die nächste Runde. Studenten schlagen Zelte im Wald auf, werden aber nach zehn Tagen von der Polizei vertrieben. Danach kommt es wochenlang zu Auseinandersetzungen am Eingangstor, einige Male dringt die Polizei ohne Erlaubnis auf den Campus ein. Bewohner des angrenzenden Viertels »100. Yıl« beteiligen sich an den Protesten, auch der Ministerpräsident mischt sich auf gewohnte Weise ein: »Straße bedeutet Zivilisation«, sagt er. »Wenn ihr lieber Wald wollt, dann geht und lebt im Wald.«

Zum Opferfest Mitte Oktober, als der Campus verwaist ist, ebnen Bagger über Nacht den Wald ein. Der Rektor Ahmet Acar empört sich über das »illegale Vorgehen«, Studenten, Dozenten und Nachbarn versammeln sich noch einmal auf dem Gelände, um es wieder aufzuforsten. Doch die Straße wird gebaut. Eine Turmuhr ist nach bisherigem Planungsstand dort zwar nicht vorgesehen, aber die Stadtbusse, die früher durch den 4.500 Hektar großen Campus fuhren, machen nun auf Geheiß des Oberbürgermeisters am Universitätstor Halt.

»Natürlich ging es um mehr, aber ich hätte wirklich auch nur wegen der Bäume protestiert«, sagt Sercan, der Mitglied der Grünen Partei ist. Nach dem Erfolg im Gezi-Park habe er geglaubt, die Rodung aufhalten zu können. »Ich dachte das nicht«, wirft Özgün ein. »Nicht, wenn du es mit einem wie Gökçek zu tun hast. Ich hatte aber die Hoffnung, den Geist von Gezi wiederzubeleben.« Doch obwohl die Auseinandersetzungen um den ODTÜ-Wald zusammen mit dem Konflikt in Tuzluçayır aufflammen, bleibt das Echo begrenzt: wenige Aktionen in viel weniger Städten mit sehr viel weniger Teilnehmern.

Warum? »Es ist das Los von Ankara, im Schatten von İstanbul zu stehen«, antwortet Özgün. »Aber es war nicht nur das. Obwohl der Gezi-Park weit weg ist, haben sich im Juni sehr viele ODTÜ-Studenten, die sonst bei so etwas nicht mitmachen, an den Protesten beteiligt. Der ODTÜ-Wald ist vor unserer Nase, und trotzdem waren es da fast nur die politisch organisierten Studenten, die protestiert haben. Und die Stimmung war anders. Sobald eine Tränengaspatrone flog, legten die Menschen ihre Hände schützend über den Kopf und liefen zurück. Nach den Toten und den Schwerverletzten von Gezi hatten die Leute Angst. Irgendwann dachte ich: Wir betreiben hier Geisterbeschwörung im Wald.«

War der »Geist von Gezi« also nur ein Spuk? »Das glaube ich nicht«, sagt Özgün. »Der Geist von Gezi wird meine Generation vielleicht unser Leben lang begleiten, und wie er sich auf die Gesellschaft auswirkt, werden wir erst in vielen Jahren sehen. Aber nachdem wir es probiert haben, weiß ich: Dieser besondere Moment von Gezi, der wird nicht wiederkommen.«

12. Dersim: Immer marginal

Der Fluss und sein Anwalt

Das Tal des Munzur gehört ohne jede Übertreibung zu den schönsten Regionen der Türkei. Der kleine Fluss entspringt nördlich der ostanatolischen Provinzhauptstadt Tunceli (Dersim) und zieht sich vom Ort Ovacık bis Dersim durch 60 Kilometer unberührte Natur, in der lediglich eine festungsartige Kaserne der Gendarmerie die Idylle stört. Das Wasser ist klar und kalt und leuchtet, wenn die Sonne richtig steht, türkisgrün, an einigen Stellen rauschen Wasserfälle. An anderen ist das Flussbett breit und das Wasser tief und still genug, um darin zu baden. Im Sommer kann es an diesen Stellen richtig voll werden, vor allem zum jährlichen Kulturfestival. Zwar ist Dersim mit knapp 40.000 Einwohnern eine der kleinsten Provinzhauptstädte der Türkei, und der Krieg mit der kurdischen PKK hat bislang verhindert, dass sich Tourismus entwickeln konnte. Aber Verlass ist auf die vielen Menschen, die teilweise schon seit mehreren Generationen in den türkischen Großstädten oder in Europa leben und im Sommer zu Besuch kommen. Die Leute aus Dersim hängen an ihrer Stadt. Und sie hängen an ihrem Fluss.

Wäre es nach den Plänen der Regierung gegangen, wäre von diesem Idyll, Heimat von über 200 endemischen Pflanzenarten, schon bald nichts mehr übrig. Obwohl das Munzur-Tal und die umliegenden Berge bereits 1971 zum Nationalpark erklärt wurden, plante die AKP-Regierung innerhalb des 420 Quadratkilometer großen Areals, am Fluss und seinem Nebenlauf Pülümür, den Bau von sechs Wasserkraftwerken und vier Staudämmen. Bereits in den achtziger Jahren gab es dazu Pläne, doch konkret wurden sie erst nach einer Gesetzesänderung im Jahr 2010, die den Bau von Wasserkraftwerken in Naturschutzgebieten ermöglichte. Erst ein Gericht stoppte Anfang 2013 die Pläne für den Nationalpark.

Barış Yıldırım ist einer derer, die sich rühmen dürfen, das Munzur-Tal gerettet zu haben. 34 Jahre alt, Rechtsanwalt, hagerer Typ, ein etwas trocken wirkender Mann. Er hat in İstanbul studiert. »Aber ich wollte zurück nach Dersim. Die Menschen, die Natur, ich liebe einfach diese Stadt. Das ist anders als İstanbul, aber auch anders als der Rest von Ostanatolien«, sagt er. Was im Munzur-Tal verhindert werden konnte, haben viele andere größere und kleinere Flüsse noch vor sich – oder schon hinter sich. Denn was für İstanbul die Einkaufszentren sind, sind für die Flüsse und Bäche die großen und kleinen Staudämme und Wasserkraftwerke, die im ganzen Land geplant werden oder bereits in Betrieb sind und mit denen man der Abhängigkeit von russischen und iranischen Gaslieferungen entkommen will. Rund 1.700 Wasserkraftwerke sind derzeit vorgesehen, viele von ihnen sind so klein, dass der dort produzierte Strom für eine Handvoll Dörfer reichen würde.

International bekannt wurde der Ilısu-Staudamm am Tigris, Teil des bereits in den achtziger Jahren geplanten Südostanatolien-Projekts, durch den trotz internationaler Proteste die antike Stadtfestung Hasankeyf und weitere archäologische Stätten unter Wasser verschwinden werden. »Selbst bei den Wasserkraftwerken, bei denen ein Großteil des Wassers nicht gestaut, sondern durch Kanäle geleitet wird, ist der Eingriff in das Ökosystem immens«, sagt Yıldırım.

Atomkraftwerke gibt es in der Türkei bislang nicht, aber drei sind in Planung: in Mersin-Akkuyu an der Mittelmeerküste, in Sinop am Schwarzen Meer und in Thrazien, also dem europäischen Landesteil. Ist Wasserenergie angesichts der Klimaschädlichkeit von Kohlekraftwerken und angesichts der Gefahren der Atomkraft – erst recht im Erdbebenland Türkei, wo gleich drei tektonische Platten aneinanderstoßen – keine ökologische Lösung? »Ökologische Lösungen wären Sonne und Wind«, meint Yıldırım.

Er hat andere Ideen für den Munzur: »Ich glaube, dass Dersim viel touristisches Potenzial hat, das man im Einklang mit der Natur ausnutzen kann.« Außerhalb des Naturschutzgebietes könne man einen Teil des Wassers für ökologische Landwirtschaft nutzen. Die Voraussetzung dafür: Ein dauerhafter Frieden in der Region. Auch nicht schlecht wäre eine Kläranlage für die 3.000 Einwohner zählende Kreisstadt Ovacık am oberen Flusslauf. »Die Verwaltung sagt, dass sie kein Geld dafür hat«, erzählt Yıldırım. »Es ist dieselbe Mentalität, einen Fluss durch Kraftwerke zu zerstören oder ungefiltertes Abwasser reinzuleiten. Das Bewusstsein hierfür entwickelt sich erst allmählich«, sagt er.

Beendet ist seine Arbeit also noch nicht, zumal in der Provinz Dersim weitere Projekte geplant sind. Widerstand gibt es auch andernorts, in eher linken Regionen ebenso wie in konservativen: in Trabzon und Rize am Schwarzen Meer, in den Provinzen Antalya und Muğla am Mittelmeer oder in der Provinz Artvin im äußersten Nordwesten.

Dort, genauer: in der Kreisstadt Hopa, hält am 31. Mai 2011 Ministerpräsident Erdoğan eine Wahlkampfveranstaltung ab. Einige hundert Leute demonstrieren dagegen, unter ihnen ist der 54-jährige pensionierte Lehrer Metin Lokumcu, der der linksgrünen Partei für Freiheit und Solidarität (ÖDP) angehört und in seinem Dorf Dereiçi den Widerstand gegen ein geplantes Wasserkraftwerk organisiert hatte. Die Polizei setzt Tränengas ein, der asthmakranke Lokumcu erleidet einen Herzinfarkt – der erste Mensch, der in der Türkei durch Tränengas ums Leben kommt. Auf den Tag zwei Jahre später gehen mancherorts, in İzmir beispielsweise, die kleinen Gedenkveranstaltungen für Lokumcu nahtlos über zu den ersten großen Solidaritätsdemonstrationen für den Gezi-Park.

»Der Widerstand gegen den Abriss des Gezi-Parks hat eine ganz andere Dimension angenommen«, sagt Yıldırım. »Aber am Anfang war es die Großstadtversion von dem, was wir hier in Dersim und in vielen anderen Regionen der Türkei im Kleinen angefangen haben: ein lokaler, ökologischer Widerstand gegen ein Projekt zur Ausplünderung der Natur ohne Rücksicht auf die Menschen und die Kultur.« Denn für die Menschen von

Dersim ist das Munzur-Tal nicht nur ein Erholungsgebiet. Der Munzur hat auch kulturelle und religiöse Bedeutung. Denn die Bevölkerung hier ist größtenteils alevitisch. In keiner Provinz erhält die AKP so wenige Stimmen wie hier.

Die freieste Stadt des Ostens

Yavuz Çobanoğlu ist 40 Jahre alt und lehrt seit fünf Jahren Soziologie an der Universität von Tunceli. Er ist nicht, wie der Rechtsanwalt Barış Yıldırım, aus Heimweh zurückgekehrt, sondern stammt aus İzmir, 1.400 Kilometer von Tunceli entfernt. Noch immer kontrolliert die Gendarmerie an den Zufahrtsstraßen nach Tunceli die Ausweise. Doch insgesamt, so erzählen Einwohner, habe sich die Lage nicht erst mit dem Waffenstillstand beruhigt, kein Vergleich zu den neunziger Jahren, als in der Umgebung Dörfer zwangsweise geräumt wurden und hier wie in der gesamten Kurdenregion der Ausnahmezustand herrschte.

Wie lebt es sich hier für jemanden, der aus einer modernen Metropole wie İzmir stammt? »Tunceli ist das İzmir des Ostens!«, ruft Çobanoğlu. »Für mich ist die Situation der Frauen entscheidend. Abgesehen von İzmir und Ankara gibt es in ganz Anatolien keine Stadt, in der die Frauen so frei sind wie in Tunceli. Man sieht sie nachts allein auf der Straße oder auch ohne männliche Begleitung in Restaurants, in denen Alkohol ausgeschenkt wird.«

Die heutige Offenheit der zwischen Bergen und dem Munzur-Fluss eingequetschten Stadt ist paradoxerweise Folge einer jahrhundertelangen Abgeschiedenheit der Region. Hier konnte sich der alevitische Glaube erhalten, der die hiesige Bevölkerung von den meisten übrigen Kurden unterscheidet. Egal, ob entlang der Linie Türken-Kurden oder Sunniten-Aleviten, die Bevölkerung von Dersim gehört immer zu den Benachteiligten. In ihr kollektives Gedächtnis hat sich vor allem ein Ereignis eingebrannt: der sogenannte Dersim-Aufstand von 1937/38.

Die Aleviten hatten die Republik anfangs unterstützt, versprach sie doch allen Bürgern ohne Ansehen der ethnisch-religiösen Zugehörigkeit die gleichen Rechte. Doch den Kemalisten sind die feudalen Clanstrukturen suspekt. Ebenso suspekt ist ihnen der alevitische Glaube, da ihnen jede Abweichung von der türkisch-sunnitischen Norm als potenzielle Gefahr für den Nationalstaat gilt.

1936 bezeichnet Atatürk die »Dersim-Frage« als das wichtigste innenpolitische Problem. Die Lösung: eine Entvölkerung der Provinz. Noch im selben Jahr wird Dersim in Tunceli umbenannt und unter Militärverwaltung gestellt. Es kommt zu Übergriffen auf die Bevölkerung, Stammeskämpfer greifen eine Polizeistation an. Der Zentralstaat reagiert mit seiner ganzen Macht. Ende 1937 sind die Partisanenkämpfer geschlagen. Seyit Riza und weitere Clanführer werden hingerichtet. Im Jahr darauf setzt die Armee ihre Operationen fort. Es kommt zu Massakern. Tausende werden getötet, Zehntausende deportiert. Im Einsatz ist auch Atatürks Adoptivtochter Sabiha Gökçen, die erste Kampfpilotin der Welt, nach der der zweite İstanbuler Flughafen benannt ist.

In den folgenden Jahrzehnten bleibt Dersim eine unterentwickelte Region, die Auswanderungsrate ist enorm hoch, viele gehen nach Europa zum Arbeiten, so dass Tunceli die geringste Bevölkerungsdichte aller 81 Provinzen der Türkei aufweist. Im Jahr 2011 entschuldigt sich Ministerpräsident Erdoğan für das Massaker und räumt die Zahl von 14.000 Toten ein. Im Herbst 2013 kündigt er im Rahmen des »Demokratisierungspakets« die Rückbenennung von Tunceli in Dersim an – die einzige konkrete Maßnahme an die Adresse der Kurden.

Dabei ist das Verhältnis der Leute aus Dersim zu den Kurden kompliziert: Denn die Bevölkerung ist nicht nur alevitisch, sondern spricht größtenteils nicht Kurmancî, sondern Zazaki – das zuweilen als ein kurdischer Dialekt bezeichnet, von der Iranistik aber mittlerweile als eigenständiger Zweig der iranischen Sprachfamilie betrachtet wird. Diese Frage ist nicht bloß für Sprachforscher interessant, sondern hat ebenso, davon ist zumindest Çobanoğlu überzeugt, Auswirkungen auf den Alltag der Menschen, auf die Politik sowieso.

Lange Zeit war die CHP, die in den kurdischen Gebieten sonst keine Rolle spielt, die stärkste politische Kraft in der Provinz. Zugleich gewannen ab den siebziger Jahren linksradikale Gruppen einen Einfluss, der bis heute fast ungebrochen ist. Bei der Bürgermeisterwahl 2009 unterlag der Kandidat der Föderation Demokratischer Rechte – einer Vereinigung, die der illegalen Maoistischen Kommunistischen Partei (MKP) nahe steht – nur knapp der BDP-Kandidatin, zuletzt reichte es für den dritten Platz. Dafür stellt in einer Kreisstadt die linksgrüne ÖDP den Bürgermeister, in einer anderen die orthodox-marxistische TKP – beides Solitäre. Doch die stärkste Kraft ist inzwischen die BDP.

»Es gibt in Dersim einen Konflikt zwischen denen, die Zazaki als Teil der kurdischen Sprache und die Zaza damit als Kurden betrachten, und jenen, die die Zaza für eine mehr oder weniger eigenständige Ethnie halten und stärker die alevitische Kultur betonen«, sagt Çobanoğlu. »Die Sympathisanten der BDP werfen den CHP-Wählern vor, sie hätten das Stockholm-Syndrom, würden also mit dem Aggressor fraternisieren. Die CHP-Leute werfen der PKK wiederum vor, eine Assimilationspolitik zu verfolgen. Viele sagen: Wenn heute ein unabhängiges Kurdistan gegründet würde, würde man uns zu den Bergkurden erklären, so wie man in der Türkei früher die Kurden zu Bergtürken gemacht hat.« Diese Assimilierungspolitik zeige sich auch bei den linken Gruppen. Alle, die sich der PKK angenähert hätten, hätten ihren Einfluss eingebüßt.«

Diese politische Kluft tritt bei den Gezi-Protesten zutage. Dersim ist zwar die einzige kurdische Stadt, in der es zu größeren Protesten und Auseinandersetzungen kommt, aber die Anhänger der BDP halten sich auch hier zurück. Auf der Straße sind unabhängige junge Menschen sowie Sympathisanten der linken Gruppen und der CHP, deren Vorsitzender Kılıçdaroğlu aus der Gegend stammt. Ein paar Monate danach kommt es erneut zu Krawallen, als Leute vor einigen Bars randalieren. Die Demonstranten meinen, dort würde Prostitution betrieben, und sprechen, so wie in Gazi, von »Verwahrlosung«.

Çobanoğlu hat dafür seine ganz eigene Erklärung: »Ich glaube, das geht von der BDP aus. Die BDP ist in den kurdischen Gebieten eine konservative Partei. Denen ist der gesamte Lebensstil in Dersim suspekt. Aber sie kleiden das in eine feministische Rhetorik und die Linken fallen darauf rein. Es wäre ein Jammer, wenn die Islamisierung Dersim ergreifen würde.«

Die Besonderheit der Stadt zeigt sich schon an ihren Denkmälern: das Denkmal für Seyit Riza, mit dem die Stadtverwaltung 2010 für eine landesweite Diskussion sorgte, das Denkmal von Sevuşen, einem schizophrenen Obdachlosen, der hier als heiliger Mann galt, und das »Denkmal der Menschenrechte« am Cumhuriyet-Platz, wo sich 1996 die PKK-Kämpferin Zeynep Kınacı bei einer militärischen Zeremonie in die Luft sprengte und acht Wehrpflichtige tötete – das erste Selbstmordattentat der türkischen Geschichte.

Der besondere Charakter zeigt sich auch im Buchladen Baran, wo nicht nur Ratgeber und Bestseller von Elif Şafak und Ahmet Ümit griffbereit in der Auslage liegen, sondern auch ein Band Frankfurter Schule – selbst wenn die junge Verkäuferin sagt, dass den niemand in die Hand nimmt. Yavuz Çobanoğlu will, dass Dersim diese Eigenheiten bewahrt. Aber eines wünscht er sich: »Mal eine Rockbar statt immer nur Halay.«

Mit dem Halay-Tanz hat die 33-jährige Geologielehrerin Songül keine Probleme. An diesem Samstagabend sitzt sie in einem Restaurant im Stadtzentrum mit hübscher Flusslage und gesichtsloser Architektur. Eine Tanzschule feiert eine Party, es gibt Alkohol, nach dem Essen wird getanzt: Halay, aber auch der Schwarzmeertanz Horon, dazu Tango, Salsa, Sirtaki. Vielleicht hundert Leute sind im schmucklosen Saal, alle zwischen 25 und 40 Jahre alt. Songül ist mit drei Kolleginnen unterwegs. Die Aufmerksamkeit des Tisches gilt der ungekrönten Ballkönigin, einer Frau Ende zwanzig in Jeans und rotem Oberteil mit tiefem Rückenausschnitt, die die kompliziertesten Tänze beherrscht. Mädchentratsch, aber eher bewundernd als boshaft.

Sie fühle sich wohl in Dersim, erzählt Songül später. »Meine Familie lebt in einem Dorf in der Umgebung, ich wohne allein und habe hier keine Probleme. Aber es gibt Grenzen. Mein Freund und ich sind noch kein einziges Mal Händchen haltend durch die Stadt gelaufen.« Doch mehr als das störe sie die provinzielle Enge, die man irgendwann bemerke.

Die größte Aufregung erlebte sie, als die Gezi-Proteste nach Dersim kamen. »Da war eine Aufbruchstimmung«, sagt Songül. Sie demonstriert, beteiligt sich an den abendlichen Krachkonzerten und ist dabei, als eine Treppe in der Nähe des Munzurs bemalt wird. »Aber so plötzlich, wie das gekommen ist, ist alles wieder verschwunden. Als Geologin sage ich mir: Gezi ist vielleicht wie ein Karstfluss. Der taucht rauschend auf, verschwindet dann unter der Erde, um woanders wieder hervorzusprudeln.«

13. Kayseri: Im Herzen des Tigers

Zwei Suppenläden für Mustafa Kemals Soldaten

Der Weg ins Hauptquartier des Widerstands führt in Kayseri durch ein Fischgeschäft unweit des zentralen Cumhuriyet-Platzes. »Allah sei Dank, die Geschäfte laufen gut«, sagt der Ladenbesitzer Osman. Auf seine Nachbarn im dritten Stock ist er nicht gut zu sprechen: »Die laufen grußlos durch meinen Laden, das gehört sich doch nicht«, sagt er über die Mitglieder des Bundes Türkischer Jugendlicher (TGB). Und noch etwas missfällt ihm: »Da gehen junge Frauen und Männer zusammen ein und aus, so was sind wir in Kayseri nicht gewohnt.« Denn Kayseri, das ist Kernland der AKP. Der frühere Staatspräsident Abdullah Gül ist ein Sohn der Stadt, bei der Parlamentswahl im Juni 2015 erhielt seine Partei 52 Prozent. Kein Wunder, dass Ministerpräsident Erdoğan nach Ankara und İstanbul die dritte seiner Massenkundgebungen, mit denen er die Räumung des Gezi-Parks begleitete, hier abhielt.

Die rund 300 Kilometer südöstlich von Ankara in Kappadokien gelegene Stadt war schon in der Bronzezeit ein Handelszentrum. Kayseri ist berühmt für seinen luftgetrockneten Rinderschinken (Pastırma), seine byzantinische Burg, seine seldschukischen Mausoleen, für den Erciyes-Berg, der in fast 4.000 Metern Höhe über der Stadt thront und dessen Gipfel noch im Hochsommer mit Schnee bedeckt ist. Sprichwörtlich ist der Geschäftssinn der Bewohner. Die beschreiben sich selbst gerne mit Anekdoten wie dieser: »Fragt der Lehrer einen Schüler aus Kayseri: ›Was macht zwei mal zwei?‹ Fragt der Schüler zurück: ›Beim Kaufen oder beim Verkaufen?‹«

Auch die sieben jungen Leute, die an diesem Nachmittag in den Vereinsräumen des TGB über dem Fischgeschäft sitzen, erzählen solche Anekdoten. Doch sie schätzen diesen Geschäftssinn nicht. Sie sind Sozialisten, jedenfalls die meisten, jedenfalls auf ihre Art.

Der TGB gilt als Jugendorganisation der linksnationalistischen Arbeiterpartei (İP), die auf die 68er-Bewegung zurückgeht. Anfangs maoistisch orientiert, nahm die Partei in den 1990er Jahren – auch infolge der Auseinandersetzung mit dem politischen Islam – eine strikt kemalistische Linie an. Zu ihrem Umfeld gehören die Tageszeitung *Aydınlık* und der Fernsehsender Ulusal Kanal und – trotz aller Beteuerungen, man sei unabhängig – der TGB. Beide Organisationen sind dabei, wenn es gilt, gegen die EU oder den »US-Imperialismus« zu demonstrieren, beide lehnen die Aussöhnung mit der PKK ab, und beide sind stets auf der Straße, wenn irgendwo beschlossen wird, die Verbrechen an den Armeniern als Völkermord anzuerkennen. Im Ergenekon-Prozess wurden İP-Funktionäre verurteilt – der Parteichef Doğu Perinçek erhielt lebenslänglich –, ebenso wie der Gründungsvorsitzende des TGB, Adnan Türkkan. Der Anklage zufolge hatte der TGB daran mitgewirkt sollen, durch eine »Strategie der Spannung« die Öffentlichkeit auf einen Putsch vorzubereiten. Die von der Staatsanwaltschaft präsentierten Beweise sollen aus dem Jahr 2003 stammen. Gegründet wurde der TGB 2006.

Bei den Gezi-Protesten beharkten sich die TGB-Leute am Taksim-Platz immer wieder mit den PKK-Anhängern. Wichtiger aber war ihre Rolle in der anatolischen Provinz, wo der TGB und seine zehntausend Mitglieder vielerorts die Proteste dominierten. Die meisten anderen türkischen Linken halten die Arbeiterpartei und den TGB für Rassisten und Faschisten. »Das sind Pseudolinke, die die nationalen Werte verraten«, kontert Aykut. Er ist 23 Jahre alt, studiert Bauingenieurwesen und ist Ortsvorsitzender in Kayseri. Unauffälliger Kurzhaarschnitt, Dreitagebart, offenes Karohemd über dem T-Shirt. Er spricht selbstsicher, ruhig und freundlich. »Wir definieren die Nation nicht ethnisch, das unterscheidet uns vom primitiven Nationalismus der MHP oder der PKK«, ergänzt Utku. Mit dem Pony und den Koteletten sieht der schmächtige 17-jährige Gymnasiast etwas kecker aus. Doch er ist der Schneidigste in der

Runde und sagt Sätze wie: »Jeder Bürger der Türkei ist Türke.«
Oder: »Wir kämpfen für die volle Souveränität.«

Ist ihnen dafür jedes Mittel recht, auch ein Putsch? »Auf keinen Fall«, ruft die 16-jährige Gymnasiastin Begüm. Sie würden sich zwar mit den verurteilten Ex-Offizieren solidarisieren, weil diese Patrioten seien. Aber die Parole »Armee, an die Arbeit!« sei nicht ihre, man dürfe ihre Gruppe nicht mit dem Umfeld der Zeitschrift *Türk Solu* verwechseln. Diese Abspaltung von der Arbeiterpartei nennt sich »Türkische Linke«, ist aber mit ihren Aufrufen, nicht bei Kurden einzukaufen, eindeutig rassistisch. Auch diese Leute waren bei den Gezi-Protesten dabei, wurden aber aus dem Park und vom Taksim-Platz vertrieben. Und wo stehen sie selber politisch? »Ich bin Sozialist«, antwortet Aykut. »Aber ich denke, dass die Kategorien links und rechts derzeit keine Rolle spielen. Ich stehe mit allen, die die Republik Atatürks wiedererrichten wollen, und bekämpfe alle, die einen anderen Staat möchten.«

Einen Staat, wie ihn die AKP in Kayseri bereits aufgebaut hat: wirtschaftlich erfolgreich, in einem technizistischen Sinne modern, sauber, fromm, etwas protzig, ziemlich geschmacklos und sehr langweilig. Lebten hier im Jahr 2000 noch eine halbe Million Menschen, sind es inzwischen mehr als doppelt so viele. Kayseri ist eine Hochburg der »anatolischen Tiger«, der islamischen Kapitalfraktion, zu der international tätige, mehrheitlich in Familienbesitz befindliche Mischkonzerne wie Has, Narin und Boydak gehören. »Muslimische Calvinisten«, hat die *New York Times* diese Unternehmer einmal genannt, was sie als Auszeichnung empfinden.

»Als Muslim fühle ich mich meinen Glaubensbrüdern in Saudi-Arabien verbunden. Meine Lebenseinstellung gleicht ansonsten eher westlichen Unternehmern. Ich predige meinen Kindern, dass sie hart arbeiten müssen, um Erfolg zu haben«, erzählte Mustafa Boydak, der stellvertretende Vorstandschef der Boydak-Holding, vor einigen Jahren in seiner mit demselben anatolischen Barock möblierten Suite, den seine Firma massenweise im ganzen Land verkauft. Derzeit will er nicht öffentlich reden. Er hatte die Ermittlungen gegen die

Koç-Gruppe kritisiert, woraufhin seine Firma ebenfalls eine Sondersteuerprüfung aufgebrummt bekam. Das war im Sommer, noch vor dem Zerwürfnis zwischen der AKP und der Gülen-Gemeinde, der die Boydaks zugerechnet werden.

Die Möbel- und Kabelfabriken des Konzerns sind auf die sechs Industriegebiete von Kayseri verteilt. Die Arbeiter dort verdienen zwar nur den Mindestlohn, doch der Stadt merkt man den neuen Wohlstand an. Ein halbes Dutzend Shopping Malls beherbergt das Zentrum. Dafür endet das öffentliche Leben spätestens um zehn, wenn der Muezzin zum Nachtgebet aufruft, und Alkohol gibt es nur im Hilton-Hotel. Alkohol auszuschenken sei nicht verboten, beteuern örtliche AKP-Größen. Es gebe nur keine Nachfrage. Die Leute vom TGB sagen dagegen: »Man bekommt keine Schanklizenz, oder die Verwaltung macht einem das Leben so schwer, bis man aufgibt.«

Unzufrieden mit dem Nachtleben ist auch der Straßenhändler um die fünfzig, der im Festungsgraben der alten Burg Raubkopien verkauft. Zwischen den türkischen Musik-CDs und den DVDs von Hollywoodfilmen sind einige türkische Pornofilme aus den späten siebziger Jahren versteckt, Titel wie »Magst du gern Bananen?«. Ob es in Kayseri einen Ort gibt, wo man sich als Mann amüsieren könne? »Nein, die haben alles dicht gemacht«, antwortet der Händler. Die Reichen würden nach Ürgüp fahren, eine Kleinstadt 60 Kilometer westlich von Kayseri bei den Felsenhöhlen von Göreme, das touristische Zentrum Zentralanatoliens. Dort gibt es Bars für Touristen und für junge Leute aus der Umgebung, die sich das leisten können. Aber offenbar auch Vergnügungsstätten für die Männer von Kayseri. »Für mich ist das zu teuer«, sagt der Straßenhändler. »Aber das ist doch auch ein Menschenrecht, oder?«

Kayseri blüht auf andere Weise: 1998 wurde ein internationaler Flughafen eröffnet, seit einigen Jahren durchquert eine Straßenbahn die Stadt, im Sommer 2013 wurde mit der Abdullah-Gül-Universität die vierte Hochschule eröffnet.

Eines aber hatte Kayseri seit den siebziger Jahren nicht mehr erlebt: Studentenproteste. »Am ersten Abend sind wir im Univiertel Talas auf die Straße gegangen, vielleicht 500 Leute«, berichtet Yusuf. Mit 28 Jahren ist er der Älteste in der Runde und einer von zweien, die nicht aus dem Umland, sondern aus Kayseri stammen. Und er ist kein Student, sondern arbeitet bei Verwandten, die hier und am Mittelmeer mehrere Geschäfte führen; ein stiller, herzlicher Kleinstadtjunge. »Wir hatten keine Ahnung, was wir tun sollten«, erzählt er lächelnd. »Aber die Polizei hatte auch keine Ahnung. Ich glaube, die wussten vorher selber nicht, dass in ihrer Garage Wasserwerfer standen. Die haben sich an İstanbul orientiert und uns gleich mit Tränengas und Wasserwerfern angegriffen. Und die Leute haben sich auch an İstanbul orientiert und Steine geworfen.«

Tags darauf demonstrierten 5.000 Menschen am Cumhuriyet-Platz, führt Aykut weiter aus. Gewerkschafter seien dabei gewesen, CHP-Leute und versprengte Anhänger weiterer linker Gruppen, unpolitische und liberale Studenten. Als ein Teil der Leute vor das Büro der AKP ziehen wollte, habe die Polizei die Menge mit Gewalt auseinandergetrieben. Danach hätten sie beschlossen, im zentralen Kurşunlu-Park zu zelten. »17 Tage haben wir durchgehalten«, sagt Aykut. »Am Abend vor Erdoğans Kundgebung haben wir beschlossen, unsere Zelte abzubauen. Die hätten uns dann sowieso geräumt.« Noch ein halbes Jahr später merkt man ihnen den Stolz an, inmitten der AKP-Hochburg einen so langen Protest durchgezogen zu haben.

Und warum? »Diese Regierung handelt so, als würde ihnen das ganze Land gehören. Überall postiert sie ihre Leute, sie plündert das Land aus. Und bislang hat Erdoğan geglaubt, dass er sich alles erlauben kann. Das wird er künftig nicht mehr tun können«, sagt Yusuf. Für seine Organisation hat sich das Ganze gelohnt: Hatte der TGB vor Gezi in Kayseri etwa 35 aktive Mitglieder, seien es jetzt an die 60, sagt Aykut.

Tahsin ist einer der Neuen. »Niemand hat das Recht, Atatürk als Trunkenbold zu bezeichnen«, sagt er, auf ein Wort von Erdoğan anspielend, das viele auf den Staatsgründer Mustafa Kemal Atatürk bezogen haben. Dann zitiert er mit heiligem Ernst den Schlachtruf des TGB: »Wir sind die Soldaten von Mustafa Kemal.« Mit dem Kinnbart, den langen Haaren und der grünen Trainingsjacke wirkt der 22-jährige Maschinenbaustudent nicht allzu soldatisch. »Wir meinen damit, dass wir für Atatürks Prinzipien kämpfen«, erläutert er.

Ein Argument, das Gleichaltrige in İstanbul oder Ankara häufig nennen, fällt in diesem Kreis nicht: der Vorwurf, die Regierung würde sich in ihren Lebensstil einmischen. Danach gefragt, herrscht kurz Schweigen. Dann sagt die quirlige, blondzöpfige 22-jährige Jurastudentin Elif: »Ich werde schon mit Spaghettiträgern schief angeschaut. Arm in Arm mit einem Mann durch die Straßen zu laufen, ist kaum möglich, öffentlich küssen ausgeschlossen. Und es gibt in ganz Kayseri nur ein Café und zwei Suppenläden, wo wir mit Jungs und Mädchen hingehen können und uns wohlfühlen. Wir sind es gewohnt, dass sich Fremde in unseren Lebensstil einmischen.«

Graue Wölfe auf Wanderschaft

Mit einem Langhaarigen wie Tahsin hätte Mehmet früher kein Wort gewechselt. »Wenn ich solche Leute gesehen habe, hatte ich Lust, sie zu verprügeln«, sagt er. Mehmet ist 25 Jahre alt, hat eine Fachhochschule besucht und arbeitet bei einem Steuerberater. Er trägt Dreitagebart und einen braven Kurzhaarschnitt und spricht mit einem deutlichen anatolischen Akzent. Auch er sitzt in dieser Runde über dem Fischgeschäft in Kayseri. Aber eigentlich ist er Mitglied der »Idealistenvereine«, der Jugendorganisation der Partei der Nationalistischen Bewegung (MHP), auch als »Graue Wölfe« bekannt.

Warum er sich den Gezi-Protesten angeschlossen hat? »Einerseits kommen die PKK-Terroristen von den Bergen runter und gehen ungehindert über die Grenze in den Irak. Andererseits hetzt die Regierung die Polizei auf anständige junge Menschen im Gezi-Park und bringt Polizei und Volk gegeneinander auf. Das habe ich nicht länger ausgehalten.« Deshalb schloss sich Mehmet ohne Weisung seiner Organisation den Protesten an – aber, wie er betont, nicht als Mitglied der »Idealistenvereine«. »Das ist bei uns so«, sagt er. »Wenn es keinen Befehl gibt, können wir nicht demonstrieren. Unser Führer

Alparslan Türkeş hat einmal gesagt: ›Die Idealisten nehmen an keiner Sache teil, die sie nicht selber anführen.‹«

Die Sache, die die »Idealisten« in den siebziger Jahren anführten, war der Kampf gegen den Kommunismus. Zweimal gehörte die Partei einer vom konservativen Politiker Süleyman Demirel geführten Regierung an, zugleich verübten ihre jungen Militanten Attentate auf linke Aktivisten, Gewerkschafter und linke und liberale Intellektuelle – und wurden selbst zum Angriffsziel militanter Linker. In dieser Zeit noch Erfüllungsgehilfen des »Tiefen Staates«, wurden nach dem Putsch auch Mitglieder der MHP verfolgt und einige hingerichtet. Danach ging man auf Distanz zum Staat, was sich infolge des Krieges mit der PKK wieder änderte. Als der Anführer dieser staatlichen Killerkommandos und spätere Mafiachef, der per internationalem Haftbefehl gesuchte Abdullah Çatlı, im November 1996 bei einem Verkehrsunfall nahe der Kleinstadt Susurluk ums Leben kam, wurde bei ihm ein vom damaligen Innenminister Mehmet Ağar unterzeichneter Ausweis gefunden. Mit ihm im Auto saßen der stellvertretende Polizeipräsident von İstanbul, ein kurdischer Großgrundbesitzer und Anführer der Dorfschützermilizen und eine vormalige Schönheitskönigin.

Die Verstrickungen zwischen der Organisierten Kriminalität und dem Staat, die so an die Öffentlichkeit kamen, lösten große Proteste aus. Abends um neun schalteten Menschen für fünf Minuten die Lichter aus, man trat an die Fenster und Balkone und veranstaltete Krachkonzerte mit Töpfen und Pfannen. Eine Form zu protestieren, ohne den Schutz der eigenen Wohnung aufzugeben. Diese Protestbewegung – es war die erste von keiner Organisation geführte in der Türkei – und mit ihr der Ruf nach einer Aufklärung der Machenschaften des »Tiefen Staates« wurden unter dem »sanften Putsch« vom Februar 1997 begraben. Die Krachkonzerte gerieten in Vergessenheit, ehe sie 16 Jahre später wieder auftauchten: vornehmlich als Protestform der älteren Generation, insbesondere der Frauen.

Ideologisch ist die MHP nicht leicht zu beschreiben. Sie beruft sich auf Atatürk und auf den Islam, auf einen antiislamischen, völkischen Theoretiker wie Nihal Atsız und auf den

Islamisten Necip Fazıl Kısakürek. Seit sich Anfang der neunziger Jahre mit der Partei der Großen Einheit (BBP), aus deren Umfeld die Mörder von Hrant Dink stammten, der islamistische Flügel abgespalten hat, betont die MHP stärker ihre Verbundenheit zu Atatürk und tritt unter ihrem Vorsitzenden Devlet Bahçeli gemäßigter auf als früher. Ihre Anhänger reagieren beleidigt, wenn man sie Faschisten nennt. Sie selbst bezeichnen ihre Weltanschauung als »Türkisch-Islamische Synthese«. Für Mehmet heißt das: Er betet regelmäßig und posiert auf seiner Facebook-Seite vor dem Atatürk-Mausoleum in Ankara; er spricht von den »kurdischen Brüdern« und bezeichnet die Türken als »Enkelkinder der Osmanen«.

So wie Mehmet erging es einigen jungen Mitgliedern der MHP bei Gezi. Hin- und hergerissen zwischen der fehlenden Anweisung der Parteiführung und dem Wunsch, sich den Protesten anzuschließen, gingen sie individuell auf die Straße und beteiligten sich mitunter an Auseinandersetzungen mit der Polizei. In den Internetforen der »Idealisten« tobten in den ersten Tagen heftige Diskussionen. Einige sprachen von einer »Erhebung des Volkes« und riefen dazu auf, sich ihr anzuschließen, andere hielten diese für ein Komplott. Aber die meisten »Idealisten«, die sich anfangs beteiligt hatten, zogen sich zurück, nachdem Parteichef Bahçeli eine Erklärung abgab, in der er die Regierung zur Mäßigung aufforderte und zugleich seine Anhänger dazu aufrief, sich von den Protesten fernzuhalten.

Mehmet folgte diesem Befehl damals nicht. Ein halbes Jahr später zweifelt er an dieser Entscheidung: »Ich frage mich, ob das nicht von ausländischen Kräften inszeniert war, von Amerika, Israel und der PKK.« Von der PKK? Aber hat er sich nicht über die Verhandlungen zwischen ihr und der Regierung empört? Er überlegt kurz. Dann sagt er: »Diese Verhandlungen stören mich immer noch. Aber seit fast einem Jahr fallen keine Soldaten und Polizisten mehr als Märtyrer« – Mehmet benutzt das Wort şehit, mit dem alle ihre Toten bezeichnen: der Staat, die PKK, Linke, Islamisten, Rechte. »Ich freue mich, dass kein Blut fließt. Dann denke ich: Wenn es nicht anders geht, muss man eben mit diesen Leuten verhandeln.«

14. İzmir: Bei den Ungläubigen

Der Wink mit dem Knüppel

Mit 3,4 Millionen Einwohnern ist İzmir, das alte Smyrna, die drittgrößte Stadt des Landes und die einzige von neun Millionenstädten, die von der CHP regiert wird. Den Titel »Ungläubiges İzmir« trug sie schon zur osmanischen Zeit, als Griechen, Juden und andere Nichtmuslime die Mehrheit ausmachten. Dieses İzmir hörte im September 1922 zu existieren auf, als türkische Truppen die Stadt von der griechischen Besatzungsarmee zurückeroberten, als Rache für vorausgegange Gräueltaten an türkischen Zivilisten tausende griechische Einwohner massakrierten oder vertrieben und als schließlich die meisten nichtmuslimischen Viertel einem Großbrand zum Opfer fielen.

Für die griechische Geschichtsschreibung wurde İzmir zum Ausgangspunkt der »Kleinasiatischen Katastrophe«, für die türkische zum Symbol der »Nationalen Befreiung«. Doch auch danach blieb İzmir, was es schon im Osmanischen Reich war: eine eher mediterrane als anatolische Stadt. Der Lebensstil ist säkular, das Klima mild, das Hinterland fruchtbar. In der Umgebung gibt es zahlreiche Badeorte und das quirlige Alsancak ist das wohl hübscheste Kneipenviertel des Landes.

Doch İzmir hat auch eine andere Seite. Die größte »Kundgebung für die Republik« des Jahres 2007 findet hier statt, bei Protestaktionen versinken immer wieder ganze Stadtteile im Fahnenmeer. Eine Mischung aus Elitismus, Nationalismus und aggressivem Säkularismus wird İzmir attestiert. 2009 erklärt ein Autor der liberalen, aber lange Zeit AKP-freundlichen Zeitung Taraf İzmir zur »Hauptstadt des Faschismus«, wo eine Lynchstimmung gegen Kurden und fromme Muslime herrsche.

Viele Bürger hingegen sehen ihre Stadt als Opfer. Auch CHP-Oberbürgermeister Aziz Kocaoğlu klagt, İzmir werde vom Zentralstaat vernachlässigt. Jedenfalls prosperieren im ägäischen Hinterland Städte wie Aydın, Denizli und Manisa, während die einstige Industrie- und Handelsmetropole stagniert. Ein neuer Titel kommt auf: »Rentnerstadt«.

Sehr spezifisch sind auch die Nachrichten, mit denen İzmir im Juni 2013 von sich reden macht: die Frau an der Promenade, die von einem Polizisten misshandelt wird, die in Zivil gekleideten Männer mit Knüppeln, die jungen Leute, die wegen Tweets festgenommen werden. Da sind aber auch Steinwürfe von Demonstranten auf das Büro der prokurdischen BDP und Brandsätze auf AKP-nahe Einrichtungen. Abgesehen von der »Frau an der Promenade« gibt es dazu anderswo keine Entsprechung. In İzmir, so haben im Gezi-Park viele den Eindruck, trifft eine brutale Staatsmacht auf einen nationalistischen Mob. »Ganz so war das nicht«, widerspricht Coşkun Üsterci. Er ist 59 Jahre alt, arbeitet für die Menschenrechtsstiftung TİHV, die Menschenrechtsverletzungen dokumentiert und medizinische und psychologische Betreuung für Folteropfer leistet. Randlose Brille, volles graues Haar, feine Gesichtszüge. Ein Gentleman, ein İzmirer Bürger.

Am Nachmittag des 31. Mai 2013 gehört er zu denen, die versuchen, eine Solidaritätsdemonstration zu koordinieren. »Da kursierten schon über Twitter Aufrufe. Dann haben sich am Konak-Platz die politischen Organisationen formiert. Aber von Anfang an kamen Grüppchen, die mit diesen Kreisen nichts zu tun hatten. Viele Leute hatten Bierdosen in der Hand und riefen: ›Auf dein Wohl, Tayyip!‹ Am Ende strömten die Leute von überall her.« Manche seiner Bekannten hätten darüber die Nase gerümpft. »Aber wenn die Leute sich gegen staatliche Einmischungen ins Privatleben wehren, dann ist ›Auf dein Wohl, Tayyip!‹ eine politische Parole«, findet Üsterci.

Ein Teil dieser Menge bricht zur AKP-Zentrale im Viertel Basmane auf, wo es zu heftigen Straßenschlachten kommt. Hier fliegen auch die Steine auf das BDP-Büro. Am folgenden Tag versammeln sich noch mehr Menschen im Stadtzentrum, mehrere Hunderttausend sollen es sein. Zudem sind in etlichen Vierteln Menschen auf der Straße. Am Abend kommt es in Basmane wieder zu schweren Krawallen, in deren Verlauf eine Privatschule verwüstet und eine Filiale der Asya-Bank niedergebrannt wird – Einrichtungen der Gülen-Bewegung. In den Vierteln Karşıyaka und Çığlı werden AKP-Büros niedergebrannt. In der späten Nacht attackiert die Polizei den Gündoğdu-Platz, dann tauchen diese Männer mit Knüppeln auf. »Die haben Leute abgepasst, die auf dem Heimweg waren. Das war eine Menschenjagd«, berichtet Üsterci.

Ob es sich bei diesen Schlägern um Polizisten handelt, lässt sich nicht ermitteln. »Am 1. Mai 1977 in Taksim, beim Pogrom gegen die Aleviten 1978 in Kahramanmaraş… wir haben in diesem Land oft erlebt, dass Unbekannte in Zivil auf den Plan traten«, sagt Üsterci. Wegen solcher Assoziationen hätten diese Bilder für Schrecken gesorgt. Aber warum gab es so etwas fast nur hier? »In Ankara und İstanbul entzündeten sich die Straßenschlachten daran, dass die Leute auf den Kızılay oder den Taksim wollten. In İzmir konnten sich die Leute zunächst in Konak und am Gündoğdu-Platz versammeln. Dass das manchen nicht reichte, hatte etwas Herausforderndes: Wir laufen gegen die AKP, wir greifen sogar ihre Einrichtungen an. Und das ging weder von den linken Gruppen noch den Fußballfans aus.«

Die İzmirer Traditionsclubs Altay, Göztepe und Karşıyaka spielen inzwischen in der zweiten oder gar dritten Liga, aber ihre Fans sind berüchtigt, nicht zuletzt wegen der Feindschaft zwischen Göztepe und Karşıyaka – obwohl die Viertel an den gegenüberliegenden Enden der Bucht von İzmir ähnlich wohlhabend und ähnlich kemalistisch sind. Dass die İzmirer Fans bei Gezi gemeinsame Sache machen, gilt als echte Sensation, viel überraschender als die Vereinigung der İstanbuler Fans.

»Bei den Krawallen in Basmane war eine undefinierbare Menge zu Gange. Ich habe einige Mal versucht, Leute von Vandalismus abzuhalten. Es ging nicht. In diesen Tagen hat sich gezeigt, dass niemand eine solche Menschenmenge kontrollieren konnte«, erzählt Üsterci. Dabei hat er Erfahrung mit Massenbewegungen. In den siebziger Jahren ist er in der Devrimci Yol, der stärksten linken Organisation jener Zeit. Nach dem Putsch 1980 wird er zu einer lebenslangen Haftstrafe verurteilt und verbringt elf Jahre im Gefängnis. In den neunziger Jahren engagiert er sich im Verein der Kriegsgegner İzmir (İSKD), der damals durch seinen Kampf für Kriegsdienstverweigerung landesweit bekannt wird. Die Kritik an politisch motivierter Gewalt ist für Üsterci eine der Lehren aus der Geschichte der Linken.

»Wenn Gewalt einmal entfesselt ist, weiß man nicht, gegen wen sie sich als Nächstes richtet«, sagt er. Und wenn Leute Tränengaspatronen zurückwerfen und Barrikaden bauen? »Das ist etwas Anderes. Wenn die Polizei gewalttätig gegen eine friedliche Menge vorgeht und illegalerweise Tränengasgeschosse auf Kopfhöhe abschießt, dann ist es legitim, sich zu verteidigen.«

Nach dem ersten Wochenende erklärt Gouverneur Mustafa Toprak, dass keine ungekennzeichneten Sicherheitskräfte eingesetzt werden dürften. »Vielleicht wollte er keine weitere Eskalation oder er wollte die Bewerbung von İzmir für die Expo 2020 nicht gefährden oder beides«, vermutet Üsterci. Zwar wird İzmir später genauso wenig die Expo bekommen wie İstanbul die Olympischen Spiele 2020. Aber für den Moment beruhigt sich die Lage, in den folgenden zwei Wochen versammelt man sich Abend für Abend am Gündoğdu-Platz.

In İzmir haben vielleicht mehr Leute Nationalfahnen getragen als anderswo. »Aber nicht alle haben dies in chauvinistischer Absicht getan«, sagt Üsterci. »Manche sind mit einer türkischen Fahne für Medeni Yıldırım gelaufen, den in Lice getöteten kurdischen Jugendlichen. Und zum ersten Mal gab es hier einen Gay Pride, obwohl die meisten İzmirer LGBT-Aktivisten an diesem Tag in İstanbul waren. Beide Demonstrationen gingen von Leuten aus, die sich erst mit Gezi politisiert haben.«

All das hat ihn überrascht, etwas anderes hingegen nicht: die Polizeigewalt. »Das Polizeigesetz von 2006 legalisiert fast jede Form von Gewalt – bis hin zur Tötung. Ich habe jeden Tag mit Gewaltopfern zu tun, ich weiß, dass sich nichts Wesentliches verändert hat.« Inzwischen würden Gefangene nicht mehr im Polizeirevier misshandelt, dafür bei der Festnahme und dem Transport. Auch die Gewalt bei öffentlichen Anlässen ist für Üsterci eine Form von Folter. Vor einigen Jahren habe er bei einem Treffen von Vertretern türkischer NGOs mit dem damaligen EU-Kommissar Günther Verheugen gesagt, dass sich nur die Formen staatlicher Gewalt änderten. »Verheugen wollte das nicht hören, auch ein Teil der NGO-Kollegen fand, ich würde übertreiben. Ich denke, das sehen sie jetzt anders.«

Prekär fürs Prekariat

Derya raucht viel. Sehr viel. Eine billige, aber nicht die billigste türkische Marke. »Das ist der einzige Luxus, den ich mir leiste«, sagt die 31-jährige. Ihre Mitbewohner zahlen die Miete, andere »Genossen« geben ihr ein paar Lira und manchmal gibt sie Unterricht in Fitness und Volkstanz. Dabei hat sie einen Job: Sie leitet die Revolutionäre Gesundheitsgewerkschaft Dev Sağlık-İş in İzmir. Dort ist auch die 23-jährige Biologiestudentin Hande tätig. Beide kommen aus Beamtenfamilien, Derya aus der westanatolischen Stadt Bursa, Hande aus İzmir. Sie spricht weniger, aber impulsiver als die sachliche Derya.

Was sagen ihre Gewerkschafterherzen zu ihrer eigenen Arbeitssituation? »Mir geht es nicht ums Geld, ich bin Revolutionärin«, sagt Derya – ein Wort, das für türkische Ohren nicht unbedingt radikal oder gestrig klingt, weil es auch zum kemalistischen Vokabular gehört. »Es wäre schon gut, wenn wir etwas verdienen und mehr am Sozialleben teilnehmen könnten«, räumt Derya dann ein. »Aber die meisten unserer Mitglieder sind prekär beschäftigt, die können sich keine Beiträge leisten.«

Während die Frauenerwerbsquote in der Türkei insgesamt bei nur 30 Prozent liegt, sind im Gesundheitswesen 58 Prozent der Beschäftigten Frauen. Besonders hoch ist auch der Anteil an unsicheren Beschäftigungsverhältnissen. »Privatkonzerne, Staatsbetriebe, Stadtverwaltungen – überall werden Jobs an Subunternehmen ausgelagert«, erzählt Derya. »Diese Beschäftigten verdienen weniger und arbeiten unter schlechteren Bedingungen, ohne Sicherheiten und Rechte. Die Arbeitsunfälle betreffen meistens sie. Und die Prekarisierung erfasst alle Tätigkeiten, im Gesundheitswesen zum Beispiel kann es unterhalb des Arztes jeden treffen, von der Reinigungskraft bis zum Assistenzarzt.« Die Prekären würden zudem oft für Tätigkeiten eingesetzt, für die sie gar nicht qualifiziert seien, ergänzt Hande. »Aber bei Gezi war das für etwas gut. Bei unserem ›Çapulcu-Lazarett‹ am Gündoğdu-Platz haben zwar auch viele Ärzte und Pfleger mitgemacht, aber fast jeder unserer Leute konnte einen Verband anlegen.«

Unter dem Vorsitz der Ärztin Arzu Çerkezoğlu war ihre Gewerkschaft die erste, die sich dem Thema Prekarisierung zuwandte. Anfang 2013 wurde die Mittvierzigerin als erste Frau zur Generalsekretärin des linken Dachverbands DİSK gewählt. Bald darauf war sie Teil der Delegation der Taksim-Solidarität, die sich mit Ministerpräsident Erdoğan traf – der sich hinterher über diese »Extremgewerkschafterin« beschwerte.

Enge Kontakte unterhält die Gesundheitsgewerkschaft zu den linken Volkhäusern, über die Derya und Hande hinzukamen. »Ich wollte etwas Praktisches tun«, erläutert Hande. Es ist eine mühevolle Arbeit, der sie sich verschrieben hat. Denn die Gewerkschaften haben einen schweren Stand. Anfang 2014 gehörten amtlichen Angaben zufolge nur eine Million von insgesamt 11,6 Millionen nichtselbstständig Beschäftigten einer der drei Dachverbände an. Nicht mitgezählt sind hier die bis zu 2,5 Millionen Prekären, die nicht in diese Kategorie fallen.

Um Tarifverhandlungen führen zu können, muss eine Gewerkschaft eine Mindestquote an Mitgliedern erfüllen. Der Gesundheitsgewerkschaft würden dafür ihre 8.000 Mitglieder reichen. Aber da die meisten davon Leiharbeiter sind, ist sie nicht als Tarifpartner anerkannt. Tarifverträge gelten überdies nur für Betriebe, in denen die Hälfte der Belegschaft einer Gewerkschaft angehört. Der heutige Organisationsgrad von 9,5 Prozent entspricht dem Wert von 2002, als die AKP an die Macht kam. 1992 betrug er 18,8 Prozent. Und im Putschjahr 1980 gab es bei einer viel geringeren Einwohnerzahl 5,7 Millionen Gewerkschaftsmitglieder. Warum sind es heute so viel weniger?

»Ständig werden Arbeiter entlassen, weil sie einer Gewerkschaft beitreten«, meint Hande. »Der Unterschied zu den

Prekären ist nur, dass die regulär Beschäftigten Abfindungen kriegen.« Das habe auch mit Schwächen der Gewerkschaften zu tun, ergänzt Derya. »Und mit Klientelismus. Der Chefarzt ist in der AKP und der Arbeiter auch.« Angst und Abhängigkeit – ist die AKP in der Arbeiterschaft deshalb so beliebt? »Sie bedient außerdem religiöse Gefühle«, sagt Derya. »Und Erdoğan inszeniert sich als Vertreter der Armen. Wir haben Mitglieder, die sagen: ›Ich bin in der Gewerkschaft, weil ich meine Rechte einfordere. Aber ich mag Erdoğan, der ist einer von uns.‹«

Manchmal erzielt die Gesundheitsgewerkschaft kleine Erfolge. Ende 2013 unterstützt sie 41 prekäre Arbeiter einer Uniklinik in Ankara, die die Rücknahme ihrer Kündigung erkämpfen, kurz darauf erstreiken prekarisierte Assistenzärzte in İzmir bessere Arbeitsbedingungen. Solche begrenzten Arbeitskämpfe gibt es immer wieder. Doch einen großen gab es in den vergangenen Jahren nur einmal: den Streik der Tekel-Arbeiter.

Im Dezember 2009 protestieren 10.000 Tekel-Arbeiter aus dem ganzen Land in Ankara, weil sie im Zuge der Privatisierung des einstigen Alkohol- und Tabakmonopols ihre alten Verträge gegen befristete zu schlechteren Konditionen eintauschen sollen. Am dritten Tag geht die Polizei mit Tränengas und Knüppeln gegen sie vor. Die Streikenden ziehen sich vor die Zentrale des größten Gewerkschaftsbunds Türk-İş zurück. Dort errichten sie ein Protestcamp, wo sie, begleitet von einer großen Solidaritätswelle, 78 Tage im eisigen Winter der Hauptstadt ausharren, aber den Kampf schließlich verlieren.

»Das war die Vorlage für Gezi«, meint Derya. »Die Polizeigewalt, die harte Haltung der Herrschenden, die breite Solidarität, der gemeinsame Kampf. Ein Teil der Tekel-Arbeiter kam aus den kurdischen Gebieten, ein anderer Teil waren türkisch-nationalistische MHP-Sympathisanten.« Aber war das nicht ein klassischer Arbeitskampf, während Gezi das gerade nicht war? »Im Tekel-Streik kämpfte die alte Arbeiterklasse gegen die neoliberalen Arbeitsverhältnisse. Die Arbeiter konnten ihre politischen Differenzen überwinden, weil sie ein gemeinsames Klasseninteresse hatten. Bei Gezi war vor allem eine Generation auf der Straße, die bereits in diesen neoliberalen Verhältnissen lebt

203

und arbeitet, aber darüber noch kein Klassenbewusstsein hat. Denn die Prekarisierung betrifft auch die White-Collar-Arbeiter. Ihre Ausbildung wird entwertet, auch sie verlieren Sicherheiten.« Und Hande meint: »Das Gerede von Gezi und Mittelschicht ist Quatsch. Es gibt keine Mittelklasse, es gibt nur mittlere Einkommen. Und alle Getöteten waren Arbeiter.«

Im Gezi-Park sind zuweilen Gewerkschaften und Arbeitskämpfe präsent. Anfang Juni demonstrieren die DİSK und die linke Beamtengewerkschaft KESK zweimal am Taksim-Platz und rufen, allerdings mit begrenztem Erfolg, zur Arbeitsniederlegung auf. Streikende von Turkish Airlines werben um Solidarität, ebenso Arbeiterinnen und Arbeiter der insolventen Textilfabrik Kazova, die vor dem Fabriktor Zelte aufgeschlagen haben, weil Löhne und Abfindungen ausstehen. Im Sommer werden sie die Fabrik besetzen und später in eigener Verantwortung die Produktion wiederaufnehmen. »Ohne Gezi hätten wir uns das weder getraut, noch hätten wir so viel Unterstützung bekommen«, sagen sie. Nach einer Einigung mit den früheren Eigentümern eröffnen sie 2014 in Şişli, zwei U-Bahnstationen vom Taksim-Platz entfernt, eine Boutique: »Diren Kazova«.

Die letzte Bühne im Gezi-Park aber gehört Arzu Çerkezoğlu, der Chefin von Deryas und Handes Gewerkschaft. Es ist Samstag, der 15. Juni, und wie immer an diesem Datum erinnern die linken Gewerkschaften an den teils organisierten, teils spontanen Streik vom 15./16. Juni 1970, der als Geburtsstunde der türkischen Arbeiterbewegung gilt. Ihre zentrale Feier hält die DİSK im Gezi-Park ab, schnauzbärtige Männer mit roten Mützen und Nylonwesten tummeln sich vor der Bühne. »Wir verbinden den Widerstand von damals mit dem Widerstand von heute«, ruft die Rednerin. Kurz darauf rückt die Polizei an.

Für den Montag rufen die linken Dachverbände DİSK und KESK sowie einige Zweige der Türk-İş zum Generalstreik auf. Die Straßen sind da ohnehin voller Demonstranten. Die Gewerkschaften tragen dazu nur wenige tausend Leute bei, die nach einer kurzen Sitzblockade wieder verschwinden. Ein paar

Stunden später steht Erdem Gündüz auf dem Taksim-Platz. Das Bild des Tages zeigt keine Massen, es zeigt einen Einzelnen.

»Aus dem Generalstreik konnte nichts werden«, meint Derya. »Wir haben es davor ja auch nicht geschafft, diesen Kampf als Arbeiterklasse zu führen. Immer nur nach Feierabend zum Gündoğdu – so macht man keine Revolution.« Und worum ging es ihnen da persönlich? »Teufel, ich bin eine Frau, ich bin Studentin, ich bin jung!«, ruft Hande. »Ich will mich nicht vom Staat bevormunden lassen.« »Ich kann den Kampf gegen Neoliberalismus und für die persönlichen Freiheiten nicht trennen«, wendet Derya ein. »Die jungen Ärzte, die dabei waren, haben auch für beides gekämpft: für bessere Arbeitsbedingungen und dafür, an der Promenade ihr Bier trinken zu können. Es kommt darauf an, das Bewusstsein dafür zu haben.«

15. Antakya: Am Rand des Krieges

Atatürk und Assad

»Reyhanlı war für uns der letzte Tropfen«, sagt Zafer Atakan. »Die Regierung wollte die Schuld uns Aleviten anlasten, obwohl die Täter ihre eigenen Verbündeten waren, diese Killer, die sie in Syrien auf die Menschen losgeschickt haben.« Zafer ist 22 Jahre alt, studiert an der Universität von Antakya Internationale Beziehungen und wohnt mit seiner Familie in Armutlu. Sein ein Jahr älterer Bruder Ahmet kam im September 2013 ums Leben, als das Viertel aus Solidarität mit den Protesten in Ankara auf der Straße war. Wieder auf der Straße. Denn protestiert wird in Armutlu seit Beginn des Krieges in Syrien regelmäßig. »Ahmet hatte zwei Jahre Buchhaltung studiert und kam gerade zurück, als es losging. Er hat sich zwar an der Fernuniversität eingeschrieben, aber viel zum Studieren kam er nicht«, erzählt Zafer. »Denn ob bei den Protesten gegen den Krieg oder beim Gezi-Park – Ahmet war immer ganz vorne.«

Wie sein Bruder starb, ist ungeklärt. Die Staatsanwaltschaft geht davon aus, dass er vom Dach eines Gebäudes stürzte, und verweist auf eine entsprechende Videoaufzeichnung. Darin ist schemenhaft zu sehen, wie ein regloser Körper auf die Straße fällt, nicht jedoch, wo und wie der Sturz erfolgt. Augenzeugen wie Özge Sapmaz hingegen berichten, dass Ahmet von einer aus einem Panzerwagen abgefeuerten Tränengaspatrone getroffen wurde. Özge ist 26, arbeitet als Agraringenieurin und schreibt für das Nachrichtenportal sendika.org, das dem linken Verein Halkevleri nahe steht und dem auch Ahmet Atakan angehörte.

Der Autopsiebericht notiert eine schwere Kopfverletzung und geht von einem Sturz als mögliche Todesursache aus.

»Aber selbst wenn Ahmet da heruntergestürzt ist, fragen wir uns: Warum ist er wie ein Kartoffelsack heruntergefallen und hat nicht instinktiv versucht, sich zu schützen? Und wie kann ein erwachsener Mensch von einem Dach fallen, das von einer 50 Zentimeter hohen Mauer umgeben ist?«, fragt Zafer.

An den Gezi-Protesten haben die Brüder Atakan teilgenommen, weil sie, wie es Zafer formuliert, »die Republik Atatürks« verteidigen. Und weil sie sich diskriminiert fühlen. »Wir Aleviten gelten als Bürger zweiter Klasse. Es gibt in der Türkei keine alevitischen Minister, Gouverneure oder ranghohen Polizeioffizier.«

Von »arabischen Aleviten« sprechen die meisten in Antakya. Vielleicht, weil es einfacher ist oder auch, um nicht als kleine Sekte zu gelten. Doch diese Bezeichnung ist irreführend. Denn beide Konfessionen gehören zwar zur Schia, ansonsten aber unterscheiden sich die arabischen Aleviten – also die Alawiten oder mit älterem Namen: die Nusairier – religionsgeschichtlich und theologisch von den türkischen und kurdischen Aleviten. Sie glauben an Seelenwanderung, verehren Ali als göttliche Gestalt und praktizieren ihre Religion im Verborgenen. Und in ihre Religion werden nur die Männer eingeweiht. Gleichwohl gibt es politisch-kulturelle Gemeinsamkeiten. Die Verehrung von Atatürk ist groß, man wählt fast geschlossen die CHP oder steht links von ihr und führt einen säkularen Lebensstil.

In der »Stadt der Zivilisationen«, wie sich Antakya in der Eigenwerbung gern nennt, machen die arabischsprachigen Alawiten knapp die Hälfte der rund 250.000 Einwohner aus. Antakya, das antike Antiochia am Orontes, war einst neben Konstantinopel und Alexandria die bedeutendste Stadt des östlichen Mittelmeers. »In Antiochia nannte man die Jünger zum ersten Mal Christen«, überliefert die Apostelgeschichte. Hier steht eine der ältesten Kirchen der Welt, die St.-Petrus-Grotte, eine Höhlenkirche am Stadtrand, an die heute eine Elendssiedlung grenzt. Von seinem kosmopolitischen Charakter hat die Stadt viel eingebüßt. So bilden Christen verschiedener Konfessionen nur noch kleine Minderheiten. Aber es gibt sie, ebenso wie eine winzige jüdische Gemeinde. In der Provinz Hatay, die erst seit

1939 zur Türkei gehört, liegen zudem zwei Dörfer, die auf ihre Art einzigartig sind: Tokaçlı, das einzige christlich-arabische Dorf der Türkei, dessen Bewohner zur griechisch-orthodoxen Kirche von Antiochia gehören. Und Vakıflı, das letzte armenische Dorf des Landes und das einzig verbliebene der sieben Dörfer vom Musa Dağ, deren Bewohner 1915 den türkischen Belagerern erbitterten Widerstand leisteten. Franz Werfel verewigte ihn in seinem berühmten Roman.

Der Fluss Asi, der infolge der Kanalisierung wie eine überdimensionierte Regenrinne aussieht, teilt Antakya in zwei Hälften. Gleich hinter der Brücke beginnt der alawitische Stadtteil Armutlu, das Protestzentrum der Stadt. Ganz in der Nähe, in einem ebenfalls alawitischen Nachbarviertel, besetzten Aktivisten zu Beginn der Gezi-Proteste den Sevgi-Park, was die Polizei wochenlang duldete. Aber eines erlaubte sie nach dem ersten Tag nicht mehr: dass die Demonstranten die breite Straßenkreuzung mit der BP-Tankstelle, die Armutlu vom Zentrum trennt, überqueren.

An dieser Kreuzung beginnt die Gündüz-Straße, die mitten ins Viertel führt und auf der Ahmet Atakan ums Leben kam. Schräg gegenüber von jener Stelle ist ein Fitnessstudio, an den Sportgeräten trainieren junge Frauen und Männer nebeneinander. »Das ist bei uns so«, sagt der Betreiber Ali Nurlu stolz. »Es gibt eine Trennung in der Religion, die kritisiere ich. Aber im Alltag sind Männer und Frauen gemeinsam.« Ali Nurlu ist 44, ein sportlicher Mann mit rundlichem Gesicht und kräftiger Stimme, der es mit seinen zwei Fitnessstudios zu etwas gebracht hat. Und er ist eine Art Sprecher des Viertels, den hier jeder kennt. »Ich bin nicht gläubig, für mich ist das Alawitentum mehr eine Kultur«, sagt er. Und überhaupt, in Antakya spielten diese Unterschiede keine Rolle. »Alawiten, Sunniten, Christen, wir leben hier alle friedlich zusammen«, sagt Nurlu – ein Satz, den man in Antakya so oft hört, dass er beschwörend klingt. Und zugleich phrasenhaft wirkt, weil ihn in der Türkei fast jeder im Munde führt.

»Hier wird viel für die Tribüne geredet«, meint hingegen Yeşim Yeşil. Sie ist 24 und arbeitet als Sonderschullehrerin.

»Spätestens, wenn es ums Heiraten geht, spielen diese Unterschiede sehr wohl eine Rolle – natürlich vor allem, wenn es um die Töchter geht. Denn so frei, wie die Alawiten gern behaupten, sind die Frauen auch bei uns nicht.« Ähnlich sieht es Özge Sapmaz, die Agraringenieurin. Sie stammt aus einer sunnitischen Familie in Adana. »Die Leute haben keine Probleme miteinander, weil sie kaum etwas miteinander zu tun haben«, sagt sie.

Beide jungen Frauen widersprechen zudem der hier weit verbreiteten Darstellung, dass sich an den Gezi-Protesten nicht nur Alawiten beteiligt hätten. »Da ist viel Wunschdenken dabei«, sagt Yeşim. »Natürlich gab es vereinzelt sunnitischstämmige Demonstranten, Studenten der Universität von Antakya etwa. Aber die meisten waren Alawiten, die aus verschiedenen alawitischen Vierteln nach Armutlu kamen.« Man wolle nicht, dass alles auf einen konfessionellen Konflikt reduziert werde, ergänzt Özge. »Aber es gab Ausnahmen. Eines Abends wurde zum Beispiel im Sevgi-Park der Toten von Reyhanlı gedacht. Deren Angehörige waren da, das war ein sehr bewegender Moment.«

In einer anderen Hinsicht stimmen sie aber dem zu, was hier alle erzählen: Dass die Polizei in Antakya viel härter vorging als anderswo. »Während meines Studiums in Ankara war ich Mitglied der TKP und habe oft Polizeieinsätze erlebt«, sagt Yeşim. »Aber so was hatte ich noch nicht gesehen. Die waren nicht nur darauf aus, große Mengen zu zerstreuen, sondern haben selbst auf kleine Gruppen in Seitengassen mit Tränengas und Gummigeschossen gefeuert.«

Heftig wurden die Auseinandersetzungen aber von beiden Seiten geführt, wenngleich mit unterschiedlichen Waffen. Im Dokumentarfilm *Direnen Sevgi*, den Studenten während der Gezi-Tage in Antakya drehten, erzählt Ahmet Atakan wenige Wochen vor seinem Tod: »Während du an den Barrikaden versuchst, dich vor dem Tränengas zu schützen, werfen die Leute von oben Sofas und Waschmaschinen raus. Wenn du das siehst, bekommst du eine Gänsehaut. Du siehst, dass das Volk hinter dir steht und verlierst die Angst.«

Mit Ahmet Atakans Namen verbunden ist auch ein weiterer Aspekt der Proteste von Antakya: Regierungsnahe Zeitungen berichteten nach dessen Tod, dass er auf Facebook Sympathien für Baschar Assad bekundet hatte – quasi eine Bestätigung des Verdachts, dass alle Rhetorik gegen den Krieg bloß eine verbrämte Solidarität mit Assad sei. »Na und?«, fragt Ali Nurlu, der Betreiber des Fitnessstudios. »Ich habe auch Solidarität mit Syrien. Dort herrschte eine laizistische Ordnung. Aber es stimmt nicht, dass die Alawiten das ganze Land beherrschen. Die meisten Minister sind Sunniten, das Volk steht hinter Assad, gerade die Christen.« Aber ist es nicht ein Widerspruch, in der Türkei für Demokratie einzutreten und zugleich die syrische Diktatur zu unterstützen? »Das politische System in Syrien hat bestimmt Fehler«, weicht Nurlu aus. »Aber soll die Demokratie durch Saudi-Arabien, Katar und al-Qaida kommen?« Einer seiner Kunden mischt sich ein, ein Mittzwanziger im Beşiktaş-Trainingsanzug: »Syrien ist keine Diktatur«, sagt er. »Hafiz Assad ist für Syrien das, was Atatürk für die Türkei ist.«

Sympathisieren die Leute womöglich nur deshalb mit Assad, weil er ebenfalls Alawit ist? »Nein«, widerspricht Mehmet Güzelyurt, ein smarter Zahnarzt Mitte vierzig. »Aber wir sind stolz darauf, dass eine Gemeinschaft, die jahrhundertelang unterdrückt wurde, als Orchesterchef einer laizistischen Ordnung fungiert.« Güzelyurt gehört zum linken Flügel der CHP, die für das Amt des Bezirksbürgermeisters kandidieren will.

So einig man sich hier in der Ablehnung der Rebellen ist, hört man zuweilen Kritik am syrischen Regime. »Baschar Assad hat so wie Erdoğan auf die Demonstrationen reagiert«, sagt Zafer Atakan. »Das muss man kritisieren. Aber man muss auch sehen, dass in der Türkei die Demonstranten nicht zu den Waffen gegriffen haben.« An diesem Dezemberabend hat er einen weiteren Pressetermin. Er ist nicht allein, Angehörige von Abdullah Cömert und Ali İsmail Korkmaz, der beiden anderen Toten aus Antakya, sind dabei.

Eingeladen hat der linksnationalistische Fernsehsender Ulusal Kanal, man trifft sich bei der Familie Cömert in Armutlu. Ihr Sohn Abdullah war am Abend des 3. Juni 2013 wenige hundert Meter von hier in einer Seitengasse von einer Tränengaspatrone am Hinterkopf getroffen worden und starb an Ort und Stelle. Erst Monate später räumten die Behörden diese Todesursache ein. Abdullah Cömert war 22 Jahre alt, Mitglied der CHP sowie des kemalistischen Jugendverbands TGB und arbeitete zuletzt als Wachmann in einer Sicherheitsfirma. Zwei Monate später wäre er zum Militärdienst angetreten. »Er wollte dem Vaterland dienen«, sagt seine Mutter Hatice mit arabischem Akzent. »Mein Sohn war mutig.«

Die Cömerts sind arme Leute. Ihr Haus haben sie mit dem Geld gebaut, das Abdullahs Vater als Bauarbeiter in Saudi-Arabien verdient hat. Draußen ist es kalt, nur in einem Zimmer steht ein Kohleofen. Die Wand des Wohnzimmers ist mit Andenken an den 22-jährigen Abdullah geschmückt: Abdullah, wie er mit verträumtem Blick an einer Wand lehnt. Abdullah, wie er an einem Cafétisch sitzt. Abdullah, wie er auf einem Finger einen Volleyball kreisen lässt. Daneben hängt Abdullahs Lieblings-T-Shirt mit einer blauen Comicfigur, außerdem eine große türkische Fahne samt Atatürk-Konterfei. Am Tisch nehmen die Mütter von Abdullah und İsmail, der Vater von Ahmet und jeweils ein Bruder der Getöteten Platz.

Dann beginnt die Aufzeichnung. Sie erzählen noch einmal davon, wie die Jungs ums Leben kamen, vom mangelnden Aufklärungswillen der Behörden, ihrem Misstrauen gegenüber der Justiz, von der Ausgrenzung der Alawiten, vom Krieg in Syrien, von ihrem Kampf um Gerechtigkeit für ihre Brüder und Söhne. Ein Beileidsschreiben des Ministerpräsidenten oder des Staatspräsidenten haben sie nicht bekommen. »Wir würden es nicht akzeptieren«, sagt Abdullahs Bruder Adnan Cömert, ein Bauarbeiter Mitte dreißig. »Hätte Erdoğan gleich um Entschuldigung gebeten, dann wäre das vielleicht anders gewesen. Dann wären auch die anderen Jungs nicht gestorben. Aber stattdessen hat er gesagt: Das ist meine Polizei, ich habe die Befehle gegeben, die Polizei hat ein Heldenepos geschrieben. Für Beileid ist es zu spät.« Per Boten kondoliert hat dafür ein anderer:

Baschar Assad. Staatspräsident Gül bekundete vier Monate später in einer Rede sein Beileid.

Zwei Brüder

Nach der Aufzeichnung fahren Gürkan Korkmaz und seine Mutter Emel nach Hause. Sie wohnen in Ekinci, einem alawitischen Viertel, dem man ansieht, dass es noch vor nicht langer Zeit ein Dorf vor den Toren Antakyas war. Die Fahrt führt über Straßen voller Schlaglöcher, der Polo rumpelt. »Ob VW dieses Auto für solche Straßen gebaut hat?«, scherzt Korkmaz. Doch eigentlich ist er sauer. Auf die Journalistin, die zuletzt um eine Botschaft »von Mutter zu Mutter« an die Adresse von Erdoğans Frau Emine gebeten hatte. »Ich kann über Ali İsmail reden«, sagt Gürkan. »Aber mein Job ist doch nicht, politische Botschaften abzugeben.« Doch für die Opposition seien sie nun Prominente und würden ständig Anfragen bekommen. »Manchmal fühle ich mich etwas benutzt«, sagt Gürkan, überhaupt sei dieser Sender viel zu nationalistisch. In die Kamera sagt er das nicht. Er ist froh über jeden Beistand. Im Auto läuft das neue Album von Grup Yorum. Emel Korkmaz weint leise auf dem Rücksitz.

Gürkan und seine Frau Feryat wohnen im selben Haus wie seine Eltern. Seit Ali İsmails Tod hängt vom Balkon eine türkische Fahne. In der Wohnküche der Eltern brennt Neonlicht, wie in vielen türkischen Wohnzimmern. Es gibt Kaki, geröstete Melonenkerne und Rakı, den die 47-jährige Emel Korkmaz selber gebrannt hat, von dem sie aber nur einen Schluck trinkt. Ihr Mann Şahab ist neun Jahre älter. Ein herzlicher Mann, dem man ein Leben in harter Arbeit ansieht. Wenn sie über ihren Sohn sprechen, steigen ihnen schnell die Tränen in die Augen.

Anfang der achtziger Jahre geht Şahap Korkmaz wie viele aus der Gegend nach Saudi-Arabien zum Arbeiten. 28 Jahre wird er dort bleiben und die Familie nur im Urlaub sehen. Die Kinder sollen es einmal besser haben. Gürkan übernimmt für Ali İsmail und die beiden Schwestern die Vaterrolle. Man merkt es ihm an. Er ist 27 Jahre alt, wirkt aber nicht nur wegen der Geheimratsecken und der Brille deutlich älter. »Ich bin früh gealtert«, sagt er.

Gürkan ist der erste in der Großfamilie – 31 Cousinen und Cousins sind es allein väterlicherseits –, der studiert. Jura. Ein Vorbild. Einer, dessen Wort zählt. Vor seinem Studium im westanatolischen Eskişehir hat er Hatay nicht verlassen. Ali İsmail fährt mit der Schule nach Rumänien und Litauen und besucht mit seinem Bruder und seiner Schwägerin İzmir und İstanbul. Gürkan kehrt nach dem Studium zurück und eröffnet eine Anwaltskanzlei. Im Sommer 2012 beginnt Ali İsmail zu studieren. Englisch auf Lehramt, ebenfalls in Eskişehir. Seiner Mutter sagt er, dass er nicht in Antakya bleiben will. Er will etwas von der Welt sehen.

Gürkan ist nicht sehr religiös, aber gläubiger Alawit. Sein Arabisch ist passabel, auch wenn er, wie die meisten arabischen Türken, in seiner Muttersprache nicht lesen und schreiben kann, weil die nicht in der Schule unterrichtet wird. Ali İsmails Arabisch ist lausig. Und er ist Atheist. Der wichtigere Glaubensunterschied: Gürkan ist Fan von Galatasaray, Ali İsmail von Fenerbahçe. Er mag Metallica, dem großen Bruder bleibt das rätselhaft. Verständigen können sie sich auf den Polit-Arabesk-Musiker Ahmet Kaya. Und auf Pink Floyd. »Wenn man ihm gesagt hätte, dass sein Bild bei einem Konzert von Roger Waters zu sehen sein würde, hätte er vor Freude geweint«, sagt Gürkan. »Als Roger Waters im Sommer in İstanbul gespielt hat, lächelte Ali İsmail von der Bühne – und wir haben geweint.«

Gürkan arbeitet in den Schulferien. Etwas dazuverdienen, der Familie helfen. Ali İsmail versucht es einmal im Geschäft eines Onkels, verliert aber nach ein paar Tagen die Lust. Gürkan trägt Verantwortung, Ali İsmail ist das Nesthäkchen. Mit 14 hat er eine schwere Herzoperation. Aber alles geht gut. »Er hatte so etwas Unbeschwertes«, sagt seine Mutter.

Ali İsmail beteiligt sich an Schulprojekten und liest den Bewohnern eines Altersheims vor, ein andermal bringt er Kleidung und Bücher in Dorfschulen. Er fährt Skateboard, er fotografiert, er hat einen Hund. Politisch organisiert ist er nicht. Ab und zu läuft er bei einer Demonstration mit. Die Brüder verehren Atatürk. Und sie beteiligen sich an den Gezi-Protesten. Ali İsmail in Eskişehir, Gürkan in Antakya.

Ali İsmail ist kein rebellisches Kind, aber auch kein allzu braves. Mal rasiert er sich eine Glatze, dann lässt er sich einen Mohikaner schneiden. Seinen Eltern gefällt das nicht, aber sie üben keinen Zwang aus. »Soll sich der Junge austoben«, sagt Gürkan. Nur als sich Ali İsmail die Namen seiner beiden Nichten tätowieren lassen will, rät er ab: »Ich werde Kinder kriegen, du wirst selber welche haben, willst du dir einen Stammbaum auf den Rücken tätowieren?« Ali İsmail lässt es. Wenn er sich im Recht fühlt, diskutiert er mit seinen Eltern und seinem großen Bruder. Aber er hört auf dessen Rat. Jetzt hat sich die Familie Ali İsmails Namen auf den Unterarm tätowieren lassen. Drei Monate nach dessen Tod bekommen Gürkan und Feryat einen Sohn. Ali Yusuf nennen sie ihn. »Mehr wäre für das Kind eine zu große Bürde gewesen. Und für uns wäre es auch zu schwer geworden«, erklärt Gürkan unaufgefordert.

Manchmal ist Ali İsmail kapriziös. »Wenn er in seinem Zimmer war und jemand hatte schon einen Tee aufgesetzt und ihn erst danach gefragt, wollte er nicht«, erzählt seine Schwester Aylin. »Wenn man ihn aber vorher gefragt hat, war er umso glücklicher.« Sein Vater ergänzt: »Ich musste auch immer vorher fragen. Aber dann war er stolz, mit seinem Vater ein Bier zu trinken.« Dass er raucht, verheimlicht Ali İsmail hingegen. Das weiß sein Cousin und enger Freund Volkan. Der kennt noch ein Geheimnis: Ali İsmail hatte sich in eine Kommilitonin verliebt. »Aber er ist nicht mehr dazu gekommen, es ihr zu sagen.«

Die Umstände von Ali İsmails Tod erzählt Gürkan so: »Er hatte am 2. Juni mit einem Freund den Mietvertrag für eine neue Wohnung unterschrieben. Auf dem Rückweg gingen sie zu den Protesten. Als die Polizei Tränengas und Wasserwerfer einsetzte, verloren sie sich aus den Augen. Ali İsmail floh in eine Seitenstraße, wo er zusammengeschlagen wurde. Später fanden ihn Freunde und brachten ihn in ein Krankenhaus, von dort wurde er in ein anderes transportiert. Da sagte man ihm, dass er nichts Ernstes habe. Man gab ihm ein Schmerzmittel und bandagierte den Arm. Er sollte ihn noch einem Orthopäden zeigen. Dann hieß es, dass er zunächst eine Aussage machen müsse. Ali İsmail ging dann heim, um sich auszuschlafen. Am frühen Abend ging er mit Freunden zur Polizei. Da haben wir telefoniert. Als wir nachts gesprochen hatten, schien es ihm den Umständen entsprechend gutzugehen. Jetzt wirkte er verwirrt und verdrehte die Buchstaben, sagte *solip* statt *polis*. Als ich hörte, dass er seit dem Aufwachen so verwirrt war, habe ich gesagt, sie sollen sofort in ein Krankenhaus fahren, in ein anderes, wo ein Bekannter von mir arbeitet. Dort wurde eine Hirnblutung diagnostiziert und Ali İsmail in die Universitätsklinik verlegt. Auf der Fahrt hat er das Bewusstsein verloren. Nach 37 Tagen im Koma ist er verstorben.«

Obwohl viele Geschäfte in der Straße Videokameras haben, finden sich zunächst keine Aufzeichnungen. Später stellt sich heraus, dass die Bänder professionell gelöscht wurden. Dann gelangt ein Video an die Medien, auf dem man sieht, wie fünf Männer mit Knüppeln und Baseballschlägern auf Ali İsmail einschlagen. Schließlich taucht ein Video auf, das zeigt, dass Ali İsmail an dieser Stelle zwei weitere Male geschlagen wurde. Acht Männer sind nun angeklagt, darunter vier Polizisten. Aus »Sicherheitsgründen« wird der Prozess nach Kayseri verlegt. Separat läuft das Verfahren gegen einen Arzt wegen Verletzung der Sorgfaltspflicht.

Um über die Prozesse zu informieren, eröffnet Gürkan nach dem Tod seines Bruders einen Twitter-Account. Ali İsmail ist viel im Internet. Seinen letzten Tweet verschickt er am 29. Mai 2013: »Es gibt nichts Dümmeres, als für eine Idee, einen Wert oder einen Staat zu sterben. Nichts ist so wertvoll wie das Leben eines Menschen.«

Ali İsmail Korkmaz wurde 19 Jahre alt.

16. Ausland: Çapuling Diaspora

Vergesst Europa!

Im September 2013, inmitten der letzten Welle der Gezi-Proteste, verstrich zum 50. Mal ein Datum, von dem niemand Notiz nahm: der Jahrestag der Unterzeichnung des Assoziierungsabkommens zwischen der Türkei und der Europäischen Wirtschaftsgemeinschaft, in dem der Türkei eine spätere Mitgliedschaft in Aussicht gestellt worden war. 1963, als John F. Kennedy ermordet wurde und Uwe Seeler die erste Bundesligasaison eröffnete, als Nazım Hikmet im Moskauer Exil starb und die Rolling Stones ihre erste Platte aufnahmen. Ein halbes Jahrhundert.

Dass sich in der Türkei wie in Europa niemand dieses Jubiläums annahm, ist symptomatisch für eine Entwicklung, die sich auch in diesem Buch widerspiegelt: Ein EU-Beitritt spielt keine Rolle mehr. Gut, ich habe bei meiner Recherche nicht danach gefragt, weil ich wissen wollte, ob die über hundert Menschen, mit denen ich für dieses Buch geredet habe, von selbst auf dieses Thema kommen würden. Tatsächlich haben sie ungefragt alle möglichen Dinge angesprochen. Ein EU-Beitritt gehörte so gut wie nie dazu.

Dabei ist es keine zehn Jahre her, dass das Thema in aller Munde war. Nachdem im Dezember 1999 die Türkei offiziell als Beitrittskandidatin anerkannt worden war – in Ankara regierte Bülent Ecevit, in Berlin Gerhard Schröder –, herrschte große Euphorie, wenngleich aus verschiedenen Gründen: Die AKP erhoffte sich von einem EU-Beitritt eine Schwächung des damals noch mächtigen Militärs, das sich seinerseits eine Eindämmung des politischen Islams versprach. Die Kurden hofften auf Minderheitenrechte, Linke und Liberale auf eine Demokratisierung, Unternehmer auf Exportmöglichkeiten,

Gewerkschafter auf Arbeiterrechte. Ärmere Bürger lockte die Aussicht, zum Arbeiten nach Europa zu gehen, Angehörige der Mittelklasse wünschten einen Wegfall der erniedrigenden Visaprozeduren. Gewiss gab es Ausnahmen, doch die meisten Türkinnen und Türken wollten in die EU, und den meisten war klar, dass dies etwas dauern würde.

Die Angst, von der EU übers Ohr gehauen zu werden, verschwand nicht. Und doch stiftete die Orientierung an Europa für einige Jahre eine gemeinsame Referenz, was zeitweise herrliche Blüten trieb. Der ermahnende wie verzweifelte Ausruf »So kommen wir niemals in die EU!« wurde zum geflügelten Wort für alle Lebenslagen: Passagiere, die sich über das Gedränge im Bus beschwerten, Autofahrer, die sich über das Fahrverhalten anderer aufregten, Leute, die den Krach aus der Nachbarwohnung tadelten: »So kommen wir niemals in die EU!« (Beides, die paranoide Feindseligkeit gegenüber dem Ausland wie das Gefühl der Rückständigkeit, sind seit der Zerfallsphase des Osmanischen Reiches zwei widersprüchliche Momente der nationalen Mentalität.)

Doch bald nach der Aufnahme der Beitrittsverhandlungen im Oktober 2005 folgte die Ernüchterung. Seither, in über acht Jahren, wurden von 35 Kapiteln nur 14 eröffnet und ein einziges abgeschlossen.

Die Stagnation der Verhandlungen hat viele Ursachen, dazu gehören das Scheitern der europäischen Verfassung, das Misslingen einer gemeinsamen Militärpolitik, die bei der Offerte an die Türkei eine Rolle gespielt hatte, und eine kulturell-religiöse Distanz der konservativen europäischen Regierungen zur Türkei. Andererseits fielen für die AKP-Regierung ein Teil der innenpolitischen Gründe der Westorientierung weg, stattdessen versuchte sie, sich zur regionalen Führungsmacht aufzuschwingen. Die Beziehungen in die islamische Welt wurden intensiviert, Europa hingegen vernachlässigt, statt der weiteren Demokratisierung wurde die Islamisierung zum Programm. Auf türkischer Seite spielten kulturell-religiöse Aspekte ebenfalls eine Rolle, und natürlich gab es Wechselwirkungen. Diese Abwendung von der EU zeigte sich auch in der aggressiven Art, mit der die türkische Regierung die Kritik am Vorgehen der Polizei bei den Gezi-Protesten abwehrte. Sie wiederholte sich Ende 2013 bei der Kritik an den Eingriffen in die Justiz, mit denen die Regierung auf die Korruptionsermittlungen reagierte.

Viele Türken sind sich der tatsächlich vorhandenen Defizite und Probleme bewusst. Inzwischen wird diese Einsicht jedoch von einem Gefühl überlagert: Die wollen uns sowieso nicht. Dieses Gefühl, von Europa zurückgewiesen zu werden, kennen sie nicht nur aus den Nachrichten, sondern spüren es auch am eigenen Leibe. Allen voran Angehörige der Mittelschicht, die mal Paris, Amsterdam oder Berlin besuchen wollen, aber in den Konsulaten der EU-Staaten noch immer behandelt werden, als wären sie Bittsteller oder Betrüger.

Nicht nur wegen der Behandlung der Türkei und ihrer Bürger hat Europa an Glanz verloren. Europa ist kein Garant mehr für Prosperität, auch kein verlässliches Bollwerk von Demokratie und Menschenrechten. »Wie soll man den türkischen Premier von Meinungs- und Pressefreiheit überzeugen, während man in Griechenland aus Kostengründen das Staatsfernsehen abschaltet?«, kommentierte mein Freund Felix Dachsel Ende Juni 2013 in der *tageszeitung*. »Wofür entscheidet sich Europa eigentlich in Zeiten der Krise: für die Bürgerrechte oder für die Shopping Mall?«

All das mag jene in Deutschland und Europa beruhigen, denen zu Gezi bloß wieder die ressentimentgeladene Behauptung einfiel, die Türkei gehöre sowieso nicht zu Europa. Doch unabhängig davon, ob ein EU-Beitritt das höchste Glück wäre, in einem politischen Sinne braucht jener Teil der türkischen Gesellschaft, der sich im Gezi-Park zeigte, den Vergleich mit der westlichen Welt nicht zu scheuen. Als kollektive Referenz für die Gott weiß notwendigen Veränderungen ist Gezi nicht schlechter als die EU. Oder, um noch einmal Felix Dachsel zu zitieren: »Wenn es im Moment ein Land gibt, das jenes Europa verkörpert, wie es sein sollte, dann ist es dieses: die Republik Gezi. Solidarisch, friedlich, pluralistisch, mutig, frei.«

Warum ich in İstanbul bin*

Es ist Dienstagnachmittag, ich sitze auf der Dachterrasse eines Hotels im Bezirk Beyoğlu, mit einer hübschen Aussicht auf das Goldene Horn und die Silhouette der Altstadt. Unten verläuft der Tarlabaşı-Boulevard, jenseits dieser Verkehrsschneise liegt das alte Werftenviertel Kasımpaşa, in dem Ministerpräsident Recep Tayyip Erdoğan aufgewachsen ist.

Schon am Sonntag hatten meine Lebensgefährtin Frauke Böger, meine Freundin Pınar Öğünç und ich uns zum Schreiben hierher zurückgezogen. Es war der Tag nach der Räumung des Gezi-Parks, als zehntausende Menschen in verschiedenen Teilen der Stadt versuchten, zum Taksim-Platz durchzukommen. Ich sah von hier aus, wie vielleicht tausend Leute mit einer bewundernswerten Ausdauer stundenlang versuchten, dieses Areal zwischen einer Seitengasse der Einkaufsstraße İstiklal und dem Tarlabaşı-Boulevard zu halten. Immer wieder wurden sie mit Tränengas attackiert. Solange sie konnten, taten sie nichts weiter, als die Gaskartuschen zurückzuwerfen oder einfach stehen zu bleiben. Der Wind trieb die Gasschwaden bis zur Terrasse hoch, es war unsere Ladung Gas für diesen Tag.

Ich sah von hier, wie ein Polizeifahrzeug auf vier auf dem Bordstein sitzende Leute zuraste und ein Polizist aus zwei Metern Entfernung ein Gummigeschoss auf eine Frau abfeuerte. Und ich sah, wie eine mit Knüppeln bewaffnete Gruppe von AKP-Leuten aus Kasımpaşa kam und vor den Augen der Polizei auf Menschenjagd ging. Wer solche Beobachtungen aufschreibt, gerät leicht in den Verdacht, einseitig zu berichten. Aber Gummigeschosse aus zwei Metern Entfernung abzufeuern, ist auch eine einseitige Angelegenheit.

Nun sitze ich auf derselben Terrasse und frage mich: Warum bin ich hier? Meine Antwort: Ich wollte herkommen, weil ich seit Beginn des Aufstands das Gefühl hatte, dass mein Platz

---

* Überarbeitete Fassung einer Kolumne, die am 19. Juni 2013 in der *tageszeitung* erschien.

jetzt in İstanbul ist. Ähnlich erging es meinen deutsch-türkischen Kolleginnen, die ich hier getroffen habe und die alle gekommen waren, ohne auf einen Auftrag ihrer Redaktionen zu warten. »Wenn es darum geht, ob man kleinen Jungs in Deutschland den Pimmel beschneiden darf oder nicht, fahre ich quer durch die Republik, warum sitze ich dann in Berlin, gucke zwanzig Stunden Livestream und bin nicht längst in İstanbul?«, fragte sich Özlem Gezer vom *Spiegel*, mit der ich in den Tagen von Gezi eng zusammengearbeitet habe. »Über dem Park schwebten Gaswolken. Ich hatte keine Maske dabei, wir bekamen keine Luft, flohen Richtung Krankenhaus im Zeltlager. Ich fühlte mich auch angegriffen. Die Fronten waren geklärt, Distanz hin oder her, ich war jetzt auch ein Çapulcu«, schrieb sie später im *Spiegel*-Blog.

Şimdi İstanbul'da olmak vardı anasını satayım, Verdammt, jetzt müsste man in İstanbul sein, heißt ein Exilantenschlager aus den achtziger Jahren. Genau dieses Gefühl hatten in den vergangenen Wochen fast alle meine Almancı-Freunde. Nur die wenigsten hatten das Glück, als Journalisten beruflich nach İstanbul reisen zu können. In den letzten Tagen bin ich immer wieder Almancıs begegnet, die sich Urlaub genommen haben, um herzukommen.

Jene, die dies nicht konnten, haben viel Zeit damit verbracht, an Informationen heranzukommen und über Facebook und Twitter zu verbreiten. Sie haben, wie Fatih Akın, Sibel Kekilli, İmran Ayata und andere, Protestbriefe unterzeichnet; sie haben in Hamburg den Park Fiction in »Gezi-Park Fiction« umbenannt und in Berlin-Kreuzberg gezeltet; sie haben Facebook-Gruppen gegründet und demonstriert, in Düsseldorf (wo später auch AKP-Anhänger demonstrierten), in Köln, Frankfurt, Wien, Amsterdam, London, Tel Aviv, Tokio, wo auch immer. Ganz wie in der Türkei war es für manche die erste Demonstration ihres Lebens, und natürlich waren sie dabei nicht allein, sondern zusammen mit nichttürkischen Menschen und begleitet von Solidaritätsbekundungen internationaler Prominenter von Slavoj Žižek bis Madonna. Eine der schönsten Grußadressen kam von einer Gruppe »New Yorker Çapulcu«, die eine auf den Gezi-Park umgedichtete Version des eben genannten Liedes aufnahm und auf Youtube veröffentlichten. Ihre Botschaft: Unser Herz ist dort.

Warum sie so fühlen, habe ich die Almancıs, die Deutschtürken, unter meinen Facebook-Freunden gefragt. Alle sind von dem Esprit und der Kreativität dieser Bewegung beeindruckt, ihrem Mut und ihrer Ausdauer. Den meisten imponiert es, wie in dieser Bewegung erstmals unterschiedlichste politische Strömungen zusammengefunden haben. Manche glauben, dass es darum geht, die Republik gegen die drohende Islamisierung zu verteidigen, andere erkennen in dieser Bewegung das Potenzial, eine dritte Kraft zwischen Kemalismus und politischem Islam zu entfalten. Und manche sehen den Kampf, den die Leute in der Türkei führen, im Zusammenhang mit den Protesten in Brasilien oder Deutschland gegen Gentrifizierung.

Das ist Politik. Aber das Politische ist hier keine rein intellektuelle Sache. Für uns Almancı ist die Türkei das Land, dessen Sprache wir (mehr oder weniger) fließend sprechen und in dem Freunde und Verwandte leben. Wir mögen die Umgangsformen, die Musik oder den Humor. (Und natürlich können wir uns stundenlang, so zärtlich wie boshaft, über dieses Land lustig machen.) Fragen Sie einen Almancı Ihrer Wahl und Sie werden jedes Mal eine andere Begründung hören, aber stets dasselbe Fazit: Das ist für mich ein besonderes Land.

Dank der Çapulcus haben wir diese emotionale Bindung zur Türkei politisiert. Wir kennen Menschen, die in den vergangenen Wochen in İstanbul, Ankara, İzmir, Adana, Dersim, Antakya, Eskişehir oder anderswo auf der Straße waren. Wir fühlen mit ihnen, wir lachen mit ihnen, wir sorgen uns um sie, wir sind gerührt und angetan von dem, was sie tun. Wir sind stolz auf sie – gerade weil Gezi, trotz der mitunter nationalen Symbolik, dem Wesen nach universalistisch war.

Wir können uns zur Türkei, zu diesem Teil der Türkei, bekennen, ohne uns von irgendwelchen Sarrazins nach unser »Integrationsbereitschaft« ausfragen lassen zu müssen. Wir können uns fern aller Folklore mit den Menschen hier solidarisieren. Wir können über die Türkei reden, ohne uns mit diesem ganzen EU-Kram zu beschäftigen, also ohne den Deutschen das Gefühl zu geben: Wir wollen exakt so werden wie ihr. Denn für einen Moment haben die Menschen vom Gezi-Park etwas geschaffen, das schöner, fröhlicher, solidarischer, freiheitlicher und demokratischer ist als dieser Bürokratenverein namens Europäische Union. »Ich habe die Türkei noch nie so geliebt wie in diesen Tagen«, schrieb meine Freundin Özlem Topçu in der *Zeit*. Sie hat ja so verdammt recht.

»Du musst kommen, das İstanbul, das du kennst, gibt es nicht mehr«, hatte mir meine Freundin Erinç Güzel zu Beginn des Aufstands gemailt. Es war aus der Aufregung der Stunde formuliert. Doch auch sie hatte, und das schreibe ich mit dem Abstand eines halben Jahres, verdammt recht. So, wie es im Gezi-Park nicht allein um eine Handvoll Bäume ging, hat die Türkei, wie auf den vorigen Seiten vielleicht deutlich geworden ist, weit mehr Probleme als bloß den autoritären Regierungsstil eines Ministerpräsidenten. Diesen Ballast haben die Menschen nicht abgeworfen. Aber sie haben gezeigt, dass sie es können. Das war erst der Anfang.

Teşekkürler

Ich danke allen, die mir ihre Zeit geschenkt haben. Jedem Einzelnen und jeder Einzelnen, die in diesem Buch vorkommen, und jenen, die ich nicht mehr berücksichtigen konnte.

Ich danke meinen Kolleginnen und Kollegen von der *tageszeitung*, die mir diese Auszeit ermöglicht haben. Und ich danke meinen Eltern Ziya und Esma Yücel, ohne die ich nicht halb so viel über dieses eigenwillige Land wüsste.

Ich danke allen, die mich bei meiner Arbeit für dieses Buch unterstützt, von denen ich viel gelernt oder mit denen ich die Tage von Gezi verbracht habe. Das sind: Ali Serdar Tekin, Andreas Kolbe, Arda Başgöz, Ayşe Fazlılar, Bağış Erten, Barbara Wenner, Coşkun Üsterci, Çağdaş Ersoy, Çınar Oskay, Devrim Tekinoğlu, Derviş Şentekin, Doris Akrap, Duygu Doğan, Ebru Taşdemir, Elif Çetinkaya, Elmas Topçu, Enrico Ippolito, Erdal Kanbur, Erdem Gürsu, Felix Dachsel, Hasan Taka, Hatice Meryem, İlkay Güneş, İlknur Melengeç, İmran Ayata, İsmail Saymaz, Karin Karakaşlı, Kenan Yatıkçı, Leyla Gündüzkanat, Mehmet Güzelyurt, Mehtap Yücel, Meltem Yılmaz, Mely Kiyak, Metin Üstündağ, Mustafa ÜnalanNora Şeni, Onur Erdem, Onur Othan, Osman Murat Ülke, Özlem Gezer, Özlem Topçu, Semra Pelek, Tülay Boyunlu, Turgut Yüksel und Yasemin Ergin.

Ich danke besonders herzlich Erinç Güzel, Pınar Öğünç, Tanıl Bora und Volkan Hiçyılmaz, die mir jederzeit beiseite standen.

Ich danke der Robert-Bosch-Stiftung, die so freundlich war, die Recherchen für dieses Buch im Rahmen des Grenzgänger-Stipendiums zu fördern, und dem Literarischen Colloquium Berlin, das meine Bewerbung unterstützt hat.

Ich danke Katharina Florian und Franziska Otto von der Edition Nautilus und besonders herzlich meinen Lektorinnen Katharina Picandet und Hanna Mittelstädt, die sofort von der Idee begeistert waren, mit der größten Hingabe das Lektorat besorgt und niemals ihren Charme verloren haben, obwohl sie dazu reichlich Grund gehabt hätten.

Mein allerinnigster Dank gilt Frauke Böger, die das Manuskript gelesen und mich erst auf die Idee gebracht hat, dieses Buch zu schreiben, wie sie überhaupt immer die besten Ideen hat.

Abkürzungsverzeichnis
der Parteien, Institutionen & Organisationen

AKP: Partei für Gerechtigkeit und Entwicklung, islamisch-konservativ
BBP: Partei der Großen Einheit, islamistisch-nationalistisch
BDP: Partei für Frieden und Demokratie, prokurdisch
CHP: Republikanische Volkspartei, kemalistisch-sozialdemokratisch
DHKP-C: Revolutionäre Volksbefreiungspartei/-front, linksradikal
    bewaffnet
DİSK: Konföderation der Revolutionären Arbeitergewerkschaften,
    linker Dachverband
DSP: Demokratische Linkspartei
DYP: Partei des Rechten Weges, konservativ
HDP: Demokratische Partei der Völker, »Dachpartei«, der die BDP
    und verschiedene linke Parteien angehören
IP: Arbeiterpartei, linksnationalistisch
KCK: Union der Gemeinschaften Kurdistans, politischer Flügel der
    PKK
LGBT: Lesbisch, Gay, Bi- und Transsexuell (keine Organisations-
    bezeichnung)
MHP: Partei der Nationalistischen Bewegung, ultranationalistisch
ODTÜ: Technische Universität des Mittleren Ostens, Ankara
ÖDP: Partei für Freiheit und Demokratie, links-grün
PKK: Kurdische Arbeiterpartei, kurdisch-nationalistisch
RP: Wohlfahrtspartei, islamistisch (1983–1998), Vorgängerorganisa-
    tion der AKP
SDP: Sozialistische Demokratische Partei, sozialistisch
SHP: Sozialdemokratische Volkspartei, 1985–1995 Ersatzorganisa-
    tion der CHP
SYKP: Partei der Sozialistischen Neugründung, sozialistisch
TGB: Bund Türkischer Jugendlicher, linkskemalistisch
TIHV: Türkische Stiftung für Menschenrechte
TİP: Türkische Arbeiterpartei, sozialistisch (1961–1987)
TKP: Türkische Kommunistische Partei, sowjetmarxistisch
    (1920–1987), Neugründung 2001
TRT: Türkische Rundfunk- und Fernsehanstalt, staatliche Sende-
    anstalt
Tüsiad: Vereinigung türkischer Industrieller und Geschäftsleute,
    liberaler Unternehmerverband